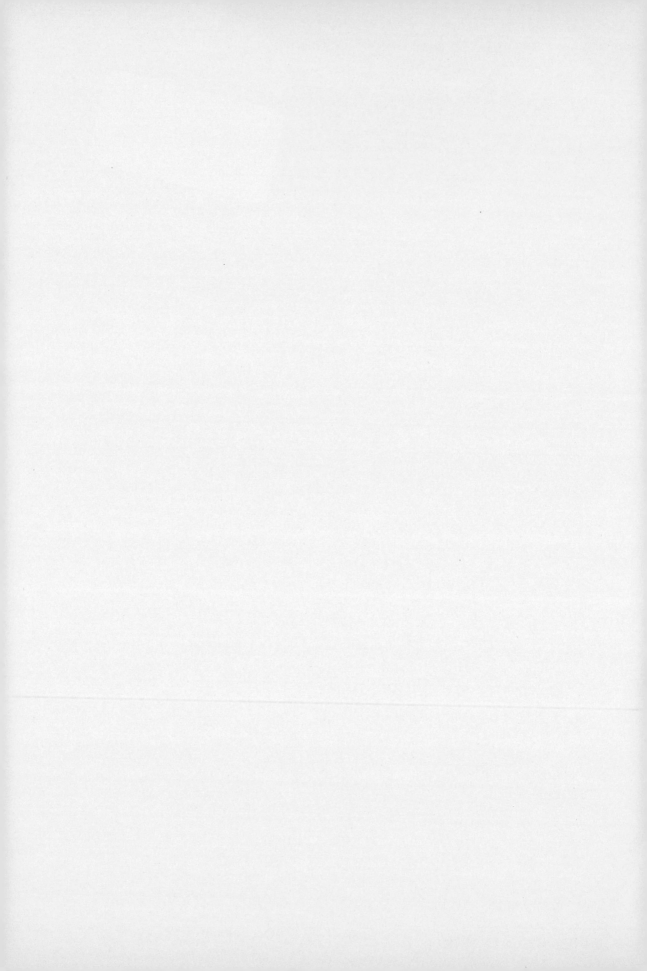

日本語教師を
めざす人のための

スモールステップで学ぶ

文法

原沢伊都夫〈著〉

スリーエーネットワーク

Published by 3A Corporation.
Trusty Kojimachi Bldg., 2F, 4, Kojimachi 3-Chome, Chiyoda-ku, Tokyo 102-0083, Japan

ISBN978-4-88319-927-3 C0081

First published 2023
Printed in Japan

はじめに

　現在日本語学習者の数は、海外で379万人以上（2021年）、国内で21万人以上（2022年）と言われています。日本語の学習目的も多様化しており、大学受験、留学や研究などのための日本語学習から、日本での就労や生活のための学習など、様々です。このように学習の目的や分野が様々な広がりをもつ中、そこで教える日本語教師も、より深く、そして広い知識を持つことが必要とされます。

　日本語教師に必要な知識や現場に対応する能力が備わっているかをはかる試験としては、1987年に始まった「日本語教育能力検定試験」がありますが、2024年度からは、日本語教員試験が始まります。

　本シリーズは、これから日本語教師を目指したいと考えている方を対象とし、日本語教師に必要な基礎力を付けて試験に対応するための教材です。日本語教師に求められる知識は多岐にわたりますが、その中でも特に大事な分野に絞って集中的に、また、一つ一つの項目をスモールステップで学んで力をつけられるよう構成しています。日本語教師の基盤となる知識を確実に身につけ、試験の合格につなげましょう。

著者からのメッセージ

　本テキストは、日本語教育能力を判定する試験の出題範囲の中でもとりわけ重要度が高いとされる文法について実践的に解説するものです。日本語の文法は日本語を教える上で必須の知識であり、今後行われる日本語教員試験においても、その重要性は変わらないことが予想されます。そのため、日本語教育能力検定試験の過去の文法問題を分析し、今後の試験において必要と考えられる文法知識を身につけるための教材として本テキストを執筆しました。

　日本語教師が教育現場で教える文法項目は日本語教育のための日本語文法（以下、日本語文法）が中心になります。小学校や中学校で学習した国語文法（以下、学校文法）とは異なる文法体系になるので、国語の知識がある人でも日本語文法を改めて勉強する必要があります。日本語文法は学校文法を基礎に発展してきたため、学校文法と共通する部分も多くあり、その違いや共通点を理解することが重要です。現役の日本語教師の中にも学校文法と日本語文法を混同している人が見受けられます。このテキストでは両者の違いをわかりやすく説明していくので、日本語教師をめざす人だけでなく、その区別が不確かだと感じている人にもまた活用していただけるものと期待しています。

　日本語教育能力検定試験の過去の文法問題を分析すると、すべての項目から満遍なく作成されていることがわかります。その中でも品詞分類などの基礎的な問題が一番多く出題されています。日本語文法の統語的な現象だけでなく、学校文法とも共通する基本的な部分にもしっかりと目を向けましょう。偏った知識ではなく、文法全体を見つめる俯瞰的な視点が必要となります。

　今回の出版では編集担当者である田中綾子さんと吉本弥生さんに大変お世話になりました。本企画のご提案をいただき、改めて日本語教育能力検定試験の過去の出題内容を確認する作業の中で、今まであまり重視していなかった文法項目にも目を向けるきっかけとなりました。また、編集作業においても的確なアドバイスをいただき、より実践的な文法テキストに仕上げることができたと思います。お二人には心より感謝いたします。

令和5年7月　原沢 伊都夫

本テキストの使い方

　このテキストは、初心者であってもページをめくりながらゆっくりと文法知識を深めていける構成になっています。基本的に見開き2ページの中に文法項目（左）と、関係する問題（右）を収め、学習した項目がどのようにこれまでの試験に出題されているのか、確かめながら進めることができるように工夫しています。

　本テキストの使用においては、必ず別冊の「資料」と一緒に勉強してください。本冊で扱えなかった詳細な情報を提供しています。また、各文法項目を表にまとめてあるので、全体像を把握するためにも活用することができます。

1）実力診断クイズ（＋解答）

　「実力診断クイズ」で問題を解き、自分がどれくらいその章の文法知識があるか、確認します。ここでは、点数の善し悪しは関係ありません。知識のない人でもとりあえず解答を入れてみましょう。どこがわからないかを確認することで、問題意識を持ってその章の文法項目に取り組むことができるようになります。

2）文法解説と問題（＋解答と解説）

　各章の文法項目は見開きページの左側で説明され、右側には簡単なまとめとともに理解を深める問題があります。「基礎問題」で文法項目を復習し、「実践問題」で学習した項目がどのような形で出題されるのか、具体的に確認することができます。いずれの問題にも解答と解説があり、問題を解くポイントを説明しています。

3）まとめ（＋練習問題、解答と解説）

　各章の最後には「まとめ」があり、その章で学習したことを振り返ることができます。さらに、「練習問題」で、その章の文法項目の定着を図ります。

4）実力診断テスト（＋解答と解説）

　最後に「実力診断テスト」に挑戦することで実践的な力を養成します。これまでの試験と同種の問題を解くことで、解答の仕方にも慣れます。「解答と解説」で詳しく解き方を説明するので、疑問を感じることなく勉強を進めることができます。

　本テキストで繰り返し勉強することによって、日本語教師にとって必要な文法知識を身につけることができるでしょう。多くの皆さんが日本語教員試験に合格し、日本語教師としての第一歩を踏み出すことを心より期待しています。

目次

第1章　品詞分類（学校文法）

第2章　学校文法と日本語文法

第3章　日本語文の構造

第4章　自動詞と他動詞

第5章　ヴォイス

第6章　アスペクト

第7章　テンス

第8章　モダリティ

第 9 章　複文

第10章　談話、肯否、縮約形、敬語

別冊 　資料

第1章

品詞分類（学校文法）

品詞分類は文法の勉強を始めるにあたって、前提となる知識です。多くの人は義務教育で学んでいる知識（学校文法）になりますが、忘れている人も多くいるでしょう。日本語教育の文法とも重なるところが多いので、この章では学校文法について復習を兼ねて、確認します。

また、日本語教育の文法と異なる部分についてはその違いを理解することが重要です。品詞分類は基礎的な知識ですが、日本語教育能力検定試験（以下、検定試験）によく出題されてきたところなので、この章でしっかりと学び直しましょう。

実力診断クイズ

皆さんは学校で習った品詞分類について
どれくらい覚えているでしょうか。以下の問題に答えることで、
品詞分類に関する基礎的な知識を確認することができます。
終わったら、解答を見て自己採点をしてください。

/20

1．例にならって、以下の語の品詞名を（　）の中に、書いてください。

（例）（　動詞　）話す　　　（　助動詞　）〜られる

(1)（　　　　　）悲しい　　　(2)（　　　　　）日本人

(3)（　　　　　）どんどん　　(4)（　　　　　）逃げる

(5)（　　　　　）おい！　　　(6)（　　　　　）あらゆる

(7)（　　　　　）ところで　　(8)（　　　　　）心配だ

(9)（　　　　　）〜は　　　　(10)（　　　　　）〜たい

2．例にならって、以下の動詞の活用の種類を、①五段活用、②上一段活用、③下一段活用、④カ行変格活用、⑤サ行変格活用、の中から選び、番号を入れてください。

（例）（　③　）寝る　　（　①　）知る　　（　⑤　）勉強する

(1)（　　　）待つ　　　　(2)（　　　）見える

(3)（　　　）生きる　　　(4)（　　　）する

(5)（　　　）来る　　　　(6)（　　　）刈る

(7)（　　　）雑談する　　(8)（　　　）着る

(9)（　　　）消える　　　(10)（　　　）帰る

解答

- -

1.

(1) （　形容詞　）悲しい　　　(2) （　名詞　）日本人

(3) （　副詞　）どんどん　　　(4) （　動詞　）逃げる

(5) （　感動詞　）おい！　　　(6) （　連体詞　）あらゆる

(7) （　接続詞　）ところで　　(8) （　形容動詞　）心配だ

(9) （　助詞　）〜は　　　　　(10) （　助動詞　）〜たい

2.

(1) （　①　）待つ　　　　　　(2) （　③　）見える

(3) （　②　）生きる　　　　　(4) （　⑤　）する

(5) （　④　）来る　　　　　　(6) （　①　）刈る

(7) （　⑤　）雑談する　　　　(8) （　②　）着る

(9) （　③　）消える　　　　　(10) （　①　）帰る

どうだったかな？

　1 は、日本語の品詞を理解しているかどうかを問う問題です。

　品詞分類は中学校で学習する項目です。皆さんはしっかりと覚えていたでしょうか。動詞や形容詞、名詞、副詞などは覚えていても、連体詞や感動詞などは忘れていた人もいたかもしれません。まずは、皆さんが中学校で学んだ品詞分類を確認しておきましょう。

　2 は、動詞の活用の種類を問う問題です。

　学校文法と日本語教育の動詞分類は基本的に同じなので、学校文法の知識があると日本語教育においても理解の助けになります。日本語教師には日本語を教えるために動詞の活用の知識が求められます。動詞は、その活用形によって様々な文法機能を果たすため、活用の知識は正しい日本語の運用に欠かせないからです。動詞がどのように活用し、どのように分類されるのか、この章で改めて理解を深めていきましょう。

1．日本語の品詞

　言葉をその性質や働きから分けることを品詞分類と言います。日本語の単語は、1つの独立した語として認められる**自立語**と自立語に付くことで初めて文の構成素として成立する**付属語**に分かれます。自立語には、「見る」「美しい」「静かだ」「学校」「ザーザー」「ある…」「そして」「ああ」などがあります。付属語には、「〜られる」「〜が」などがあります。付属語は単独では使えませんが、「ほめられる」や「先生が」などと、自立語に付くことで文法的な意味（受身や主語）が生まれます。

　自立語と付属語は**活用**をもつかどうかで、さらに2つのグループに分かれます。活用があるかないかというのは、その語が規則的に変化するかどうかということです。たとえば、「見る」であれば、「見た」「見ない」「見ます」「見ません」など、変化の形をもちます。したがって、活用があるということになります。これに対し、「学校」という語は変化の形をもたないので、活用がないということになります。

　自立語で活用をもつ語（**動詞、形容詞、形容動詞**）はすべて**述語**になります。自立語で活用をもたない語には、主語になる**名詞**、述語にかかる**副詞**、名詞にかかる**連体詞**、接続する働きのある**接続詞**、独立して使われる**感動詞**に分かれます。

　助動詞は付属語ですが、活用をもちます。たとえば、「〜られる」には「食べられる」「食べられた」「食べられて」「食べられない」「食べられます」などの変化があります。これに対して、「〜は」「〜が」「〜を」「〜まで」「〜しか」「〜よ」などの**助詞**は変化する形をもちません。

自立語（詞）	活用する	述語になる（用言）	動詞	書く、見る、ほめる
			形容詞	美しい、強い、明るい
			形容動詞	静かだ、幸せだ、変だ
	活用しない	主語になる（体言）	名詞	学校、日本、先生
		述語にかかる	副詞	ザーザー、とても
		名詞にかかる	連体詞	ある、さる、いかなる
		接続語になる	接続詞	そして、しかし、また
		独立して使われる	感動詞	ああ、はい、じゃあね
付属語（辞）	活用する		助動詞	〜られる、〜ようだ
	活用しない		助詞	〜は、〜が、〜を

＊括弧内の「詞」、「辞」、「用言」、「体言」は伝統的な呼び方です。

 日本語の品詞

語	自立語	活用する	動詞、形容詞、形容動詞
		活用しない	名詞、副詞、連体詞、接続詞、感動詞
	付属語	活用する	助動詞
		活用しない	助詞

基礎問題

例にならって、（　）の中に、品詞名を入れよ。

（例）（　名詞　）地球、山、机、大阪

(1)（　　　）いつも、ぜひ、かなり　　(2)（　　　）つまり、だから、または

(3)（　　　）青い、苦い、暑い　　　　(4)（　　　）来たる、たいした、あらゆる

(5)（　　　）～で、～を、～まで　　　(6)（　　　）芸術、思い出、義務

(7)（　　　）嫌だ、変だ、上手だ　　　(8)（　　　）～たい、～ようだ、～させる

(9)（　　　）取る、揺れる、飛ぶ　　　(10)（　　　）ふーん、おい、もしもし

【解答と解説】　品詞を区別する基礎的な問題です。なじみの薄い「連体詞」や「感動詞」に注意しましょう。(1)副詞、(2)接続詞、(3)形容詞、(4)連体詞、(5)助詞、(6)名詞、(7)形容動詞、(8)助動詞、(9)動詞、(10)感動詞

実践問題

【　】内に示した観点から見て、他と性質の異なるものを、1～5の中から1つ選べ。

【形容詞】

　　1　古い　　2　おもしろい　　3　古くさい　　4　きれい　　5　晴々しい

【解答と解説】　1、2、3、5は形容詞で、4は形容動詞になります。終止形は「きれいだ」です。したがって、答えは4です。「きれい」と言えるため、学習者がよく形容詞と間違える品詞です。

２．動詞（その１）

　動詞は、自立語で活用をもち、言い切りの形（終止形）がウ段で終わります。事物の動作や作用などを表します。活用の仕方によって、**五段活用動詞、上一段活用動詞、下一段活用動詞、カ行変格活用動詞、サ行変格活用動詞**に分かれます。

　活用形の種類として、**未然形・連用形・終止形・連体形・仮定形・命令形**の６つがあります。資料１「述語の活用表（学校文法）(1)五段活用動詞」（P.2）を見てください。未然形はまだ実現していないという意味で、ナイ、ウ／ヨウの他、レル／ラレル、セル／サセル、ズ／ヌなどが続きます。連用形は文を中止したり、その後にマス、タ、テなどが続いたりします。終止形は文を終止する形で、後ろに句点（マル）が付きます。連体形は名詞（体言）などに連なる形で、トキやノデなどが接続します。仮定形は仮定の意味を表す形で、バが続きます。命令形は命令する形です。

　たとえば、「あう（会う）」という動詞でこれらの活用形を説明しましょう。変化しない部分「あ」は**語幹**と言い、変化する部分は**活用語尾**（以下、下線の部分）と言います。未然形は「あ<u>わ</u>（ナイ／レル／セル／ズ）」と「あ<u>お</u>（ウ）」という形になり、活用語尾は「わ」と「お」になります。同様に、連用形は「あ<u>い</u>（マス）」「あ<u>っ</u>（タ／テ）」、終止形は「あ<u>う</u>。」、連体形は「あ<u>う</u>（トキ／ノデ）」、仮定形は「あ<u>え</u>（バ）」、命令形は「あ<u>え</u>。」となり、「会う」の活用語尾は、「わ／お、い／っ、う、う、え、え」となります。

（１）五段活用動詞

　活用語尾に五十音図のア段・イ段・ウ段・エ段・オ段の五段音がすべて現れるため、五段活用動詞と呼ばれます。活用語尾が現れる五十音図の行はワ・ア行、タ行、ラ行、ナ行、バ行、マ行、カ行、ガ行、サ行の９つになります。

　五段活用動詞であれば、この９つの活用パターンのいずれかになります。たとえば、ワ・ア行の動詞（活用語尾にワ行とア行がある動詞）であれば、「会う」の他にも、「思う」「言う」「買う」などがあります。同様に、それぞれの行に同じ活用をする動詞があるわけです。例外として、ナ行は現代語では「死ぬ」という動詞しか存在しません。

　五段活用の特徴として連用形に生じる**音便**があります。ワ・ア行とタ行、ラ行では、**促音便**（「会<u>っ</u>た」「勝<u>っ</u>た」「切<u>っ</u>た」）、ナ行とバ行、マ行では**撥音便**（「死<u>ん</u>だ」「呼<u>ん</u>だ」「飲<u>ん</u>だ」）、カ行とガ行では、**イ音便**（「聞<u>い</u>た」「脱<u>い</u>だ」）が現れます。ただし、「行く」だけは例外で、本来はイ音便ですが、実際は促音便「行<u>っ</u>た」になります。サ行は音便は生じません（「押す」→「押した」）。

 **Point** 動詞（その1）

(1)**活用の種類**：五段活用、上一段／下一段活用、カ行／サ行変格活用
(2)**活用形の種類**：未然形、連用形、終止形、連体形、仮定形、命令形
(3)**五段活用**：9つの活用パターン　音便（促音便／撥音便／イ音便）

基礎問題

例にならって、下線部の活用形について、空欄に適当な言葉を入れよ。

	語幹	活用形の種類	活用の行	音便形の有無
（例）<u>歩け</u>	ある	命令形	カ行	イ音便
(1)<u>励み</u>ます				
(2)<u>しまえ</u>ば				
(3)<u>話す</u>時				
(4)<u>咲か</u>ない				

【解答と解説】　学校文法の活用に関する知識です。(1)はげ、連用形、マ行、撥音便、(2)しま、仮定形、ワ・ア行、促音便、(3)はな、連体形、サ行、なし、(4)さ、未然形、カ行、イ音便

実践問題

【　】内に示した観点から見て、他と性質の異なるものを、1〜5の中から1つ選べ。

【音便】
　　1　悲しむ　　2　喜ぶ　　3　足す　　4　舞う　　5　嗅ぐ

【解答と解説】　9つの活用パターンの中でサ行「〜す」だけに音便形がないことに留意してください。1と2は撥音便、4は促音便、5はイ音便となります。「足す」は音便形をもたないので、答えは3になります。

３．動詞（その２）

（２）上一段活用動詞・下一段活用動詞

上一段活用動詞は、イ段音だけで活用し、**下一段活用動詞**はエ段音だけで活用します。五段音の真ん中であるウ段を中心に、上（イ段）か下（エ段）という違いです。活用は五段活用とはかなり異なります。（→資料１「述語の活用表（学校文法）(2)上一段活用動詞・下一段活用動詞・カ行変格活用動詞・サ行変格活用動詞」P.2参照）

（３）カ行変格活用動詞・サ行変格活用動詞

特別な活用をする動詞として、**カ行変格活用動詞（カ変動詞）**と**サ行変格活用動詞（サ変動詞）**があります。カ変動詞には、「来る」以外の動詞はありませんが、サ変動詞には、「する」以外に「散歩する」「練習する」などの「動作を表す名詞＋する」や「愛する」「対する」「関する」や「どきどきする」「さっぱりする」などの複合動詞があります。また、「信ずる」や「案ずる」などの「〜ずる」もサ変動詞になります。カ変動詞とサ変動詞は形式（「来る」「する／〜する／〜ずる」）が決まっているので、そのまま覚えましょう。

◇動詞の種類の見分け方◇

動詞の種類の見分け方は簡単です。「〜ない」を付けた時に、「〜ａない」となるのが五段活用、「〜ｉない」となるのが上一段活用、「〜ｅない」となるのが下一段活用です。

「終止形」の形で見ると、「〜る」とならない動詞はすべて五段活用ですが、「〜る」となる動詞は五段活用、上一段活用、下一段活用の可能性があるので、注意してください。

カ変は「来る」だけで、サ変は「する／〜する／〜ずる」に限られます。

動詞	〜ない	動詞の種類
買う	買わない（〜ａない）	
立つ	立たない（〜ａない）	
やる	やらない（〜ａない）	
死ぬ	死なない（〜ａない）	
飛ぶ	飛ばない（〜ａない）	→ 五段活用
読む	読まない（〜ａない）	
書く	書かない（〜ａない）	
騒ぐ	騒がない（〜ａない）	
貸す	貸さない（〜ａない）	
着る	きない（〜ｉない）	→ 上一段活用
出る	でない（〜ｅない）	→ 下一段活用

 **Point** 動詞（その２）

⑴上一段／下一段活用：イ段音／エ段音での活用

⑵カ行／サ行変格活用：「来る」／「する／〜する／〜ずる」

⑶動詞の種類の見分け方：五段活用（「〜aない」）、上一段活用（「〜iない」）、

　　　　　　　　　　　　下一段活用（「〜eない」）

基礎問題 ✐

例にならって、以下の動詞の活用の種類について、①五段活用、②上一段活用、③下
一段活用、④カ行変格活用、⑤サ行変格活用、の中から選び、その番号を（　）に入れよ。

(例)（　①　）死ぬ　　(1)（　　　）焼く　　(2)（　　　）持つ　　(3)（　　　）備える

　　(4)（　　　）運動する　(5)（　　　）あやす　(6)（　　　）似る　　(7)（　　　）来る

　　(8)（　　　）結婚する　(9)（　　　）寝る　　(10)（　　　）気取る　(11)（　　　）借りる

【解答と解説】　動詞の種類は「〜ない」を付けて考えましょう。(1)①（→や<u>か</u>ない）、(2)①
（→も<u>た</u>ない）、(3)③（→そな<u>え</u>ない）、(4)⑤（→「〜する」はサ変）、(5)①（→あや<u>さ</u>ない）、
(6)②（→<u>に</u>ない）、(7)④（→「来る」はカ変）、(8)⑤（→「〜する」はサ変）、(9)③（→<u>ね</u>ない）、
(10)①（→きど<u>ら</u>ない）、(11)②（→か<u>り</u>ない）

実践問題 ✐

【　】内に示した観点から見て、他と性質の異なるものを、１〜５の中から１つ選べ。

【動詞の種類】

　　１　添える　　２　なえる　　３　震える　　４　帰る　　５　超える

【解答と解説】　動詞を見たら、どの種類の動詞なのか、すぐわかるようにしましょう。１、２、
３、５は下一段活用です。「〜ない」を付けると、「添<u>え</u>ない／な<u>え</u>ない／震<u>え</u>ない／超<u>え</u>な
い」となります。これに対して、４の「帰る」だけは「帰<u>ら</u>ない」となり、五段活用である
ことがわかります。答えは４になります。

4．形容詞・形容動詞（その１）

　形容詞と形容動詞は、活用をもつ自立語で、主体の性質・性状や感情・感覚を表します。両者を区別するのは活用の形で、終止形と連体形が「～い」となるのが形容詞で、終止形が「～だ」、連体形が「～な」という形になるのが形容動詞です。また、形容動詞には丁寧形の活用があり、「名詞＋断定の助動詞」の活用と似ています。（→資料１「述語の活用表（学校文法）(3)形容詞・形容動詞（名詞＋断定の助動詞）」P.3参照）

　　形容詞：今日は風が<u>強い</u>。（終止形）／今日は<u>強い</u>風が吹いている。（連体形）
　　形容動詞：松本さんは<u>さわやかだ</u>。（終止形）／彼は<u>さわやかな</u>人だ。（連体形）

　その他の例として、形容詞には「大きい、新しい、明るい、暑い、苦しい」、形容動詞には「危険だ、必要だ、静かだ、明らかだ、苦手だ」などがあります。また、形容詞と形容動詞には、語幹だけを使って、感動や驚きを表す用法があります。

　　形容詞：今日は風、<u>強</u>っ！／山田先生、イラスト、<u>うま</u>っ！
　　形容動詞：松本さんって、<u>さわやか</u>！／すごい、駅前、<u>賑やか</u>！

　形容詞では「？悲しっ！」や「？ありがたっ！」など言いにくいものもありますが、形容動詞は語幹の独立性が強く、語幹が名詞であると考える人もいます。形容動詞か名詞かで迷う時は、連体の形で判断します。「～な」となるのが形容動詞で、「～の」となるのが名詞です。

　１）その兵士は<u>勇敢</u>だ。　　　　　　→　勇敢<u>な</u>（×の）兵士（形容動詞）
　２）子どもの受験が<u>心配</u>だ。　　　　→　心配<u>な</u>（×の）受験（形容動詞）
　３）彼の突然の失踪は<u>謎</u>だ。　　　　→　謎<u>の</u>（×な）失踪（名詞）
　４）国民にとって納税は<u>義務</u>だ。　　→　義務<u>の</u>（×な）納税（名詞）

　形容動詞と名詞の両方の特徴をもつ語も存在します。その場合、どちらの品詞で使われるかは、文脈などで変わります。その場合も、連体の形で判断してください。

　５）職場での恋愛は<u>自由だ</u>。　　　　→　<u>自由な</u>（？の）恋愛（形容動詞）
　６）民主主義の原則は<u>自由だ</u>。　　　→　<u>自由の</u>（？な）原則（名詞）

このような両者の性格をもつ語には、「元気だ、親切だ、幸せだ、けちだ、健康だ、特別だ、自然だ、バカだ、危険だ、贅沢だ、無事だ」などがあります。

 **Point** 　　　　　【 形容詞・形容動詞（その１）】

(1) **形容詞**：終止形と連体形が「〜い」

(2) **形容動詞**：終止形が「〜だ」、連体形が「〜な」

(3) **形容動詞と名詞の区別**：連体の形が「〜な」となるのが形容動詞、

　　　　　　　　　　　　　「〜の」となるのが名詞

基礎問題

下線部の語は、①形容動詞、②名詞のどちらか。例にならって、その番号を（　）に入れよ。

(例)　（　①　）品物を袋に詰めるだけの仕事は簡単だ。（→簡単な仕事）

　(1)（　　　）その国の直面する問題は貧困だ。

　(2)（　　　）１人でするにはその仕事は困難だ。

　(3)（　　　）ちょっとした買い物にコンビニが便利だ。

　(4)（　　　）この会社に今必要なのは理念だ。

　(5)（　　　）田中さんはすぐに怒って、本当に短気だ。

【解答と解説】　連体形にして、判断するのが基本です。(1)②（→貧困の問題）、(2)①（→困難な仕事）、(3)①（→便利なコンビニ）、(4)②（→理念の必要性）、(5)①（→短気な田中さん）

実践問題

【　】内に示した観点から見て、他と性質の異なるものを、１〜５の中から１つ選べ。

【形容動詞】

　　　１　とくい　　２　ぶれい　　３　きらい　　４　こわい　　５　きけん

【解答と解説】　形容詞に似ている形容動詞の問題です。１、２、３、５は形容動詞で、連体形は「とくいな／ぶれいな／きらいな／きけんな」となります。４は形容詞で、連体形は「こわい」です。したがって、答えは４です。

5．形容詞・形容動詞（その2）

　形容詞と形容動詞の下位分類として、**属性形容詞**と**感情形容詞**があります。用語は「形容詞」ですが、形容動詞もこの分類に含まれます。

種　類	特　徴		例
属性形容詞	人や物の性質や性状などの属性を表す	形容詞	大きい・優しい・新しい・多い
		形容動詞	有名だ・まじめだ・危険だ・不便だ
感情形容詞	人の感情や感覚などを表す	形容詞	うれしい・恥ずかしい・かゆい・眠い
		形容動詞	嫌いだ・残念だ・楽しみだ・不安だ

（→資料1「述語の活用法（学校文法）⑷感情形容詞の例」P.3参照）

　感情形容詞は心の内面の表現であるため、話者（一人称）の表現に限られるという制約があります（なお、会話では、主語である「私」は通常省略されます）。このため、二人称と三人称の場合は、その人の内面を外から判断する表現でなければなりません。

　1）○年老いた父親が一人暮らしをしていて、（私は）とても<u>心配だ</u>。
　2）？年老いた父親が一人暮らしをしていて、妹はとても<u>心配だ</u>。
　3）○年老いた父親が一人暮らしをしていて、妹はとても<u>心配そうだ</u>／<u>心配なようだ</u>／
　　　<u>心配している</u>。

　ただし、感情形容詞でも「好きだ」「嫌いだ」「苦手だ」などは三人称でもそのまま使うことができます。

　4）太郎はスポーツが<u>好きだ</u>。／花子はトマトが<u>嫌いだ</u>。／次郎は歌が<u>苦手だ</u>。

　これは、「好きだ／嫌いだ／苦手だ」という内面の状態は、外の様子から判断することができるからです。感情形容詞と属性形容詞の境界線ははっきりとしているわけではなく、同じ語が状況によって両方に使われることがあります。

　5）a.テニスボールが顔に当たって<u>痛い</u>。（感情形容詞—自分の気持ち）
　　　b.インフルエンザの予防接種の注射は<u>痛い</u>。（属性形容詞—注射の性質）
　6）a.試験のことを考えると、とても<u>不安だ</u>。（感情形容詞—自分の気持ち）
　　　b.環境悪化によって地球の未来はとても<u>不安だ</u>。（属性形容詞—未来の状況）

 形容詞・形容動詞（その２）

(1)**属性形容詞**：人や物の性質や性状を表す（「大きい／有名だ」など）

(2)**感情形容詞**：感情や感覚を表す（「うれしい／嫌いだ」など）、通常は一人称

基礎問題

下線部の形容詞と形容動詞は、①属性形容詞、②感情形容詞のどちらか。例にならって、その番号を（　）に入れよ。

(例)（　①　）そのまくらはとても<u>柔らかい</u>。（→まくらの性状）

(1)（　　）うちの子どもは外では<u>おとなしい</u>。

(2)（　　）息子が結婚をして<u>感無量だ</u>。

(3)（　　）蚊に刺されて、足が<u>かゆい</u>。

(4)（　　）祝賀会の食事は<u>豪華</u>だった。

(5)（　　）あの先生の授業は<u>退屈</u>だそうだ。

【解答と解説】　話者の気持ちか一般的な性状・性質なのかで考えます。(1)①（→子どもの性格）、(2)②（→話者の感情）、(3)②（→話者の感覚）、(4)①（→食事の内容）、(5)①（→授業の内容）

実践問題

【　】内に示した観点から見て、他と性質の異なるものを、1〜5の中から1つ選べ。

【形容詞の種類】

　　1　ずるい　　2　悲しい　　3　寂しい　　4　悔しい　　5　憎い

【解答と解説】　属性形容詞か感情形容詞かで考えます。1の「ずるい」は人の性格評価に使われる属性形容詞、2から5は話者の気持ちを表す感情形容詞です。したがって、答えは1になります。

6. 名詞（その1）

　名詞は、事物の名称を表します。活用はなく、助詞によって述語との関係が示され、主語や目的語になることができます。このテキストでは、**普通名詞**、**固有名詞**、**数詞**、**形式名詞**、**代名詞（人称代名詞・指示代名詞）**、の5種類で説明します。

（1）普通名詞

　同類のものすべてに通じる一般的な名称や呼称を表します。具体的な事物を表す**具体名詞**と抽象的な概念を表す**抽象名詞**があります。

　　具体名詞の例：犬、魚、川、机、椅子、時計、家、火事、地震、地球

　　抽象名詞の例：心、精神、概念、義務、芸術、愛、希望、哲学、平和

（2）固有名詞

　あるものの固有の名称や呼称を表します。普通名詞は同類のものをすべて表しますが、固有名詞は特定されたものだけを示します。

　　固有名詞の例：富士山、エベレスト、琵琶湖、京都、日本、聖徳太子、エジソン

（3）数詞

　事物の数や順序などを表します。数量を表す**基数詞**と順序を表す**序数詞**があります。

　　基数詞（数量）の例：1人、2台、3匹、4つ、5本、6枚、7羽、8個、9回

　　序数詞（順序）の例：1番、2号、3時限、4等、5枚目、第6章、7位、8階

　基数詞は助詞を付けないで、「子どもが<u>3人</u>遊んでいる」の例のように、副詞のように使うことができます。

（4）形式名詞

　実質的な意味をもたない名詞で、単独では主語や述語になれないものを言います。なお、実質的な意味をもって使われることもあり、その場合、普通名詞として扱われます。

　　形式名詞の例：こと、ところ、もの、はず、ため、つもり、ほう、わけ、とおり、うち

　1）信じられない<u>こと</u>が起きた。（実質的な名詞の例：<u>事</u>は重大だ。）

　2）両親の<u>ため</u>に頑張った。（実質的な名詞の例：それは、<u>為</u>にならない。）

　3）密会している<u>ところ</u>を写真に撮られた。（実質的な名詞の例：<u>所</u>変われば品変わる。）

　4）あんな商品が売れる<u>わけ</u>がない。（実質的な名詞の例：<u>訳</u>は後で話す。）

 **point** 名詞（その１）

(1)普通名詞：一般的な名称や呼称　具体名詞／抽象名詞

(2)固有名詞：特定された固有の名称

(3)数詞：数量は基数詞、順序は序数詞

(4)形式名詞：実質的な意味をもたない名詞（もつ場合は普通名詞）

次の文の下線部の名詞は、①普通名詞、②固有名詞、③数詞、④形式名詞のどれか。
例にならって、その番号を下線部の下に記入しなさい。

（例）「佐藤」は日本でよく耳にする名字の１つである。
　　　②　　　②　　　　　　　　　①　　③

その人数は100万人を超えると言われる。こんなにいても「佐藤」は固有名詞だ。

そんなはずはないと思う人もいるかもしれないが、そのわけは、他の人と区別するための

名称だからだ。

【解答と解説】　名詞の違いを区別する基本的な問題です。人数（①）、100万人（③）、固有名詞（①）、はず（④）、わけ（①→実質名詞の「訳」）、人（①）、ため（④）、名称（①）

実践問題

【　】内に示した観点から見て、他と性質の異なるものを、１〜５の中から１つ選べ。

【基数詞】

　　１　３位　　　２　３台　　　３　３倍　　　４　３頭　　　５　３軒

【解答と解説】　２から５はすべて基数詞です。３という数量を表しています。１の「３位」は序数詞で、順位を表しています。したがって、答えは１です。

第１章　6. 名詞（その１）

7．名詞（その2）

（5）代名詞

代名詞は、指し示す内容が人か物かによって**人称代名詞**と**指示代名詞**に分かれます。

⑴**人称代名詞**

人称代名詞は、話者自身をさす**一人称**、相手をさす**二人称**、話者と相手以外の人をさす**三人称**に分かれます。日本語の人称代名詞は英語のように１語ではなく複数あるのが特徴です。また、二人称や三人称はあまり使わず、その人の地位・役職・職業（「先生」、「部長」、「電気屋さん」など）で呼ぶのが普通です。

```
一人称（自称）：わたし、わたくし、あたし、僕、自分、小生、我輩、おれ…
二人称（対称）：あなた、あんた、きみ、おまえ、そなた…
三人称（他称）：彼、彼女、あいつ…
```

⑵**指示代名詞**

指示代名詞は「こ、そ、あ、ど」の４つの系列に分かれ、様々な表現が体系的に並びます。日本語文法では、発話の場面で具体的な物をさす**現場指示**と話の中で話題となった事柄をさす**文脈指示**に分かれます。（→資料２「『こそあど』の体系」P.4参照）

＜現場指示＞

①話し手と聞き手が対立する場（少し離れている）
　こ：話し手の領域（話し手が本を手に取って、「これは誰の本ですか。」）
　そ：聞き手の領域（話し手が聞き手に対して、「それは佐藤さんの本です。」）
　あ：両者から離れた領域（２人から離れた本を見て、「あれは誰の本だろう。」）

②話し手と聞き手が対立しない場（かなり接近している）
　こ：話し手と聞き手の領域（ケーキ屋で、「これ、おいしそうだね。」）
　そ：話し手と聞き手から少し離れた領域（「それもおいしそうだよ。」）
　あ：両者から離れた領域（「向こうにあるフルーツケーキ、あれはどう？」）

＜文脈指示＞
　こ：話し手と関連性が強い事柄（「調理師免状、これさえあれば、就職できる」）
　そ：話し手と関連性が弱い事柄（「ＤＴＰ検定？　それって何？」）
　あ：話し手と聞き手が共有する事柄（「おい、あれはどこに置いた？」）

 **Point** 名詞（その２）

⑴**代名詞**：人称代名詞（一人称／二人称／三人称）と指示代名詞
⑵**指示代名詞**：現場指示（具体物をさす→話し手と聞き手が対立する／対立しない場）
　　　　　　　　文脈指示（話題の事柄をさす）

基礎問題

以下の文は日本語学習者が会話でよく間違えるものである。例にならって、下線部の
人称代名詞を適切な表現に変え、（　）に入れよ。

（例）（　先生　）学生が先生に「<u>あなた</u>に質問があります」（→相手をすべて「あなた」と呼ぶ）

　⑴（　　　　）妹の名前はカレンです。<u>彼女</u>はスポーツが好きです。

　⑵（　　　　）父はドイツに留学しました。だから、<u>彼</u>はドイツ語を話します。

　⑶（　　　　）私の家族は日本が好きです。だから、来月<u>彼ら</u>が日本に来ます。

　⑷（　　　　）〔自己紹介で〕<u>オレ</u>はフランスから来ました。

【解答と解説】　英語のように人称代名詞は１つだと思って使う学習者が多くいます。⑴妹／
カレン（→女性にすべて「彼女」を使う）、⑵父（→男性にすべて「彼」を使う）、⑶私の家
族（→複数形はすべて「彼ら」にする）、⑷わたし（→アニメの影響で、「オレ」を使う学習
者がいる）

実践問題

【　】内に示した観点から見て、他と性質の異なるものを、１〜５の中から１つ選べ。

【指示内容】
　1　<u>その</u>ネクタイ、すてきですね。　　2　<u>この</u>カメラは日本製だ。
　3　<u>あの</u>人は佐藤さんじゃないですか。　4　<u>その</u>話は本当ですか。
　5　スマホは<u>こう</u>やってネットにつなげるんですよ。

【解答と解説】　4だけが文脈指示で、会話の中で話された内容を指示しています。その他は
現場指示になります。したがって、答えは4です。

８．副詞

　副詞は自立語で、活用がなく、主として動詞などの述語を詳しく説明するために使われます。一般的に、**状態副詞、程度副詞、陳述副詞**の３種に分類されます。

（１）状態副詞（情態副詞／様態副詞）
　おもに動詞にかかってその動作・作用の状態を表します。音・音声・様子を感覚的にまねた**擬音語・擬声語・擬態語（オノマトペ）**や同じ音を繰り返す**畳語**に多く見られます。

⑴**動きの様子**
　・息子が<u>ぐっすり</u>眠る　・祖父が<u>ゆっくり</u>散歩する　・父親が<u>こっそり</u>出かける

⑵**擬音語・擬声語・擬態語（＋と）**
　・電子レンジが<u>チンと</u>鳴る　・ヤギが<u>メーと</u>鳴く　・友達が<u>にっこり</u>笑う

⑶**畳語**
　・子どもが<u>しくしく</u>泣く　・水が<u>ちょろちょろ</u>流れる　・雨が<u>しとしと</u>降る

（２）程度副詞
　おもに述語にかかって、その表す内容がどの程度であるかを示しますが、述語ではない名詞や副詞を修飾することもあります。「とても、たいへん、ずいぶん、かなり、ちょっと、多少、わりと、きわめて」などがあります。

　・<u>少し</u>眠る（動詞を修飾）　　　　　　・<u>かなり</u>暑い（形容詞を修飾）
　・<u>たいそう</u>賑やかだ（形容動詞を修飾）　・<u>ずっと</u>以前の出来事（名詞を修飾）
　・<u>もっと</u>はっきり言え（副詞を修飾）

（３）陳述副詞
　<u>後の語句</u>と**呼応**して、文の述べ方を表します。肯定（「必ず、ぜひ、きっと、もちろん」）、否定（「決して、少しも、ちっとも」）、推量（「たぶん、おそらく、まさか」）、仮定（「もし、たとえ、かりに」）、疑問（「なぜ、どうして、なんで」）、比況（「まるで、あたかも、さも」）などがあります。

　・<u>ぜひ</u>遊びに来て<u>ください</u>（肯定）　・そのドラマは<u>少しも</u>おもしろ<u>くない</u>（否定）
　・<u>おそらく</u>霧が出る<u>だろう</u>（推量）　・<u>もし</u>宝くじが当たっ<u>たら</u>（仮定）
　・<u>なんで</u>試合に負けた<u>のか</u>（疑問）　・<u>さも</u>何も知らない<u>ように</u>（比況）

 **Point** 副詞

(1)**状態副詞**：おもに動詞の状態を表す（擬音語／擬声語／擬態語／畳語など）

(2)**程度副詞**：おもに述語の内容の程度を表す

(3)**陳述副詞**：後に来る言葉と呼応して文の述べ方を表す。（肯定／否定／推量／仮定／疑問／比況など。呼応のパターンをセットで覚える）

基礎問題

次の副詞は、①状態副詞、②程度副詞、③陳述副詞のどれか。例にならって、その番号を（　）に入れよ。

(例)（　③　）絶対に（→強い肯定または否定と呼応する）

 (1)（　　）ずいぶん (2)（　　）ぼんやり (3)（　　）だいぶ

 (4)（　　）ガチャンと (5)（　　）まんがいち (6)（　　）とうてい

 (7)（　　）ころころ (8)（　　）少し   (9)（　　）あたかも

【解答と解説】　3種類の副詞はしっかりと類別できるようにしておきましょう。(1)②（→程度）、(2)①（→擬態語）、(3)②（→程度）、(4)①（→擬音語＋と）、(5)③（→仮定）、(6)③（→否定）、(7)①（→畳語）、(8)②（→程度）、(9)③（→比況）

実践問題

【　】内に示した観点から見て、他と性質の異なるものを、1〜5の中から1つ選べ。

【副詞の種類】

  1　だらだら 2　少々 3　じろじろ 4　嫌々 5　ぎらぎら

【解答と解説】　すべて畳語ですが、1、3、4、5は擬態語で、述語の様子を表す状態副詞です。「少々」は述語の内容の程度を表す副詞になります。したがって、答えは2の「少々」になります。

９．連体詞・接続詞・感動詞

（１）連体詞

　活用のない自立語です。名詞（体言）にかかっていく機能だけをもつ品詞で、次のような
ものがあります。

⑴「〜る／〜た」型（「ある、さる、来たる、あらゆる／たった、たいした」など）

⑵「〜の」型（「当の、例の、ほんの、くだんの、この、その、あの」など）

⑶「〜な」型（「大きな、小さな、おかしな、ひょんな」など）

⑷その他（「我が、あらぬ」など）

（２）接続詞

　活用のない自立語で、文中の語や句、文などを結びつけます。

⑴順接（「だから、それで、そこで、すると、ゆえに、ですから」など）

　・台風が接近している。だから、授業は休講になった。

⑵逆接（「しかし、だが、ところが、けれども、でも、ですが」など）

　・今日は立春だ。しかし、まだコートは手放せない。

⑶並立・累加（「および、並びに、また、それに、なお、しかも」など）

　・英語および数学は必修である。／あの先生は恩師で、しかも、命の恩人だ。

⑷対比・選択（「一方、反対に、その反面、それとも、または、あるいは」など）

　・彼は人に厳しい。その反面、情に厚い。／淡路島へは車、または、船で行ける。

⑸転換（「さて、ところで、ときに、次に、では」など）

　・前置きはこれぐらいにします。さて、本題に入ります。

（３）感動詞

　活用のない自立語で、文のように独立して使われます。感動、呼びかけ、応答、挨拶、か
け声など、様々な表現があります。

⑴感動（「ああ、あら、あれっ、うわっ、おお、おや、まあ、ほら」など）

⑵呼びかけ（「あの、おい、こらっ、ちょっと、どれ、ねえ、もしもし」など）

⑶応答（「はい、いいえ、いや、うん、ええ、おう、そう、なあに」など）

⑷挨拶（「おはようございます、おやすみ、こんにちは、こんばんは」など）

⑸かけ声（「せいの、じゃんけんぽん、どっこいしょ、よいしょ」など）

 **Point** 連体詞・接続詞・感動詞

(1)**連体詞**：名詞にかかる（「〜る／〜た」型、「〜の」型、「〜な」型）など）
(2)**接続詞**：語や句、文などをつなぐ（順接、逆接、並立・累加、対比・選択、転換）
(3)**感動詞**：文のように独立して使われる（感動、呼びかけ、応答、挨拶、かけ声など）

基礎問題

次の下線部の接続詞は、①順接、②逆接、③並立・累加、④対比・選択、⑤転換のどれか。例にならって、その番号を（　）に入れよ。

（例）（　②　）台風が来た。<u>しかし</u>、風は弱かった。（→予想される以外の結果）
　(1)（　　　）雷が鳴った。<u>すると</u>、子どもが泣きだした。
　(2)（　　　）機内食は、肉料理<u>または</u>魚料理から選べます。
　(3)（　　　）これで説明は終わりです。<u>ところで</u>、田中さんはどうしましたか。
　(4)（　　　）山田さんは医者であり、<u>また</u>、弁護士でもある。
　(5)（　　　）熱があった。<u>でも</u>、一日休んだらよくなった。

【解答と解説】　前と後の事柄がどのようにつながっているか、しっかりと理解できるようにしましょう。(1)①（→順接）、(2)④（→選択）、(3)⑤（→転換）、(4)③（→累加）、(5)②（→逆接）

実践問題

【　】内に示した観点から見て、他と性質の異なるものを、1〜5の中から1つ選べ。

【連体詞】
　　1　ひょうきんな　2　いろんな　3　ひょんな　4　おかしな　5　小さな

【解答と解説】　2〜5は連体詞なので、述語にはなりません（×いろんだ／×ひょんだ／×おかしだ／×小さだ）。1は形容動詞で、「ひょうきんだ」と述語になることができます。したがって、答えは1です。

10. 助動詞（断定の助動詞）

　助動詞は、付属語ですが、活用があり、おもに述語の一部になって文法的な意味を添えます。助動詞には次のようなものがあります。「〜れる／られる（受身）、〜せる／させる（使役）、〜たい／たがる（願望）、〜ない／ぬ（否定）、〜まい（否定の推量）、〜た（過去）、〜らしい（推量）、〜ようだ／みたいだ（比況）、〜そうだ（様態・伝聞）、〜だ／です（断定）、〜ます（丁寧）、〜う／よう（意志）」（→資料3「助動詞」P.5参照）

　中でも、**断定の助動詞**「〜だ／です」は名詞に付き、名詞述語を形成します。「〜です」は形容詞の丁寧な言い方にも使われますが、形容動詞には丁寧形があるために使われません。

　1）父は　弁護士　だ／です　。（名詞＋断定の助動詞の終止形）

　2）故郷が　なつかしい　です　。（形容詞の終止形＋丁寧の断定の助動詞の終止形）

　3）住宅街は　静かだ／です　。（形容動詞の終止形）

　例文1）に見る名詞述語文ですが、日本語文法では次の3つに分類しています。検定試験にも出題されているため、ここで説明します。

（1）措定文

　述語名詞が主語の属性などを表します。主語が述語名詞に含まれる関係（主語⊂述語名詞）です。主語と述語名詞を反対にすると、文は成立しません。

　4）トカゲは爬虫類だ。（→× 爬虫類はトカゲだ。）

　5）メイさんはタイ人だ。（→× タイ人はメイさんだ。）

（2）指定文

　主語と述語名詞が一致する（主語＝述語名詞）名詞文のことです。主語と述語名詞を入れ替えても、文は成立します。

　6）アメリカの首都はワシントンだ。（→ワシントンはアメリカの首都だ。）

　7）彼は私の夫だ。（→私の夫は彼だ。）

（3）うなぎ文（はしょり文）

　本来あるはずの述語を省略した文を言います。そのままでは変な文ですが、ある状況下では文法的となります。以下の例では下線部の述語が省略されたと考えられます。

　8）僕はウナギだ。（←僕はウナギを注文する、僕はウナギが食べたい、など）

　9）父は書斎だ。（←父は書斎にいる。）

 **Point** 助動詞（断定の助動詞）

名詞述語文（AはBだ）
- 措定文（A⊂B） → × BはAだ
- 指定文（A＝B） → ○ BはAだ
- うなぎ文（述語が省略された文）

基礎問題

次の名詞述語文は、①措定文、②指定文、③うなぎ文のどれか。例にならって、その番号を（ ）に入れよ。

(例)（ ② ）富士山は日本一の山です。（→富士山＝日本一の山）

(1)（　　）妻の実家は静岡です。

(2)（　　）田中さんは会社員です。

(3)（　　）サラさんの出身地はアメリカです。

【解答と解説】 名詞述語文の問題は度々出題されている重要事項の1つです。(1)③（→妻の実家は静岡（にある）、実家≠静岡）、(2)①（→田中さん⊂会社員）、(3)②（→サラさんの出身地＝アメリカ）

実践問題

【 】内に示した観点から見て、他と性質の異なるものを、1〜5の中から1つ選べ。

【断定の助動詞】

1　彼の趣味は水泳です。　　　2　多くの人が願うのは健康です。

3　国の財政が苦しいです。　　4　母の趣味はケーキ作りです。

5　老後の人生はゆかいです。

【解答と解説】 断定の助動詞が付くのは、名詞か形容詞です。「〜です」の前の品詞は、1は名詞（水泳）、2は名詞（健康の願い）、3は形容詞（苦しい）、4は名詞（ケーキ作り）、5は形容動詞（ゆかいな人生）。したがって、「ゆかいです」の「〜です」は形容動詞の活用形の一部になり、答えは5になります。

11. 助詞

　助詞は、付属語で、活用がなく、語と語の関係を示したり、一定の意味を付け加えたりします。助詞の種類は、語と語との文法関係を示す**格助詞**、文の成分に特別な意味を加える**副助詞**、語句や節などをつなげる**接続助詞**、文の最後に付く**終助詞**の４種類になります。（→資料４「助詞」P.6-7参照）

（1）格助詞

　おもに名詞に付き、その語がどのような文の成分になるかを表したり、語と語の関係を示したりします。「〜が（主語、対象）」「〜の（連体修飾、主語）」「〜を（対象、動作の場所）」「〜に（時、場所）」「〜へ（方向、帰着の場所）」「〜と（相手、結果）」「〜から（起点、主語）」「〜より（比較、材料）」「〜で（場所、手段・方法）」「〜や（並立）」などがあります。

（2）副助詞

　名詞や助詞などの語に付いて、その語句に様々な意味を加えたり、述語を修飾・限定したりします。「〜は（主題、対比）」「〜も（追加、列挙）」「〜こそ（強調）」「〜さえ／でも／まで（例示）」「〜しか（限定）」「〜ばかり／だけ（限定、程度）」「〜ほど／くらい（程度）」「〜など（例示）」「〜きり（限定）」「〜なり（例示）」「〜やら／か（不確実、並立）」などがあります。

（3）接続助詞

　文と文をつなぐ働きのある助詞です。「〜ば（仮定）」「〜と（順接）」「〜ても（仮定の逆接）」「〜が／けれども（逆接）」「〜のに（逆接−反期待）」「〜ので／から（原因・理由）」「〜し（並立）」「〜て（継起）」「〜ながら（同時進行）」「〜たり（並立）」などがあります。

（4）終助詞

　文の終わりに付いて、話し手の様々な気持ちを表します。「〜か（疑問、勧誘）」「〜な（禁止、驚き）」「〜なあ／わ（詠嘆、驚き）」「〜ぞ／さ（強調）」「〜ぜ（確認）」「〜の（疑問、軽い断定）」「〜よ／ね（詠嘆、確認）」「〜かしら（疑問、不審）」「〜とも（断定）」などがあります。

　これらの分類に、語と語を接続する並立助詞や、文末だけでなく文の中でも使われる間投助詞を加える立場もあります。なお、日本語文法との違いについては、資料４「助詞」（P.6-7）で確認をしてください。

Point　助詞

(1) **格助詞**：語と語の関係を示す　(2) **副助詞**：語句に様々な意味を加える

(3) **接続助詞**：文と文をつなげる　(4) **終助詞**：文末に付いて話者の気持ちを表す

基礎問題

次の下線部の助詞は、①格助詞、②副助詞、③接続助詞、④終助詞のどれか。例にならって、その番号を（　）に入れよ。

(例)（　①　）九州<u>で</u>地震があった。（→「場所」の格助詞）

(1)（　　　）私<u>も</u>一緒に行きたいです。

(2)（　　　）今日は風が吹いて寒い<u>ね</u>。

(3)（　　　）家にいる<u>より</u>学校にいるほうが楽しい。

(4)（　　　）一生懸命に勉強した<u>のに</u>、不合格だった。

(5)（　　　）明日は仕事に行きます<u>か</u>。

(6)（　　　）富士山<u>は</u>日本の象徴です。

【解答と解説】　助詞の種類を問う問題です。(1)②（→「追加」の副助詞）、(2)④（→「確認」の終助詞）、(3)①（→「比較」の格助詞）、(4)③（→「逆接－反期待」の接続助詞）、(5)④（→「疑問」の終助詞）、(6)②（→「主題」の副助詞）

実践問題

【　】内に示した観点から見て、他と性質の異なるものを、1～5の中から1つ選べ。

【助詞の種類】

　　　1　こそ　　　2　しか　　　3　から　　　4　だけ　　　5　など

【解答と解説】　助詞の種類を問う問題が過去には出ていますので、間違えないようにしましょう。1、2、4、5は副助詞ですが、3の「から」は格助詞または接続助詞です。したがって、答えは3になります。

12. 品詞分類の注意点

　過去の検定試験では、品詞のちょっとした違いを問う問題が繰り返し出題されています。以下に、重要なポイントをいくつかまとめました。

（1）副詞と似ている品詞

(1)〜に（副詞と形容動詞の連用形）

　　副詞：すぐに、たまに、しきりに　　形容動詞：急に、まじめに、丁寧に

(2)〜く（副詞と形容詞の連用形）

　　副詞：まったく、おそらく、しばらく　　形容詞：ひどく、はやく、すごく

（2）助詞の異なる用法

(1)〜が

　・雨が降る。（格助詞「主語」）

　・ウナギが食べたい。（格助詞「対象」）

　・顔は怖いが、心は優しい。（接続助詞）

　・ちょっとお話があるんですが。（接続助詞の終助詞的な用法）

(2)〜の

　・友達の家で勉強した。（格助詞「連体修飾」）

　・英語の話せる人がいなかった。（格助詞「対象」）

　・その青いのがほしい。（格助詞「名詞の代用」）

　・行くの行かないのと、もめている。（格助詞の並立用法）

　・どこに行くの？（終助詞）

(3)〜と

　・友達と旅行した。（格助詞「相手」）

　・子どもが生まれて、親となった。（格助詞「結果」）

　・春が来ると桜が咲く。（接続助詞）

　・太郎と次郎が先生に怒られた。（格助詞「並立」）

　・そんなことはしないと言った。（格助詞「引用」）

（3）注意すべき活用 （→資料5「注意すべき活用」P.8参照）

(1)「問う／乞う」の連用形：ウ音便「問うた」「乞うた」になる。

(2)動詞「ある」の否定の形：「あらない」ではなく形容詞「ない」になる。

(3)形容動詞「同じだ」の連体形：「同じな」ではなく「同じ」になる。

 **Point** 品詞分類の注意点

(1)副詞と似ている品詞：形容詞と形容動詞の連用形「〜に」「〜く」

(2)助詞の異なる用法と他の品詞：「〜が」「〜の」「〜と」

(3)注意すべき活用：「問う／乞う」や「ある」、「同じだ」など

基礎問題

例にならって1〜4の中から他と性質が異なる語を1つ選び、その番号を（　）に入れよ。

(例)	（　4　）	1 みょうに	2 さかんに	3 まじめに	4 まさに
(1)	（　　）	1 あいにく	2 まったく	3 ことごとく	4 すごく
(2)	（　　）	1 心配だ	2 同じだ	3 変だ	4 新鮮だ
(3)	（　　）	1 買う	2 笑う	3 問う	4 舞う

【解答と解説】　似ている語の中から異なるものを選ぶ問題です。(例)は4だけが副詞で他は形容動詞。(1)4（→形容詞、他は副詞）、(2)2（→連体形が「同じ」、他は「〜な」）、(3)3（→ウ音便、他は促音便）

実践問題

【　】内に示した観点から見て、他と性質の異なるものを、1〜5の中から1つ選べ。

【「の」の用法】

1　あなたの気持ちを知りたい　　2　ピーマンの嫌いな子ども

3　石油の値段が高い　　4　彼女の気ままな性格

5　なつかしい故郷の風景

【解答と解説】　これとほぼ同じ問題が過去に出ています。1、3、4、5はそれぞれ「あなたの気持ち」「石油の値段」「彼女の性格」「故郷の風景」という名詞にかかる連体修飾の関係ですが、2だけは「ピーマンが嫌い」という「嫌いな」の対象となる関係になり、名詞である「子ども」にはかかりません。したがって、答えは2になります。

第1章のまとめ

もう一度！

				動詞	思う、飲む、消す
語	自立語（詞）	活用する	述語になる（用言）	形容詞	大きい、悲しい、悪い
				形容動詞	穏やかだ、妙だ、心配だ
		活用しない	主語になる（体言）	名詞	海、故郷、私、それ
			述語にかかる	副詞	すぐに、ぐんぐん、もし
			名詞にかかる	連体詞	来たる、ほんの、大きな
			接続語になる	接続詞	それで、だが、反対に
			独立して使われる	感動詞	ええ、いや、よし、万歳
	付属語（辞）	活用する		助動詞	～ない、～たい、～だ
		活用しない		助詞	～に、～まで、～ので

＊詳細な全体像は、資料6「学校文法の品詞分類（まとめ）」P.9 参照

練習問題

次の下線部の語について、下に品詞名を書き込みなさい。例にならって、書き込む際には以下の略字を使いなさい。

動（動詞）、形（形容詞）、形動（形容動詞）、名（名詞）、副（副詞）、

連体（連体詞）、接（接続詞）、感（感動詞）、助動（助動詞）、助（助詞）

(例) 1949年 日本 で 初めて 湯川秀樹 が ノーベル賞 を 受賞し た。
　　　名　　名　助　副　　　名　　　助　　名　　　助　動　助動

(1)こんにちは。 今日 は 有名な ノーベル に つい て 話し ます ね。

(2)ノーベル は 爆薬 や 兵器 の 発明 で 巨万 の 富 を 築き まし た。

(3)しかし、 ある 人 から 「死の商人」 と 呼ば れ、とても 悩み まし た。

(4)それで、 全財産 を 人類 の 発展 の ために 使う こと に した の

です。

解答と解説

　学校文法による品詞分類です。日本語文法と大きく異なる部分については説明を入れますが、詳しくは第2章で扱います。

(1) <u>こんにちは</u>。<u>今日</u> は <u>有名な</u> <u>ノーベル</u> に つい て 話し ます ね。
　　　感　　　　名　助　形動　　　名　　助　動　助　動　助動助

　「こんにちは」という挨拶はそれだけで独立して使われる感動詞です。「ノーベル」は固有名詞です。「について」は格助詞「に」＋動詞「つく」の連用形＋接続助詞「て」になります。日本語文法では、まとめて複合格助詞として扱います。また、「話します」も動詞の断定形（非過去）の丁寧な形として1語になります。

(2) <u>ノーベル</u> は <u>爆薬</u> や <u>兵器</u> の <u>発明</u> で <u>巨万</u> の <u>富</u> を <u>築き</u> まし た。
　　　名　　　助　名　助　名　助　名　助　名　助　名　助　動　　助動助動

　「や」は並立の格助詞で、「の」は次の語にかかる格助詞です。日本語文法ではそれぞれ並列助詞と連体助詞になります。「築きました」は動詞の連用形「築き」＋助動詞「ます」の連用形「まし」＋過去の助動詞「た」となります。日本語文法では「築きました」は動詞の断定形（過去）の丁寧形になります。

(3) <u>しかし</u>、<u>ある</u> <u>人</u> <u>から</u> 「死の商人」 <u>と</u> 呼ば れ、とても 悩み まし た。
　　　接　　　連体　名　助　　　名　　　助　動　助動　副　　　動　助動助動

　「しかし」は逆接の接続詞です。「呼ばれ」は動詞の未然形「呼ば」＋受身の助動詞「れる」の連用形「れ」です。「悩みました」は日本語文法では動詞の断定形（過去）の丁寧形として1語と考えます。

(4) <u>それで</u>、<u>全財産</u> を <u>人類</u> の <u>発展</u> の <u>ため</u> に <u>使う</u> <u>こと</u> に し た の です。
　　　接　　　名　　助　名　助　名　助　名　助　動　　名　助　動助動助　助動

　「それで」は順接の接続詞です。「のために」は助詞「の」＋形式名詞「ため」＋助詞「に」です。日本語文法では、「のために」は複合格助詞、「～のです」は助動詞として扱います。

なるほど!

実力診断テスト

問題1 次の⑴～⑹について、【 】内に示した観点から見て、他と性質の異なるものを、それぞれ1～5の中から一つずつ選べ。

⑴【連体詞】

1 <u>大きな</u>木　2 <u>あらゆる</u>手段　3 <u>いろんな</u>方法　4 <u>我が</u>道　5 <u>嫌な</u>人

⑵【形式名詞】

1 知りたいのは進路変更した<u>わけ</u>だ。　　2 いくら待っても来る<u>はず</u>がない。

3 留学する<u>ため</u>に英語を勉強する。　　4 失敗した<u>こと</u>は仕方がない。

5 練習している<u>うち</u>にできるようになった。

⑶【「～ない」の形】

1 きえる　　2 とる　　3 なめる　　4 ある　　5 さる

⑷【活用】

1 ほじる　　2 はじる　　3 かじる　　4 いじる　　5 なじる

⑸【音便】

1 聞く　　2 押す　　3 住む　　4 取る　　5 飛ぶ

⑹【「～な」の用法】

1 暑いな　　2 静かだな　　3 忘れたな　　4 心配するな　　5 やったな

問題2 次の⑴と⑵における【 】内の下線部は学習者による誤用を示す。これと異なる種類の誤用を、それぞれの1～4の中から一つずつ選べ。

⑴【漢字はとても難しい<u>だ</u>。】

1 故郷はなつかしかった<u>だ</u>。

2 運動は体にいい<u>だ</u>。

3 その服はかわいらしい<u>だ</u>。

4 昨日東京へ行った<u>だ</u>。

⑵【スマホが壊れました。<u>そこで</u>、電話ができません。】

1 向こうにアパートが見えます。<u>そこで</u>、私は住んでいます。

2 気持ち悪くてご飯が食べられません。<u>そこで</u>、体重が減りました。

3 恋人とけんかしてしまいました。<u>そこで</u>、私は悲しいです。

4 歴史の先生の話はとてもおもしろいです。<u>そこで</u>、歴史が好きになりました。

問題3　次の文章を読み、下の問い（問1〜5）に答えよ。

　品詞分類で難しい点の1つに複数の品詞にまたがるような語が存在するということがある。たとえば、「この毛布は柔らかい」「この毛布は柔らかだ」はどちらも主体の柔らかさという性状を表すが、品詞は異なっている。A.「柔らかい」は形容詞、「柔らかだ」は形容動詞だ。どちらも「柔らか」という語幹を共有する関係になる。

　「小さい村に生まれた」「小さな村に生まれた」では、B.語幹「小さ」に「い」が付けば形容詞、「な」が付けば「連体詞」になる。また、「彼女は幸せの絶頂にある」「彼女は幸せな生活を送っている」では、C.「の」が付く時は名詞で、「な」が付く時は形容動詞である。

　さらに、「いろいろ」という語幹は、D.名詞と形容動詞と副詞という3つの品詞にまたがる。「ステンドグラスから差し込むいろいろの光が美しい。」「会議ではいろいろな意見が出た。」「種類がいろいろある。」など、状況によって異なる品詞に使い分けられる。

　その他にも、E.派生接辞によって、形容詞が名詞や動詞に変化したり、名詞が動詞や形容詞に変化したりすることもある。

問1　文章中の下線部Aに関して、同様の語幹となるものを次の1〜4の中から一つ選べ。
1　痛快　　　　　2　ふかふか　　　　3　暖か　　　　　4　悲しみ

問2　文章中の下線部Bに関して、同様の関係にある語幹を次の1〜4の中から一つ選べ。
1　おかし　　　　2　心配　　　　　　3　うれし　　　　4　すてき

問3　文章中の下線部Cに関して、同様の関係にある語を次の1〜4の中から一つ選べ。
1　熱心　　　　　2　大変　　　　　　3　元気　　　　　4　まじめ

問4　文章中の下線部Dと同様に、3つの品詞にまたがる語幹を次の1〜4の中から一つ選べ。
1　自由　　　　　2　健康　　　　　　3　特別　　　　　4　結構

問5　文章中の下線部Eに関して、①形容詞→名詞、②形容詞→動詞、③名詞→動詞、④名詞→形容詞、という変化した語の組み合わせとして、適当なものを次の1〜4の中から一つ選べ。
1　①楽しみ　―　②重なる　―　③春めく　―　④専門家らしい
2　①賑やかさ　―　②寂しがる　―　③善人ぶる　―　④学生らしい
3　①甘み　―　②高まる　―　③汗ばむ　―　④若々しい
4　①悲しさ　―　②広める　―　③料理する　―　④子どもっぽい

実力診断テスト　解答と解説

問題1

品詞や活用に関する問題です。検定試験に繰り返し出題されています。

(1)**5**　1〜4は連体詞ですが、5だけが形容動詞です。「嫌だ」の連体形が「嫌な」になります。

(2)**1**　1の「わけ」は実質名詞で、「理由」という意味で使われています。2から5はすべて形式名詞になります。

(3)**4**　否定形にするとすぐに答えがわかります。1（きえない）、2（とらない）、3（なめない）、4（×あらない→ない）、5（さらない）となり、4の「ある」は、「ない」という形容詞が否定形として使われています。

(4)**2**　否定形で動詞の種類を考えます。1（ほじ<u>ら</u>ない）、2（は<u>じ</u>ない）、3（かじ<u>ら</u>ない）、4（いじ<u>ら</u>ない）、5（なじ<u>ら</u>ない）となり、2だけが「-i ない」（上一段活用）であり、それ以外は「-a ない」（五段活用）となります。

(5)**2**　すべてを連用形である「〜て」にすると、1（聞<u>い</u>て）、2（押<u>し</u>て）、3（住<u>ん</u>で）、4（取<u>っ</u>て）、5（飛<u>ん</u>で）となり、2だけが音便形でないことがわかります。五段動詞の中ではサ行の動詞は音便形をもちません。

(6)**4**　終助詞「〜な」の意味の違いを考えます。1、2、3、5はちょっとした驚きの気持ちを表しています。4だけが禁止の意味になります。

問題2

品詞に関する誤用は初級学習者によく見られます。

(1)**4**　形容動詞の丁寧形「〜です」を普通体にすると「〜だ」となることから、形容詞も同様に「〜です」を「〜だ」としてしまう誤用です。形容詞は「〜です」を取れば正しい形となります。この点から問題を見ると、1から3は形容詞の問題で、いずれも「〜だ」を取れば正しい形になります。4も「〜だ」を取れば正しくなりますが、動詞の過去形に「〜だ」を付けた間違いです。したがって、答えは4になります。

(2)**1**　接続詞の間違いで、「そこで」を「だから」に直します。この観点から問題文を見ると、2〜4は前件が理由となっているので、「そこで」を「だから」にすれば、正しい文になります。1は、指示代名詞に付く助詞の間違いで、「そこで」を「そこに」にすれば、正しくなります。したがって、答えは1です。

問題3

　検定試験では、このような文法の基礎的な知識を問う文章問題が出題されています。ここでは複数の品詞にまたがる語についての問題を解き、品詞の連続性への理解を深めていきましょう。

問1　3　暖か（暖か‐い／暖か‐だ）

　3だけが、形容詞と形容動詞の語幹として働いています。1と2は形容動詞だけの語幹で「×痛快‐い／痛快‐だ」「×ふかふか‐い／ふかふか‐だ」となります。4は形容詞から転成した名詞で「×悲しみ‐い／悲しみ‐だ」となります。

問2　1　おかし（おかし‐い／おかし‐な）

　1だけが、形容詞と連体詞の両方の語幹となります。2と4は形容動詞の語幹で、「×心配‐い／心配‐な」、「×すてき‐い／すてき‐な」となります。3は形容詞の語幹で、「うれし‐い／×うれし‐な」となります。

問3　3　元気（「元気のみなもと／元気な人」など）

　これらの中で、名詞として使うことができるのは「元気」だけです。その他は、形容動詞としてしか働きません。1（？熱心の・・・／熱心な人）、2（？大変の・・・／大変なこと）、4（？まじめの・・・／まじめな人）

問4　3　特別（「特別の教科／特別な計らい／特別何もしない」など）

　「特別」は3つの品詞にまたがります。1は、「自由な／自由の／×自由」、2は、「健康な／健康の／×健康」、4は「結構な／×結構の／結構」となり、それぞれ2つの品詞として使うことができます。

問5　4　①悲しさ‐②広める‐③料理する‐④子どもっぽい

　4だけが、「①悲しい→悲しさ、②広い→広める、③料理→料理する、④子ども→子どもっぽい」となり、設問の変化「①形容詞→名詞、②形容詞→動詞、③名詞→動詞、④名詞→形容詞」に当てはまります。1～3は以下の通りです。

1　（「楽しい→楽しみ、重なる（動詞）、春→春めく、専門家→専門家らしい」）

2　（「賑やかだ→賑やかさ、寂しい→寂しがる、善人→善人ぶる、学生→学生らしい」）
　「賑やかだ」は形容動詞なので、形容詞ではない。

3　（「甘い→甘み、高い→高まる、汗→汗ばむ、若々しい（形容詞）」）

第2章

学校文法と日本語文法

　義務教育で学ぶ学校文法と日本語教育で教えられる日本語文法は異なっています。日本語文法は学校文法から発展的に分かれた理論です。考え方が共通している部分とそうではない部分があります。特に述語の活用は古典文法を継承する学校文法と言語学的に分析する日本語文法との間には大きな違いが存在します。このような両者の相違について、用語の使い方を含め、確認していきましょう。

　なお、このテキストでは「日本語教育の文法」は日本語文法に基づいて日本語教育現場で教えられる文法のことを意味します。

実力診断クイズ

皆さんは日本語文法について
どれくらい知っているでしょうか。以下の問題に答えることで、
学校文法と日本語文法に関する基礎的な知識を確認することができます。
終わったら、解答を見て自己採点をしてください。

以下の記述は学校文法と日本語文法について説明したものです。例にならって、学校文法については①、日本語文法については②を（　）の中に入れてください。

（例）（　①　）語は自立語と付属語に分かれる。

⑴（　　　）文は主語と述語からなる。

⑵（　　　）文を組み立てる最小単位は文節である。

⑶（　　　）文には動詞文、形容詞文、名詞文がある。

⑷（　　　）「読む」の語幹は「よ」である。

⑸（　　　）「知る」の語幹は「し」である。

⑹（　　　）「着る」の語幹は「き」である。

⑺（　　　）「話す」は終止形である。

⑻（　　　）「泣かない」は否定形である。

⑼（　　　）「話した」は過去形である。

⑽（　　　）「賑やかだ」は形容動詞である。

⑾（　　　）「する」と「来る」は不規則動詞である。

⑿（　　　）「歩く」は五段活用動詞である。

⒀（　　　）「～も」はとりたて助詞である。

⒁（　　　）「～の」は格助詞である。

⒂（　　　）「～にとって」は複合格助詞である。

解答

(1) （　①　）　文は主語と述語からなる。

(2) （　①　）　文を組み立てる最小単位は文節である。

(3) （　②　）　文には動詞文、形容詞文、名詞文がある。

(4) （　①　）　「読む」の語幹は「よ」である。

(5) （　①　）　「知る」の語幹は「し」である。

(6) （　②　）　「着る」の語幹は「き」である。

(7) （　①　）　「話す」は終止形である。

(8) （　②　）　「泣かない」は否定形である。

(9) （　②　）　「話した」は過去形である。

(10) （　①　）　「賑やかだ」は形容動詞である。

(11) （　②　）　「する」と「来る」は不規則動詞である。

(12) （　①　）　「歩く」は五段活用動詞である。

(13) （　②　）　「〜も」はとりたて助詞である。

(14) （　①　）　「〜の」は格助詞である。

(15) （　②　）　「〜にとって」は複合格助詞である。

どうだったかな？

　(1)〜(3)は文の構造について、(4)〜(6)は動詞の語幹の認定について、(7)〜(9)は動詞の活用形について、(10)〜(15)は品詞についての問題です。両者の違いがしっかり理解できていれば、難しくない問題です。

　日本語母語話者に教える学校文法と日本語学習者に教える日本語文法は共通する用語も多くありますが、まったく同じではありません。私たちが中学校で学んだ学校文法と日本語文法はどこが違っているのか、日本語教育に携わる教師は理解しておく必要があります。両者を混同する教師も多いため、検定試験にも多く出題されています。

1．文の基本構造

　文の基本構造に対する考え方は、学校文法と日本語文法で大きく異なっています。

　学校文法では、文を組み立てる最小単位を**文節**と呼び、文は基本的に**主語文節**（**主語**）と**述語文節**（**述語**）からなると考えます。文節は助詞「ね」を入れて区切ることができる単位です。たとえば、「子どもがネ、昨日ネ、幼稚園でネ、犬のネ、絵をネ、描いたネ。」と言うことができます。これらの「ネ」の前が文節になります。そして、主語と述語以外は、**修飾文節**（**修飾語**）となります。修飾語には名詞にかかる**連体修飾語**と述語にかかる**連用修飾語**があります。

　主語と述語の結びつきが基本となり、そこに修飾語が加わることで文が成り立つと考えます。そのため、学校文法では文の構成において主語と述語が必要不可欠な要素となります。

　これに対し、日本語文法では以下のような関係で基本構造をとらえます。

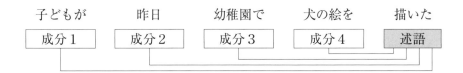

　日本語文法では、文は**述語**を中心にいくつかの成分で構成されるとし、「子どもが」は**主語**ですが、述語との文法的な関係においては他の成分と同等の扱いになるわけです。また、「犬の絵」は「犬」と「絵」が「〜の」によって結ばれていて、日本語文法では１つの成分として扱われます。

　日本語文法の正式な用語では、述語にとって主語とともに絶対に必要な成分（ここでは「犬の絵を」）を**補語**、「昨日」「幼稚園で」のような事態の時や場所を表す成分のことを**状況語**と呼びます。さらに、副詞などの成分を**修飾語**と呼んでいます。

　ただし、このテキストでは、述語にとって最低限必要となる主語と補語のことを**必須成分**、それ以外の状況語と修飾語をまとめて**随意成分**と呼ぶことにします。詳しくは、第３章「日本語文の基本構造」で説明します。ここでは、日本語文法における文は述語を中心にいくつかの成分からなると理解しておいてください。

 **Point** 文の基本構造

(1)学校文法：文を組み立てる最小単位を文節と呼ぶ。文は、主語と述語を中心に、その他の修飾語（連体修飾語、連用修飾語）からなる。

(2)日本語文法：文は述語とそれ以外の成分（主語、補語、状況語、修飾語）からなる。

基礎問題

例にならって、下線部の文節を学校文法の文法用語で答えなさい。

（例）①雨が　②突然　③降った。
　　　主語　連用修飾語　述語

⑴①友達が　②大きな　③スーパーで　④急いで　⑤食品を　⑥買った。

⑵①涼しい　②風が　③そよそよと　④吹いた。

【解答と解説】　学校文法の文に対する基本的な考え方です。⑴①主語、②連体修飾語、③連用修飾語、④連用修飾語、⑤連用修飾語、⑥述語、⑵①連体修飾語、②主語、③連用修飾語、④述語

実践問題

【　】内に示した観点から見て、他と性質の異なるものを、１〜５の中から１つ選べ。

【日本語文法】

1　文は述語とそれに従属する成分からなる。

2　文の中で時間や場所を表す成分を状況語と呼ぶ。

3　主語と補語は述語にとって必要な成分のことをいう。

4　どの成分も述語に従属するという点では同等である。

5　文の成分は文節であり、その中で主語と述語が重要である。

【解答と解説】　文の基本構造に対する考え方です。１〜４は日本語文法の考え方で、５は学校文法の考え方です。したがって、答えは５になります。

２．日本語文法の用語

　日本語文法の品詞は、「動詞、イ形容詞、ナ形容詞、名詞、副詞、連体詞、接続詞、感動詞、助動詞、助詞」です。分類の仕方は学校文法と基本的に同じですが、品詞の呼び方、活用形の種類、動詞の分類などにおいて違いが見られるので、両者を混同しないようにしましょう。以下、学校文法との違いを説明します。

（１）品詞名と活用形の違い

　日本語文法では、自立語と付属語、文節という用語は使いません。学校文法の品詞名との違いは以下の通りです。

　形容詞→**イ形容詞**、形容動詞→**ナ形容詞**

　五段活用動詞→**Ⅰ型動詞**（子音動詞／ u-verb ／強変化動詞）

　上一段／下一段活用動詞→**Ⅱ型動詞**（母音動詞／ ru-verb ／弱変化動詞／一段活用動詞）

　サ行変格活用動詞／カ行変格活用動詞→**不規則動詞**

　述語の活用形は、学校文法では、未然形、連用形、終止形、連体形、仮定形、命令形の６つだけですが、日本語文法では、実質的な意味で活用形を分けるため、学校文法より活用形の種類が多くなります。言い切りの形を**断定形**と呼び、現在・未来を表す**非過去形**と過去を表す**過去形**に分かれます。**命令形**は学校文法と同じ言い方で、意志を表す形「～よう」は**意志形**となります。一度止まって次に続く形は**中止形**で、**連用形**と**テ形**（「～て」）があります。**連体形**は非過去形と過去形に分かれ、仮定形は**条件形**となります。「～ない」が付く形を**否定形**、付かない形を**肯定形**、「～です／ます」が付く形を**丁寧形**、付かない形を**普通形**と呼びます。（→資料７「学校文法と日本語文法の用語」P.10参照）

（２）助詞の違い

　日本語文法の助詞の種類には、**格助詞、連体助詞、とりたて助詞、並列助詞、接続助詞、終助詞、複合格助詞**があります。連体助詞は名詞と名詞をつなげる「～の」です。とりたて助詞は学校文法でいう副助詞に当たり、文のある要素を際立たせ、特別な意味を加える助詞です。主題とも関わりのある品詞で、第３章「日本語文の構造」の中でも扱います。並列助詞は名詞と名詞を対等な関係で結びつける助詞です。複合格助詞は「格助詞＋動詞のテ形／連用形」「格助詞＋名詞＋格助詞」「『の』＋名詞＋格助詞」といった形式が固定化されたもので、文の中で格助詞と同様な働きがあることから、複合した格助詞として扱われます。例としては、「～について」「～と一緒に」「～のために」などがあります。（→資料８「日本語文法の助詞」P.11-12参照）

 **Point** 　　　　　日本語文法の用語

(1)**品詞**：動詞、イ形容詞、ナ形容詞、名詞、副詞、連体詞、接続詞、感動詞、助動詞、助詞（格助詞、連体助詞、とりたて助詞、並列助詞、接続助詞、終助詞、複合格助詞）

(2)**動詞の活用の種類**：Ⅰ型動詞、Ⅱ型動詞、不規則動詞

(3)**活用形**：断定形（非過去形／過去形）、命令形、意志形、中止形（連用形／テ形）、連体形（非過去形／過去形）、条件形、肯定形／否定形、普通形／丁寧形

基礎問題 ✎

例にならって、以下の用語について、①学校文法で使われる用語、②日本語文法で使われる用語、③どちらにも使われる用語、の中から選び、その番号を（ ）に入れよ。

(例)（ ① ）形容動詞　　(1)（ 　 ）自立語　　(2)（ 　 ）テ形
(3)（ 　 ）否定形　　(4)（ 　 ）仮定形　　(5)（ 　 ）五段活用動詞
(6)（ 　 ）命令形　　(7)（ 　 ）副詞　　(8)（ 　 ）とりたて助詞
(9)（ 　 ）ナ形容詞　　(10)（ 　 ）文節　　(11)（ 　 ）名詞

【解答と解説】　慣れるまでは少しややこしいですが、使い方の違いがわかるようにしましょう。(1)①、(2)②、(3)②、(4)①、(5)①、(6)③、(7)③、(8)②、(9)②、(10)①、(11)③

実践問題 ✎

【 】内に示した観点から見て、他と性質の異なるものを、1～5の中から1つ選べ。

【日本語文法の活用形】
　　1　意志形　　2　連用形　　3　命令形　　4　条件形　　5　終止形

【解答と解説】　1～4は日本語文法で使う活用形ですが、5の終止形は使いません。言い切りの形は断定形になります。したがって、答えは5です。なお、2の連用形と3の命令形は学校文法でも使います。

3．日本語教育の文法用語

　日本語教育の現場では、日本語文法の理論に沿って教えますが、難しい用語はわかりやすい用語に変え、あまり必要のない文法用語は使わないようにしています。日本語教育で使われる品詞は、「動詞、イ形容詞、ナ形容詞、名詞、副詞、接続詞、助詞」などです。以下で、日本語文法との違いを説明します。

（1）品詞名などの違い

　日本語教育の現場であまり使われない品詞に、連体詞と感動詞と助動詞があります。連体詞「あらゆる」であれば、品詞名ではなく「すべての」という意味で、感動詞「まあ」であれば、驚きの語彙として扱われ、助動詞「〜らしい」であれば、推量を表す形式として、具体的な例文とともに、それぞれの使い方が説明されます。

　助詞についても、格助詞、とりたて助詞、終助詞といった種類の名前は使わず、主語を表す助詞「〜が」、追加の意味を表す助詞「〜も」、確認を求める助詞「〜ね」などと説明されます。

　動詞の活用の種類については、日本語教育では、以下の名前が使われます。

　Ⅰグループ動詞〔1グループ動詞／グループ1動詞〕（←Ⅰ型動詞）
　Ⅱグループ動詞〔2グループ動詞／グループ2動詞〕（←Ⅱ型動詞）
　Ⅲグループ動詞〔3グループ動詞／グループ3動詞〕（←不規則動詞）

（2）述語の活用形

　述語の活用形で、日本語文法とは異なる用語は、以下になります。

　辞書形（←非過去形）、**タ形**（←過去形）、**バ形／タラ形**（←条件形）
　ナイ形（←否定形）、**マス形**（←動詞の丁寧形）

　最後の「ナイ形」と「マス形」は本書ではそれぞれ「〜ない」と「〜ます」を含んだ形としていますが、「〜ない」「〜ます」を含まない形としている教科書もあります。

　命令形と意志形（動詞のみ）、テ形は日本語文法と同じ呼び方をします。また、動詞における受身の形を「受身形」、使役の形を「使役形」として1つの活用形として扱います。

　日本語のテキストによっては日本語文法の用語をそのまま使うこともあり、日本語教育の文法用語が厳格に決められているわけではありません。日本語学習者のために日本語文法の用語をわかりやすく説明していると思ってください。（→資料7「学校文法と日本語文法の用語」P.10参照）

Point 日本語教育の文法用語

(1)**品詞**：動詞、イ形容詞、ナ形容詞、名詞、副詞、接続詞、助詞など

(2)**動詞の活用の種類**：Ⅰグループ動詞、Ⅱグループ動詞、Ⅲグループ動詞

(3)**活用形**：辞書形／タ形、命令形、意志形、連用形／テ形、連体形、バ形／タラ形、
　　　　　　肯定形／ナイ形、普通形／マス形、受身形・使役形
　　　　　　（命令形、意志形、マス形、受身形・使役形は動詞のみ）

基礎問題

例にならって、以下の用語について、①日本語文法で使われる用語、②日本語教育で使われる用語、③どちらにも使われる用語、の中から選び、その番号を（　）に入れよ。

(例)（　③　）ナ形容詞　　(1)（　　）辞書形　　(2)（　　）ナイ形

(3)（　　）断定形　　(4)（　　）意志形　　(5)（　　）Ⅰグループ動詞

(6)（　　）命令形　　(7)（　　）助詞　　(8)（　　）タラ形

(9)（　　）感動詞　　(10)（　　）マス形　　(11)（　　）助動詞

> 【解答と解説】　日本語教育現場での用語に慣れておきましょう。最初は混乱するので、何度も資料7を見て、確認しましょう。(1)②、(2)②、(3)①、(4)③、(5)②、(6)③、(7)③、(8)②、(9)①、(10)②、(11)①

実践問題

【　】内に示した観点から見て、他と性質の異なるものを、1〜5の中から1つ選べ。

【日本語教育の文法用語】

　　1　マス形　　2　タラ形　　3　バ形　　4　デアル形　　5　テ形

> 【解答と解説】　日本語教育では実際の形で活用形を表すことがよくあります。1、2、3、5は実際に使いますが、「デアル形」は使いません。文体を表す表現として、「です・ます体」と「である体」があります。したがって、答えは4です。

4．述語の活用

　学校文法と日本語文法（日本語教育の文法）で大きく異なるのが、述語の活用に対する考え方です。ここでは日本語教育の用語で説明しますが、日本語文法と実質的に同じ内容です。

　学校文法での活用形は、「食－べ（未然形）」のように、それだけでは使うことができず、助詞や助動詞が必要となる場合があります。一方、日本語教育での活用形は、語幹と語尾を合わせて、たとえば「タ形」であれば「食べ－た」となり、活用形だけで意味が成立します。このように、1つの形で1つの意味を示すので、活用形の種類は増えますが、形と意味が一致し、わかりやすい体系になっています。また、活用表は音を正しく分析するために、子音と母音によるローマ字表記（訓令式）になります。

　Iグループ動詞の語幹は子音で終わり、IIグループ動詞の語幹は母音で終わります。IIIグループ動詞の語幹は不規則に変化します。学校文法で語幹がないとされる動詞（「寝る」など）にも語幹が示されます。イ形容詞とナ形容詞の語幹は学校文法と同じです。名詞述語も学校文法と同様に「名詞＋だ」として教えられます。（→資料9「述語の活用表（日本語教育の文法）」P.13-14参照）

　このような述語の中で動詞グループの見分け方が学習者に難しいとされます。母語話者であれば、ナイ形（否定の形）にすればすぐにわかりますが（→P.8）、学習者には通用しません。1つ1つを動詞グループとともに覚えていく必要があります。もし辞書形がわかれば、「～る」以外の動詞は基本的にIグループの動詞なので、例外の動詞（「知る」など「～る」の形のIグループの動詞）を覚えればいいことになります。しかし、マス形から習い始める初級学習者には難しいでしょう。

◇**動詞のテ形の作り方**◇
　テ形は文をつなげたり、「～ている」「～てください」などの形式で使われたりします。初級で学習される項目ですが、学習者はIグループ動詞の音便の形に苦労します。
　マス形で教える場合は、「－ます」の前の音がキーになります。「い、ち、り」は促音便、「に、び、み」は撥音便、「き、ぎ」はイ音便、「し」にはそのまま「～て」が付きます。辞書形では同様に、最後の音「う、つ、る」、「ぬ、ぶ、む」、「く、ぐ」、「す」がキー音になります。ローマ字で教える場合はマス形も辞書形も「w, t, r」、「n, b, m」、「k, g」、「s」がキー音になります。日本語教育の現場では、「テ形の歌」でルールを教えることがあります。（→資料10「テ形の教え方」P.15参照）

Point　述語の活用

(1) **Ｉグループ動詞**（語幹末が子音）、**Ⅱグループ動詞**（語幹末が母音）、**Ⅲグループ動詞**

（不規則に変化）、**イ／ナ形容詞**（語幹は学校文法と同じ）と**名詞述語**

(2) **動詞のテ形：**（マス形）い、ち、り→促音便、に、び、み→撥音便、き、ぎ→イ音便

（辞書形）う、つ、る→促音便、ぬ、ぶ、む→撥音便、く、ぐ→イ音便

（ローマ字）w, t, r →促音便、n, b, m →撥音便、k, g →イ音便

基礎問題 ✏

例にならって、正しい文には○、正しくない文には×を （ ）に入れよ。

(例) （ × ） Ｉグループ動詞は語幹が子音で<u>始まる</u>動詞である。（→終わる）

(1) （　） 日本語文法では活用形の種類が学校文法より多い。

(2) （　） 動詞の種類の見分け方はナイ形を使って学習者に教える。

(3) （　） テ形にはルールがないので、１つ１つ覚えるしかない。

(4) （　） 日本語文法では活用形はすべて語幹と語尾で意味が成り立つ。

(5) （　） 辞書形が「〜る」とならない動詞はＩグループ動詞である。

【解答と解説】　述語の活用についての基本的知識です。(1)○、(2)×（→「〜ない」の形を作れる母語話者ならＯＫです）、(3)×（→キーになる音をもとにテ形を作ります）(4)○、(5)○（→辞書形が「〜う／つ／ぬ／ぶ／む／く／ぐ／す」の動詞です）

実践問題

【 】内に示した観点から見て、他と性質の異なるものを、１〜５の中から１つ選べ。

【撥音便になる動詞の語幹末子音】

　　1　s　　　　2　k, g　　　　3　n, b, m　　　4　w, t, r　　　5　i, e

【解答と解説】　テ形を教える時に必要となる知識です。母語話者であればテ形を自然に作ることができますが、初級の学習者はキーになる音を頼りにテ形を作ります。答えは３で、ナ行・バ行・マ行のＩグループ動詞です。

第2章のまとめ

１．文の基本構造

⑴学校文法：文は文節からなり、主語と述語に修飾語（連体修飾語、連用修飾語）が加わる。

⑵日本語文法：文は述語とそれに従属する成分（主語、補語、状況語、修飾語）からなる。

２．日本語文法の用語と日本語教育の用語（日本語教育独自の用語は（　）で示す）

⑴品詞：動詞、イ形容詞、ナ形容詞、名詞、副詞、連体詞、接続詞、感動詞、助動詞、助詞

⑵動詞：Ⅰ型動詞（Ⅰグループ動詞）、Ⅱ型動詞（Ⅱグループ動詞）、不規則動詞（Ⅲグループ動詞）

⑶活用形：断定形、非過去形（辞書形）、過去形（タ形）、命令形、意志形、中止形、連用形、テ形、連体形、条件形（バ形／タラ形）、肯定形／否定形（ナイ形）、普通形／丁寧形（マス形）、（受身形、使役形）

３．述語の活用

Ⅰグループ動詞（語幹末が子音）、Ⅱグループ動詞（語幹末が母音）、Ⅲグループ動詞（不規則に変化）、イ形容詞／ナ形容詞（語幹は学校文法と同じ）、名詞述語

〔テ形を作るためのキー音一覧〕

音便形	促音便（って）	撥音便（んで）	イ音便（いて・いで）	音便なし
マス形	い、ち、り	に、び、み	き、ぎ	し
辞書形	う、つ、る	ぬ、ぶ、む	く、ぐ	す
ローマ字	w, t, r	n, b, m	k, g	s

練習問題

例にならって、次の動詞を、日本語教育の文法における語幹と語尾に分け、ローマ字（訓令式）で書いてください。語幹と語尾の間には「-」を入れてください。

（例）（ hanas-u ）話す

⑴（　　　　　）死ぬ　　⑵（　　　　　）開（ひら）く　　⑶（　　　　　）拾う

⑷（　　　　　）打つ　　⑸（　　　　　）泳ぐ　　⑹（　　　　　）閉じる

⑺（　　　　　）叫ぶ　　⑻（　　　　　）投げる　　⑼（　　　　　）降る

⑽（　　　　　）悲しむ　　⑾（　　　　　）過ぎる　　⑿（　　　　　）起こす

⒀（　　　　　）壊す　　⒁（　　　　　）行く　　⒂（　　　　　）ほめる

解答と解説

　動詞の語幹を正しくとらえるためには、ローマ字（訓令式）による表記が必要となります。検定試験でも活用について多く出題されています。まずは、動詞の種類を理解したうえで、正しい語幹を記入できるようにしましょう。問題を解くにあたっては、＜動詞の種類の見分け方＞（P.8）の表にしたがって、動詞の種類を確認します。そのうえで、五段活用動詞（Ⅰグループ動詞）であれば語幹は子音で終わり、上一段／下一段動詞（Ⅱグループ動詞）であれば、母音で終わることを理解して、語幹と語尾に分けます。解答は以下の通りです。

⑴ （sin-u）	死ぬ	⑵ （hirak-u）	開く	⑶ （hiro-u）	拾う
⑷ （ut-u）	打つ	⑸ （oyog-u）	泳ぐ	⑹ （tozi-ru）	閉じる
⑺ （sakeb-u）	叫ぶ	⑻ （nage-ru）	投げる	⑼ （hur-u）	降る
⑽ （kanasim-u）	悲しむ	⑾ （sugi-ru）	過ぎる	⑿ （okos-u）	起こす
⒀ （kowas-u）	壊す	⒁ （ik-u）	行く	⒂ （home-ru）	ほめる

　この中で「拾う」は正しくは /hirow-u/ になりますが、日本語では /wu/ は許容されないため、/w/ が省略されて、/hiro-u/ になります。資料9の「述語の活用表（日本語教育の文法）⑴Ⅰグループ動詞（Ⅰ型動詞）」（P.13）の注⑴で確認してください。

　上の解答を音便別に分けると、以下のようになります。テ形を作るためのキー音を確認しましょう。

Ⅰグループ 動詞	⑶拾う（hiro (w) -u）、⑷打つ（ut-u）、⑼降る（hur-u）	促音便
	⑴死ぬ（sin-u）、⑺叫ぶ（sakeb-u）、⑽悲しむ（kanasim-u）	撥音便
	⑵開く（hirak-u）、⑸泳ぐ（oyog-u）	イ音便
	⑿起こす（okos-u）、⒀壊す（kowas-u）	なし
Ⅱグループ 動詞	⑹閉じる（tozi-ru）、⑾過ぎる（sugi-ru）	なし
	⑻投げる（nage-ru）、⒂ほめる（home-ru）	

　「拾う」は /w/ がなくなるため、実際のキー音は母音となります。また、⒁行く（ik-u）は /k/ で終わるため、ルールによるとイ音便になりますが、唯一の例外として促音便になります。

なるほど！

実力診断テスト

問題1 次の(1)~(7)について、【 】内に示した観点から見て、他と性質の異なるものを、それぞれ1~5の中から一つずつ選べ。

(1)【日本語教育の活用形】
1 未然形　　　2 テ形　　　3 連用形　　　4 意志形　　　5 命令形

(2)【活用】
1 聞く　　　2 書く　　　3 敷く　　　4 行く　　　5 焼く

(3)【テ形の形式】
1 急ぐ　　　2 開く　　　3 用いる　　　4 しみる　　　5 鳴く

(4)【Iグループ動詞の語幹末の子音】
1 s　　　2 d, p　　　3 k, g　　　4 n, b, m　　　5 w, t, r

(5)【日本語文法の格助詞】
1 から　　　2 まで　　　3 より　　　4 の　　　5 で

(6)【動詞の種類】
1 握る　　　2 当たる　　　3 転がる　　　4 重なる　　　5 覚える

(7)【学校文法の動詞語幹（下線部）】
1 <u>起</u>きる　　　2 <u>悲し</u>む　　　3 <u>喜</u>ぶ　　　4 <u>教</u>える　　　5 <u>寝</u>る

問題2 次の(1)と(2)における【 】内の下線部は学習者による誤用を示す。これと異なる種類の誤用を、それぞれの1~4の中から一つずつ選べ。

(1)【サラさんはTシャツを<u>着って</u>います。】
1 図書館で本を<u>借りって</u>きます。
2 その人は私の姉によく<u>似って</u>います。
3 家族の写真を<u>見って</u>ください。
4 友達にノートを<u>貸しって</u>もらいます。

(2)【子どもが公園で<u>遊びて</u>います。】
1 タンさんは風邪で<u>休みて</u>います。
2 人がプールで<u>泳ぎて</u>います。
3 虫が<u>死にて</u>います。
4 試験に受かって<u>喜びて</u>います。

問題３　次の文章を読み、下の問い（問１～５）に答えよ。

　日本語の母語話者であれば、動詞の活用の種類を見分けることはそれほど難しくない。一番簡単な方法は、ナイ形にしてその違いから見分ける方法である。動詞を「～ない」の形にした時に「-a ない」となるのが_AＩグループ動詞で、「-i ない」か「-e ない」となれば_BⅡグループ動詞になる。「する」と「来る」はそのままⅢグループとして覚えればいい。

　日本語学習者も同じ方法でやればいいと考えるかもしれないが、それは難しい。それはすでにナイ形を知っている母語話者に対し、学習者は知らないからである。では、どのように彼らに教えたらいいだろうか。

　その方法の１つは、辞書形で動詞を考えるというものだ。この方法では、「～る」以外の動詞はすべてＩグループ動詞になる。問題は「～る」となる動詞である。なぜなら、この動詞にはすべての活用の種類があるからだ。Ⅲグループ動詞は_C「する」と「来る」だけなので、この２つの動詞は除外できる。したがって、Ｉグループ動詞とⅡグループ動詞だけを考えればいい。これらの動詞の中で、_D「-a る」「-u る」「-o る」となるのはＩグループ動詞である。

　_E残りの「-i る」と「-e る」となる動詞には、Ｉグループ動詞とⅡグループ動詞の両方が存在するため、これらの動詞だけは１つ１つ個々に覚える必要がある。ただ、覚える動詞数はかなり減ることになる。

問１　文章中の下線部Ａの動詞とは異なるものを次の１～４の中から一つ選べ。

　　１　子音動詞　　　　　２　五段活用動詞　　　３　u-verb　　　　　４　弱変化動詞

問２　文章中の下線部Ｂの動詞とは異なるものを次の１～４の中から一つ選べ。

　　１　過ぎる　　　　　　２　値切る　　　　　　３　煮える　　　　　４　超える

問３　文章中の下線部Ｃに関して、次のサ変動詞の中で異なるものが一つある。最も適当なものを、次の１～４の中から一つ選べ。

　　１　愛する　　　　　　２　恋する　　　　　　３　略する　　　　　４　適する

問４　文章中の下線部Ｄに関して、これに当てはまらないＩグループ動詞を次の１～４の中から一つ選べ。

　　１　通る　　　　　　　２　変わる　　　　　　３　茂る　　　　　　４　塗る

問５　文章中の下線部Ｅに関して、Ｉグループ動詞に当てはまる動詞を次の１～４の中から一つ選べ。

　　１　煮る　　　　　　　２　散る　　　　　　　３　寝る　　　　　　４　得る

実力診断テスト　解答と解説

問題1

　動詞の活用形に関する問題は様々な形で出題されています。問題を解きながら理解を深めましょう。

(1)**1**　1だけが日本語教育では使われない活用形です。3の「連用形」と5の「命令形」は学校文法でも使われますが、日本語教育でも使われる活用形です。

(2)**4**　カ行のⅠグループ動詞の活用において、「行く」だけが例外的に促音便になります。それ以外はイ音便になります。「行って」に対して、「聞いて／書いて／敷いて／焼いて」となります。

(3)**1**　音便形の違いではなく、テ形の形式に注目すると、1の「急ぐ」だけは「急いで」と「〜で」になります。それ以外は「開いて／用いて／しみて／鳴いて」と「〜て」になります。

(4)**2**　語幹末の子音が /d, p/ で終わる動詞はありません。1の「s」は「話す」など、3の「k, g」は「たたく／泳ぐ」など、4の「n, b, m」は「死ぬ／飛ぶ／混む」など、5の「w, t, r」は「会う／待つ／乗る」などです。

(5)**4**　日本語文法では「の」は連体助詞として扱われます。

(6)**5**　語幹と語尾に分けると、5だけが /oboe-ru/ となり、Ⅱグループ動詞です。その他は /nigir-u/、/atar-u/、/korogar-u/、/kasanar-u/ となり、Ⅰグループ動詞です。

(7)**5**　学校文法では「寝る」は下一段活用動詞であり、語幹と活用語尾が一体化していると考えます。したがって、「寝」は「寝る」の語幹としては扱われません。

問題2

　テ形の間違いは初級学習者によく見られます。誤用の傾向を理解し、効果的に教えることが日本語教師には求められます。

(1)**4**　Ⅱグループ動詞のテ形を促音便化する間違いです。正しくは「借りて／似て／見て」とするべきです。4は「貸して」となりますが、「貸す」だけはⅠグループ動詞です。「〜す」となる動詞には音便形が現れません。

(2)**2**　「遊んでいます」と撥音便にするところを、そのまま「〜ています」にしている誤用です。2の「泳ぎています」は「泳いでいます」とイ音便にするべき誤用です。2以外は、「休んでいます」「死んでいます」「喜んでいます」と、撥音便にするべき誤用です。

問題３

　検定試験では、文法の基礎的な知識を問う文章問題が毎回出題されており、動詞の活用の種類は、繰り返し出題される最重要項目の１つです。この問題で、活用の種類の見分け方についての理解を深めてください。

問１　４　弱変化動詞

　Ⅰグループ動詞は音便形に代表されるように、様々な変化が活用に現れます。したがって、強変化動詞とも呼ばれます。弱変化動詞は、変化の少ないⅡグループ動詞に使われます。

問２　２　値切る

　ナイ形にすると、１「過ぎない（-i ない）」、２「値切らない（-a ない）」、３「煮えない（-e ない）」、４「超えない（-e ない）」となり、２だけがⅠグループ動詞の活用である「-a ない」になります。したがって、Ⅱグループ動詞ではない「値切る」が答えです。

問３　２　恋する

　２の「恋する」だけが、「恋をする」と言えます。その他は、１「愛する→×愛をする」、３「略する→×略をする」、４「適する→×適をする」となり、言い換えることができません。本文では扱いませんでしたが、過去の検定試験に出題されているので、Ⅲグループ動詞の区別の仕方の１つとして覚えてください。（→資料５「注意すべき活用」４　P.8参照）

問４　３　茂る

　「-a」「-u」「-o」以外のⅠグループ動詞を探します。３の「茂る /sigeru/」だけが「-e る」となります。それ以外は、「通る /tooru/」は「-o る」、「変わる /kawaru/」は「-a る」、「塗る /nuru/」は「-u る」となります。

問５　２　散る

　動詞の辞書形はすべて「-i る」か「-e る」で終わっていますが、活用の種類を見ると、１「煮ない（-i ない）」、２「散らない（-a ない)」、３「寝ない（-e ない)」、４「得ない（-e ない)」となり、２だけがⅠグループ動詞であることがわかります。このことから、「散る」は「-i る」で終わるⅠグループ動詞であることがわかります。したがって、答えは２になります。

第3章

日本語文の構造

　日本語文法における日本語文の構造の知識を身につけましょう。学校文法で教えられる「主語と述語」の関係（主述関係）は日本語教育の構造のとらえ方とは大きく異なります。日本語を母語としない学習者に教えるためには、学校文法に代わる日本語文法の理論を学ぶ必要があります。

　本章では、日本語文の要である格助詞の働きを確認し、日本語の基本的な構造を理解したうえで、主題を表す「〜は」のメカニズムを説明していきます。検定試験では、格助詞の問題が数多く出題されています。

実力診断クイズ

皆さんは日本語文の基本構造について
どれくらい知っているでしょうか。以下の問題に答えることで、
日本語文の構造について基礎的な知識を確認することができます。
終わったら、解答を見て自己採点をしてください。

/15

１．例にならって、以下の述語について、必須とされる格助詞を（　）の中に入れて
　　ください。なお、「〜は」は格助詞ではないので、注意してください。

（例）（〜が　〜と）交際する　　　（〜が　　　　）つまらない

　　(1) （　　　　　）熱心だ　　　　(2) （　　　　　）親しい

　　(3) （　　　　　）壊れる　　　　(4) （　　　　　）医者だ

　　(5) （　　　　　）飲む　　　　　(6) （　　　　　）入る

　　(7) （　　　　　）痛い　　　　　(8) （　　　　　）紹介する

　　(9) （　　　　　）静かだ　　　　(10) （　　　　　）戦う

２．以下の下線部の格助詞について、どの用法なのか、例にならって一番適当なもの
　　に○を付けてください。

（例）（場所／⟨手段⟩／理由／主体）　彼女を車で家まで送った。

　　(1) （主体／対象）　頭が痛い。

　　(2) （対象／起点／通過点）　父親が公園を散歩する。

　　(3) （場所／到達点／方向）　宅配便が家に着いた。

　　(4) （場所／手段／理由／主体）　税金は会社で払ってくれる。

　　(5) （一緒の相手／対する相手）　娘が母親とケーキを作る。

解答

- -

1.

(1)（〜が　〜に）熱心だ

(2)（〜が　〜と）親しい

(3)（〜が　　　　）壊れる

(4)（〜が　　　　）医者だ

(5)（〜が　〜を）飲む

(6)（〜が　〜に）入る

(7)（〜が　〜が）痛い

(8)（〜が　〜を　〜に）紹介する

　　　（〜が　〜に　〜を）紹介する

(9)（〜が　　　　）静かだ

(10)（〜が　〜と）戦う

2.

(1)（主体／対象）　頭が痛い。

(2)（対象／起点／通過点）　父親が公園を散歩する。

(3)（場所／到達点／方向）　宅配便が家に着いた。

(4)（場所／手段／理由／主体）　税金は会社で払ってくれる。

(5)（一緒の相手／対する相手）　娘が母親とケーキを作る。

どうだったかな？

　1は、日本語の文型の知識を問う問題です。

　日本語の述語には必要とされる格助詞があります。この述語と格助詞との組み合わせのことを文型と呼びます。日本語母語話者であれば、無意識に頭の中に入っているものです。日本語学習者はこの組み合わせの知識が乏しいため、格助詞の間違いが多くなります。したがって、検定試験にも文型の問題が出題されています。この章でしっかりと文型の知識を深めましょう。

　2は、格助詞の用法についての知識を問う問題です。

　日本語の基本構造の要は述語ですが、述語とそれぞれの成分を結ぶ働きは格助詞によります。日本語文法における格助詞は9つあり、その基本的な用法はしっかりと理解する必要があります。それぞれの格助詞には複数の用法があるので、その違いを区別できるようにしましょう。検定試験にも、その重要性から、たびたび出題されています。

1．述語と格助詞

　日本語文は、述語とそれに付属する複数の成分から成り立っています。述語は通常、文の最後に来ます。述語になる品詞としては、動詞、形容詞、名詞があり、それぞれが述語になる文を、**動詞文（動詞述語文）、形容詞文（形容詞述語文）、名詞文（名詞述語文）** と呼びます。

- 1）父親が　部屋で　娘と　絵本を　<u>読む</u>。……… 動詞文（動詞「読む」が述語）
- 2）夕焼けが　すごく　<u>美しい</u>。………………… 形容詞文（イ形容詞「美しい」が述語）
- 3）海が　とても　<u>穏やかだ</u>。………………… 形容詞文（ナ形容詞「穏やかだ」が述語）
- 4）あの人が　<u>先生だ</u>。…………………………… 名詞文（名詞「先生」＋「だ」が述語）

　それぞれの述語と成分を結びつける関係にあるのが**格助詞**です。たとえば、例文1）であれば、「〜が」は「読む」という動作の主体（主語）を、「〜で」は動作の場所を、「〜と」は動作の相手を、「〜を」は動作の対象（目的語）を表しています。

　この格助詞の種類は9つあり、**ガ格、ヲ格、ニ格、デ格、ト格、ヘ格、ヨリ格、カラ格、マデ格** と呼ばれます。主な用法は以下の通りです。なお、上の例文2）と3）における「すごく」と「とても」は副詞で、格助詞がなくても述語にかかります。

格助詞の種類	主な用法
(1)ガ格	主体（主語）、対象
(2)ヲ格	対象、起点、通過点（経路）
(3)ニ格	場所、時、到達点（着点）、相手、目的、方向
(4)デ格	場所、手段・方法、原因・理由、主体
(5)ト格	一緒の相手、対する相手、引用
(6)ヘ格	方向
(7)ヨリ格	起点、比較
(8)カラ格	起点、原料
(9)マデ格	到達点（着点）

（→資料11「格助詞（主な用法）」P.16-18参照）

述語と格助詞

(1)**日本語文**：述語と複数の成分からなる。述語文：動詞文、形容詞文、名詞文

(2)**格助詞の用法**：ガ格（主体、対象）、ヲ格（対象、起点、通過点）、二格（場所、時、到達点、相手、目的、方向）、デ格（場所、手段・方法、原因・理由、主体）、ト格（一緒の相手、対する相手、引用）、ヘ格（方向）、ヨリ格（起点、比較）、カラ格（起点、原料）、マデ格（到達点）

基礎問題

以下の格助詞について、例にならって、上の(2)格助詞の用法の中から1つ選び、（　）に入れよ。

(例)　ガ格：（　　主体　　）赤ちゃん<u>が</u>泣く　　　　（　　対象　　）赤ちゃん<u>が</u>ほしい

(1)ヲ格：（　　　　　　）橋<u>を</u>修理する　　　　（　　　　　　）橋<u>を</u>渡る

(2)二格：（　　　　　　）ホテル<u>に</u>泊まる　　　　（　　　　　　）公園<u>に</u>集まる

(3)二格：（　　　　　　）学校<u>に</u>向かう　　　　（　　　　　　）買い物<u>に</u>行く

(4)デ格：（　　　　　　）学生<u>で</u>募金活動をした　（　　　　　　）台風<u>で</u>新幹線が運休した

(5)ト格：（　　　　　　）弟<u>と</u>旅行する　　　　（　　　　　　）兄<u>と</u>議論する

【解答と解説】　基本的な格助詞の用法です。(1)対象、通過点、(2)場所、到達点、(3)方向、目的、(4)主体、原因・理由、(5)一緒の相手、対する相手

実践問題

【　】内に示した観点から見て、他と性質の異なるものを、1～5の中から1つ選べ。

【「が」の用法】

1　空が暗い　　　　2　雨が降る　　　　3　頭が痛い

4　父が政治家だ　　5　祖母が元気だ

【解答と解説】　1、2、4、5は主体を表しています。3は対象を表していて、主体は省略されている「私」です。したがって、答えは3になります。

２．文型

　日本語文は述語とそれに従属する成分からなります。このテキストでは、述語にとってなくてはならない成分のことを**必須成分**と呼びます。たとえば、「読む」という動作であれば、「誰が」「何を」という情報がないと、私たちは意味的に何かが足りないと感じます。それに対し、「どこで」「誰と」という情報は必ずしもなくてはならない情報ではありません。これらの要素はプラスアルファの情報である**随意成分**として考えることができるでしょう。

　このように、日本語文は述語を中心に、必須成分と随意成分からなります。これらの中で、述語と必須成分の格助詞との組み合わせのことを**文型**と呼びます。文型は述語と格助詞で表されます。上の例で言えば、「〜が〜を読む」が文型となります。

　これに対し、随意成分である「部屋で」の「〜で」や「娘と」の「〜と」は述語との組み合わせとは関係なく、これらの名詞のもつ意味によって、その意味にふさわしい格助詞が付加されていると言えます。

　このことから、格助詞には、述語との組み合わせ（文型）によって決まるものと、名詞の意味によって決定されるものとの２種類あることがわかります。

　動詞の文型は必要な格助詞の数によって、**０項動詞**、**１項動詞**（「〜が」）、**２項動詞**（「〜が〜を」「〜が〜に」「〜が〜と」「〜に〜が」）、**３項動詞**（「〜が〜を〜に」）があります。その他に、形容詞の文型（「〜が」「〜が〜が」「〜が〜に」「〜が〜と」）と名詞述語の文型（「〜が」）があります。日本語の述語にはすべて文型があり、その文型をもとに、私たちは文を作っていると言えます。（→資料 12「日本語の文型」P.19参照）

 **Point** 文型

(1)**文の成分**：必須成分と随意成分
(2)**文型**：述語と必須成分の格助詞との組み合わせ
(3)**動詞の文型**：０項動詞、１項動詞（「～が」）、２項動詞（「～が～を」「～が～に」
「～が～と」「～に～が」）、３項動詞（「～が～を～に」）
(4)**形容詞の文型**：「～が」「～が～が」「～が～に」「～が～と」
(5)**名詞述語の文型**：「～が」

基礎問題 ✏

例にならって、次の述語の必須成分（文型）の格を（　）に入れよ。

(例)　（～が　～に）賛成する　　（　なし　）吹雪く　　　（～が　～を）走る
　(1)（　　　　　　）住む　　(2)（　　　　　）競争する　(3)（　　　　　）わかる
　(4)（　　　　　　）紹介する　(5)（　　　　　）遊ぶ　　(6)（　　　　　）嫌いだ
　(7)（　　　　　　）親しい　(8)（　　　　　）熱い　　(9)（　　　　　）春めく

【解答と解説】　具体的な例文で考えます。文型は格助詞と述語の組み合わせで考えるため、「～は」は使われないので注意してください。(1)～が～に「友人が渋谷に住む」、(2)～が～と「兄が弟と競争する」、(3)～に～が「娘に母の気持ちがわかる」、(4)～が～に～を／～が～を～に「息子が父に恋人を紹介する」、(5)～が「子どもが遊ぶ」、(6)～が～が「私が虫が嫌いだ」、(7)～が～と「父がその政治家と親しい」、(8)～が「スープが熱い」、(9)なし「春めいてきた」

実践問題

【　】内に示した観点から見て、他と性質の異なるものを、１～５の中から１つ選べ。

【動詞の文型】
　　1　驚く　　　2　しかる　　3　ほめる　　4　疑う　　　5　感じる

【解答と解説】　2、3、4、5は「～が～を動詞」、1は「～が～に動詞」の文型となります。したがって、答えは1になります。

3．日本語文の構造

　必須成分と述語との組み合わせは文の一番小さい単位です。この組み合わせに随意成分が付くことでより複雑な文になります。たとえば、「〜が〜を楽しむ」という文型によってできる文を見てください。

1）　昨日　　　**太郎が**　　　銀座で　　　ゆっくり　　　**買い物を**　　　楽しんだ。
　　（随意）　　（**必須**）　　（随意）　　（随意）　　　（**必須**）　　（述語）

　太字の部分「太郎が」と「買い物を」が必須成分になります。それ以外の成分は随意成分です。これらの成分について、正式には「太郎が」のようなガ格の必須成分を**主語**、「買い物を」のように主語以外の必須成分を**補語**、「昨日」「銀座で」のように時や場所を表す随意成分を**状況語**、「ゆっくり」のような副詞による随意成分を**修飾語**と呼びます。

　このように、述語を中心に必須成分と随意成分によってできあがる基本構造を**命題**と呼びます。命題は述語とそれぞれの成分が論理的につながり、客観的な事柄を表します。この命題に話者の気持ちの表現である**モダリティ**を添えることで、日本語文が完成します。たとえば、例文1）を基本構造として、そこにモダリティを添えると、

2）　| 昨日 太郎が 銀座で ゆっくり 買い物を 楽しんだ | なんて許せない。

のように、網掛けの部分が**命題**となり、それを包んでいる「〜なんて許せない」という表現が**モダリティ**になります。このように日本語文は命題とモダリティからなります。以下の例文でこの構造を確認してください。

3）　たぶん | 息子夫婦が 連休中に 帰省する | と思う。

4）　| 内閣が | おそらく | 総辞職する | にちがいない。

5）　なんてったって | この店の焼き鳥が うまい | んだよね。

　モダリティの表現は、文末に現れることが多く、副詞の一部なども含まれます。詳しくは第8章「モダリティ」で見ていきます。日本語文は命題だけで成立することもありますが、基本的には命題とモダリティで構成されます。

 **Point**　　　　　　日本語文の構造

(1)命題は必須成分（主語・補語）と随意成分（状況語・修飾語）と述語からなる。

(2)文は命題（客観的な事柄）とモダリティ（話者の気持ちの表現）からなる。

基礎問題

例にならって、次の命題を構成する成分の種類（主語・補語・状況語・修飾語）を下線部の下に入れよ。

(例)　<u>山田さんが</u>　<u>15 時に</u>　<u>新幹線で</u>　<u>東京に</u>　着いた
　　　　主語　　　　状況語　　　状況語　　　補語

(1)<u>雨が</u>　<u>週末に</u>　<u>この辺で</u>　<u>かなり</u>　降った

(2)<u>花子が</u>　<u>誕生日に</u>　<u>太郎に</u>　<u>手作りチョコを</u>　プレゼントした

【解答と解説】　命題は述語と成分が論理的な関係で結ばれます。文を分析するうえでの基礎的な知識となります。(1)主語、状況語、状況語、修飾語、(2)主語、状況語、補語、補語

実践問題

【　】内に示した観点から見て、他と性質の異なるものを、1〜5の中から1つ選べ。

【命題】

　1　明日雨が降る　　　2　今日風が吹いた

　3　やっと宿題が終わった　　4　来週から試験が始まる

　5　夕方に犯人が捕まった

【解答と解説】　1、2、4、5は、命題のみで成立していますが、3の文の中の「やっと」は、時間や労力を費やして実現したという気持ちがこもったモダリティの表現（副詞）になります。したがって、答えは3になります。

第3章

3. 日本語文の構造

４．主題の提示

「〜は」は、文の基本構造（命題）を形づくる格助詞に対して、話者の気持ちを表す<u>モダリティ的な働き</u>をします。意味的には「〜について言えば」という感じです。たとえば、「太郎が銀座で花子と買い物を楽しんだ」という命題に対し、「〜は」は、次のような話者の気持ちを代弁します。

1）（「太郎」について言えば…）<u>太郎は</u>銀座で花子と買い物を楽しんだ。
2）（「銀座」について言えば…）<u>銀座では</u>太郎が花子と買い物を楽しんだ。
3）（「花子」について言えば…）<u>花子とは</u>太郎が銀座で買い物を楽しんだ。
4）（「買い物」について言えば…）<u>買い物は</u>太郎が銀座で花子と楽しんだ。

これを図式で表すと、以下のようになります。

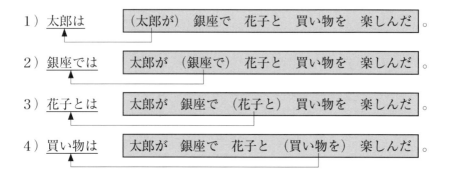

このように、話者が話題として命題から取り出した成分のことを**主題**と言い、残りの部分は主題についての**解説**ということになります。日本語には主題のある文が多いため、日本語文の構造は「主語と述語」というより「**主題と解説**」と言えるのです。

　初級の教科書では、感情・感覚や技能の形容詞の文型「〜が〜が述語」の主語（「〜が」）を主題に提示した「**〜は〜が**」構文がよく扱われます。

5）彼<u>は</u>テニス<u>が</u>上手だ。（← 彼<u>が</u> テニス<u>が</u> 上手だ）

「〜は〜が」という形は同じでも異なる構造をもつものがあるので注意してください。

6）その池<u>は</u>魚<u>が</u>多い。（← その池<u>に</u> 魚<u>が</u> 多い）

（→資料13「主題の提示」P.20参照）

 **Point** 主題の提示

(1)「主題」は話者が命題の中から話題として取り出したもの。命題の中の残された部分は、「解説」となる。

(2)「〜は〜が」構文は「〜が〜が述語」から主語の「〜が」が主題に提示される。

基礎問題

次の文は命題の格成分（格助詞によって示された成分）が主題となっている。例にならって、主題に提示された格成分の格助詞を（　）に入れよ。

(例)（　を　）その煮干しは猫が食べた。（←猫が その煮干しを 食べた）

(1)（　　　）花子は歌が上手だ。　　　(2)（　　　）太郎とは次郎がケンカした。

(3)（　　　）その公園は砂場がある。　　(4)（　　　）ケーキは子どもが食べた。

(5)（　　　）その交差点は事故が多い。　(6)（　　　）田中は試験に合格した。

【解答と解説】　難しいようであれば、資料13 の「主題の提示」を見ながら、やってください。(1)が（←花子が 歌が 上手だ）、(2)と（←次郎が 太郎と ケンカした）、(3)に（←その公園に 砂場が ある）、(4)を（←子どもが ケーキを 食べた）、(5)で（←その交差点で 事故が 多い）、(6)が（←田中が 試験に 合格した）

実践問題

【　】内に示した観点から見て、他と性質の異なるものを、1〜5の中から1つ選べ。

【「〜は〜が」構文】

　　1　彼は数学が得意だ。　　2　母は裁縫が苦手だ。　　3　姉は虫が嫌いだ。

　　4　パソコンは兄が詳しい。　　5　私は孫の誕生が楽しみだ。

【解答と解説】　1、2、3、5 は「〜が〜が述語」（「彼が数学が得意だ」など）から主語のガ格成分が主題に提示されています。4 は、「〜が〜に述語」（「兄がパソコンに詳しい」）からニ格成分が主題に提示されています。したがって、答えは4になります。

5.「〜は」と「〜が」

　主語であるガ格成分は主題「〜は」として提示されることが多いですが、主題に提示されず、「〜が」のままで使われることがあります。このような2つの文の違いは学習者に難しいとされます。この「〜は」と「〜が」の違いについて説明します。

（1）「〜は」：「主題」と「対比」

　「**主題**」は命題の中から、話題を1つ取り出して提示します。これに対し、2つの事柄を提示し、比較するのが、「**対比**」です。

　1）太郎<u>は</u>ポルトガル語を勉強している。（「太郎」が主題）
　2）雨<u>は</u>降っているが、風<u>は</u>吹いていない。（「雨」と「風」が対比）

　対比する2つの事柄を包含する大きなテーマがある場合、それを「主題」として表すことができます。

　3）弟<u>は</u>運動<u>は</u>得意だが、勉強<u>は</u>苦手だ。（「弟」が主題、「運動」と「勉強」が対比）

　例文3）は後半を省略して、「弟は運動は得意だ」と言うことがあります。その場合、「運動」以外のことは得意ではないという暗示が生まれます。このような暗示を避けたい場合は、「〜が」を使って、「弟は運動<u>が</u>得意だ」と言います。

（2）「〜が」：「中立描写」と「排他」

　主語が「〜が」のままの文は、命題の事柄を話者がそのまま聞き手に伝えることになります。このような「〜が」の用法を「**中立描写**」と呼びます。

　4）飛行機<u>が</u>飛んでいる。（中立描写→「飛行機が飛んでいる」という事実を伝える）
　5）宅配便<u>が</u>届いた。（中立描写→「宅配便が届いた」という事実を伝える）

　この他に、「〜が」には「**排他**」という用法があります。この用法では、複数の選択肢の中から焦点となっている事柄を主語として選び、その事実を話者に伝えます。

　6）これまでに訪問した国の中でイタリア<u>が</u>一番楽しかった。
　7）私の友人の中で花子<u>が</u>一番おしゃべりだ。

　「これまでに訪問した国」の中から「イタリア」を、「私の友人」の中から「花子」を選んでいるという点で、排他的な意味が生まれています。

（→資料14「『〜は』と『〜が』」P.21参照）

 **Point**   「〜は」と「〜が」

(1)「〜は」には「主題」と「対比」があり、文中で一緒に表されることがある。
(2)「〜が」には「中立描写」と「排他」がある。

基礎問題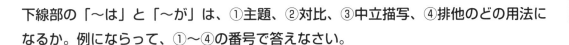

下線部の「〜は」と「〜が」は、①主題、②対比、③中立描写、④排他のどの用法に
なるか。例にならって、①〜④の番号で答えなさい。

(例)（　①　）日本はアジアの大国だ。　（　③　）あっ、飛行機が飛んでいる。
　(1)（　　　）私は書道は苦手です。　　　(2)（　　　）アランはアメリカ人だ。
　(3)（　　　）あれっ、スマホが壊れた。　(4)（　　　）兄弟で太郎が一番やせている。
　(5)（　　　）母は優しいが、父は厳しい。(6)（　　　）金星が西の空に輝いている。
　(7)（　　　）フランスは観光立国だ。　　(8)（　　　）展示会でこれが気に入った。

【解答と解説】　「〜は」と「〜が」の基本的な用法です。(1)②（→「書道」はだめだが他の
ものはそうではないという対比）、(2)①（→典型的な主題の文）、(3)③（→壊れた事実を伝え
ている）、(4)④（→兄弟の中から選んでいる）、(5)②（→母と父を比べている）、(6)③（→夜
の景色を見たまま表現している）、(7)①（→典型的な主題の文）、(8)④（→「展示会」で「こ
れ」を選んだ）

実践問題

【　】内に示した観点から見て、他と性質の異なるものを、1〜5の中から1つ選べ。

【「中立描写」の「〜が」】
　　1　風が強い。　　2　雪が降ってきた。　　3　父が会社から帰ってきた。
　　4　太郎が一番ハンサムだ。　　5　新聞が届いた。

【解答と解説】　1、2、3、5は、見たままをそのまま聞き手に伝える中立描写文です。4
は、多くの人の中から「太郎」を選んでいる点で、排他の用法になります。したがって、答
えは4になります。

6．談話における「〜は」と「〜が」と、暗示的主題

　談話における「〜は」と「〜が」の使い分けも重要です。また、主題が明示されないで、述語の中で暗示的に表されることがあります。

（1）談話における使い分け
　談話において、すでに知っている情報（**旧情報**）は「〜は」で、新しい情報（**新情報**）は「〜が」で表されることがあります。次の例を見てください。

　　１）星はきれいだ。（一般的な「星」について述べている）
　　２）星がきれいだ。（今見ている「星」について述べている）

　上の例では、「星は」の「星」は誰もが知っている「星」の概念で、既知の情報となります。これに対し、「星が」が使われる状況は、目の前にある美しい「星」を表現する時であり、聞き手にとっては新しい情報になるわけです。
　その他にも、「私の友人に田中という人がいます。この人は今熱海に住んでいます。」など、初めて紹介される事柄に「〜が」が、その後、既知になった事柄に「〜は」が使われます。
（→資料15「談話における『〜は』と『〜が』の使い分け」P.21参照）

（2）暗示的主題
　主題には「〜は」などによる明示的な主題と、主題を明示する表現がないまま、述語部分が主題になっている**暗示的主題**があります。以下の例文は、「責任者」が話題となっている状況での表現です。

　　３）責任者は山田さんだ。（明示的主題）
　　４）山田さんが責任者だ。（暗示的主題）

　「責任者」を話題にしている状況では、通常、例文３）のように「責任者」を「〜は」で提示しますが、例文４）のように言うこともできます。「おもちゃを捨てた」ことが話題になっている状況では、例文５）が明示的主題で、例文６）が暗示的主題になります。

　　５）おもちゃを捨てたのは父親だ。（明示的主題）
　　６）父親がおもちゃを捨てたのだ。（暗示的主題）

　述語が暗示的な主題となる形式は、「〜が〔**名詞**〕だ」や「〜が〔**動詞・形容詞**〕のだ」となることが多いと言えます。

（→資料16「明示的主題と暗示的主題」P.21参照）

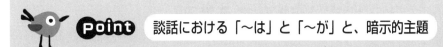 **Point** 談話における「〜は」と「〜が」と、暗示的主題

(1)談話における使い分け：「〜は」は旧情報、「〜が」は新情報
(2)暗示的主題：「〜が〔名詞〕だ」「〜が〔動詞・形容詞〕のだ」

基礎問題

例にならって、旧情報と新情報の観点から、（　）に「は」または「が」を入れよ。

（例）月（　は　）地球の周りを回っている。（→旧情報）

　(1)ごらん、西の空（　　　）真っ赤だ。

　(2)ある村に若夫婦（　　　）移ってきた。2人（　　　）都会から移住促進プログラム
　　でやってきた。

　(3)人類初の宇宙飛行士ガガーリンは「地球（　　　）青かった」と言った。

【解答と解説】　(1)が（→今見ている空の様子なので新しい情報）、(2)が（→初めての情報）、
は（→既知の情報）、(3)は（→地球は誰もが知っている惑星なので既知の情報）

実践問題

【　】内に示した観点から見て、他と性質の異なるものを、1〜5の中から1つ選べ。

【暗示的な「主題」】

　　1　山田さんが幹事です。　　　　2　誰が騒いでいるんだ。

　　3　田中さんが今年の会長です。　4　太郎が花瓶を割ったのだ。

　　5　お父さんが帰ってきた。

【解答と解説】　暗示的な主題は、述語部分にあるので、述語を明示的な主題として表すこと
ができます。その観点から考えると、1〜4は、「幹事は山田さんです。」「騒いでいるのは
誰だ。」「今年の会長は田中さんです。」「花瓶を割ったのは太郎だ。」と明示的な主題にして、
言い換えることができます。5は、今見たままの事態を表した中立描写文で主題がないため、
「帰ってきた」を主題にして言い換えることはできません。したがって、答えは5になります。

7．主題と関連する表現

　主題と関連する表現として、「〜は」以外の主題の表現と、主題と同様に文の成分に焦点を当てる「とりたて助詞」について説明します。

（1）主題の表現
　主題を表す典型的な表現は「〜は」ですが、それ以外にも日本語では主題を表すことができます。たとえば、次の文を見てください。

　　1）「お母さん、家にいないなあ。」「お母さん<u>なら</u>買い物に行ったよ。」
　　2）あの人<u>φ</u>、どこかで見たことがあるなあ。（「φ」は無助詞という意味）

例文1）では、前の発話を受け、後ろの発話で「お母さん」を主題として取り上げています。例文2）では、「あの人」が主題として表されています。このような「〜は」以外の主題を表す表現には、「〜なら」や無助詞（φ）以外にも、「〜って／とは／というのは」、「〜なんか／なんて／など」、「〜ったら／ときたら／ってば／といったら」「〜といえば／というと／といったら」などがあります。（→資料17「主題の表現」P.22参照）

（2）とりたて助詞
　主題の提示と似ている働きをもつ助詞に**とりたて助詞**があります。名詞だけでなく、動詞、形容詞、副詞などの品詞にも付加されます。文中のある要素に焦点を当て、特別な意味を加えます。たとえば、「も」の例で説明しましょう。

　　3）来週<u>も</u>試験があります。－「累加（追加する）」の用法
　　4）父<u>も</u>年を取ったなあ。　－「ぼかし（漠然と示す）」の用法

例文3）では、「来週」という要素を際立たせ、「また試験がある」という累加の意味を加えています。これは、来週以外にも「試験がある（あった）」という言外の意味を暗示することになります。例文4）では、「父」が「も」でとりたてられることによって、「父」以外の人が漠然と暗示され、文の意味が和らげられています。
　とりたて助詞には「も／は／なら／だけ／しか／ばかり／こそ／さえ／まで／でも／くらい／など／なんか／なんて」があり、「累加」と「ぼかし」以外にも、「極限（極端な例を示す）」、「対比（違いを示す）」、「限定（同類のものを排除する）」、「評価（話し手の判断を示す）」の意味を表します。（→資料8「日本語文法の助詞（1）とりたて助詞」P.11参照）

 **Point** 主題と関連する表現

(1)**主題の表現**：「〜は」以外にも主題を表す様々な表現がある

　「〜φ／って／とは／というのは／ったら／ときたら／ってば／なら」など

(2)**とりたて助詞**：文中にある要素に焦点を当て、特別な意味（累加、ぼかし、極限、対比、限定、評価）を加える。「も／は／なら／だけ／しか」など

基礎問題

例にならって、次のとりたて助詞（下線部）の意味を選び、〇を付けなさい。

（例）（㊤価・ぼかし）私にはスマホ<u>なんか</u>必要ない。（←スマホへの評価）

(1)（累加・極限）サル<u>も</u>木から落ちる。

(2)（評価・ぼかし）「休みはどこかへ行きたいね。」「温泉<u>なんか</u>、どう？」

(3)（評価・ぼかし）私<u>など</u>を委員長に指名していただき、恐縮します。

(4)（限定・対比）お母さんはいないけど、お父さん<u>なら</u>部屋にいるよ。

(5)（限定・極限）この車両には女性<u>しか</u>乗れない。

【解答と解説】　(1)極限（→「サル」は極端な例）、(2)ぼかし（→「温泉」は漠然とした提案）、(3)評価（→自分に対する低い評価→謙遜）、(4)対比（→「お母さん」と「お父さん」を比較）、(5)限定（→「女性」以外は排除される）（→資料8「日本語文法の助詞(1)とりたて助詞」P.11参照）

実践問題

【　】内に示した観点から見て、他と性質の異なるものを、1〜5の中から1つ選べ。

【主題を表す形式】

　　1　山田さん<u>なら</u>もう帰った。　　　2　白浜<u>といったら</u>海水浴でしょう。

　　3　大谷さん<u>って</u>どんな人？　　　　4　改装中<u>につき</u>しばらく休みます。

　　5　来週の遠足<u>は</u>中止になった。

【解答と解説】　4以外は主題を表します。4の「〜につき」は理由を表しているだけです。したがって、答えは4になります。

もう一度！

第3章のまとめ

1．述語と格助詞

(1)日本語文：述語と複数の成分からなる。　文の種類：動詞文、形容詞文、名詞文

(2)格助詞：述語と成分を結ぶ（が・を・に・で・と・へ・より・から・まで）

2．文型

(1)文の成分：必須成分と随意成分　(2)文型：述語と必須成分の格助詞との組み合わせ

(3)動詞の文型（0項／1項／2項／3項動詞）、形容詞の文型、名詞述語の文型

3．日本語文の構造

文：命題（事柄—必須成分と随意成分）とモダリティ（気持ちの表現）

4．主題の提示

命題の中から格成分や格成分の一部などが主題（「～は」）として提示される

5．「～は」と「～が」

(1)「～は」：主題／対比　(2)「～が」：中立描写／排他

6．談話における「～は」と「～が」と、暗示的主題

旧情報の「～は」と新情報の「～が」　暗示的主題（述語部分が主題）

7．主題と関連する表現

(1)主題：「～は／φ／って／とは／というのは／ったら／ときたら／ってば／なら」など

(2)とりたて助詞の用法：累加、ぼかし、極限、対比、限定、評価

練習問題

- -

問題1　次の述語の文型の格助詞を（　）に入れなさい。

(1)（　　　）走る　(2)（　　　）見える　(3)（　　　）好きだ　(4)（　　　）賛成する

(5)（　　　）多い　(6)（　　　）親しい　(7)（　　　）教える　(8)（　　　）成長する

問題2　次の主題にはどの格成分が提示されているか。格助詞で答えなさい。

(1)（　　　）部屋の鍵は僕がかけた。　(2)（　　　）期末試験は彼女が一番だった。

(3)（　　　）母は料理が得意だ。　(4)（　　　）山田さんは子どもが3人いる。

問題3　次の下線部のとりたて助詞の意味を選び、〇を付けなさい。

(1)（累加・極限・ぼかし）真奈ちゃんも大きくなったねえ。

(2)（極限・ぼかし）沖縄でも雪が降ることがある。

(3)（評価・ぼかし）職人として独立したいなんて、10年早い。

解答と解説

問題1

　述語に必要な格成分は具体的な例文で考えるといいでしょう。格助詞だけで考えると、間違えることがあるので、注意してください。また、会話においては助詞が省略されることが多いので、書き言葉で考えることをお勧めします。

(1) **が・を**「生徒が廊下を走る」

(2) **に・が**「私に赤色の山肌が見える」（会話では通常「私に」は省略されます）

(3) **が・が**「太郎が花子さんが好きだ」　　(4) **が・に**「野党が与党案に賛成する」

(5) **が・に**「雨が日本に多い」　　(6) **が・と**「太郎が花子と親しい」

(7) **が・に・を／が・を・に**「先生が生徒に数学を教える／先生が数学を生徒に教える」
　　順番はどちらも可。　　(8) **が**「子どもが成長する」

問題2

　命題の中から主題が提示されるプロセスをしっかりと理解しましょう。主題にどの格助詞を付ければ自然になるか、考えるといいでしょう。

(1) **を**　部屋の鍵は僕がかけた。（←「僕が　部屋の鍵を　かけた」）

(2) **で**　期末試験は彼女が一番だった。（←「彼女が　期末試験で　一番だった」）

(3) **が**　母は料理が得意だ。（←「母が　料理が　得意だ」）

(4) **に**　山田さんは子どもが3人いる。（←「山田さんに　子どもが3人　いる」）

問題3

　文の中で助詞がどのような意味で使われているか、しっかりと考えてください。ちょっとした違いですが、このような意味の違いに敏感になるのが重要です。

(1) **ぼかし**　真奈ちゃんも大きくなったねえ。

　「ぼかし」の「～も」です。他の人と比べて「真奈ちゃん」を付け加える「累加」でも、極限の意味でも使われていません。大きくなった真奈ちゃんのことを「～も」で和らげて表現しています。

(2) **極限**　沖縄でも雪が降ることがある。

　雪など降りそうにない沖縄で雪が降るという極限の事実を表し、当然、沖縄より北に位置するその他の日本ではどこでも雪が降るという含意を生んでいます。

(3) **評価**　職人として独立したいなんて、10年早い。

　「職人として独立したい」という気持ちに対し、「10年早い（まだまだ）」という評価を加えています。

なるほど！

実力診断テスト

問題1 次の(1)〜(5)について、【 】内に示した観点から見て、他と性質の異なるものを、それぞれ１〜５の中から一つずつ選べ。

(1)【ガ格の意味】

    1　頭が痛い　2　空が青い　3　手がかゆい　4　胸が苦しい　5　勉強が辛い

(2)【デ格の意味】

    1　車で通う。　　　　　2　スマホで撮る。　　　　3　英語で話す。

    4　クレヨンで描く。　　5　体調不良で休む。

(3)【動詞の項の数】

    1　対立する　　2　驚く　　3　預ける　　4　着く　　5　わかる

(4)【述語が表す出来事とニ格の関係】

    1　週末に買い物をした。　　2　週末にテニスした。　　3　週末に友人と会った。

    4　週末に娘が帰ってきた。　5　週末にホテルを予約した。

(5)【「〜は〜が」構文】

    1　花子は肌がきれいだ　2　次郎は服装がだらしない　3　太郎は父親が医者だ

    4　母は虫が嫌いだ　　5　そのホテルは部屋が広い

問題2 次の(1)と(2)における【 】内の下線部は学習者による誤用を示す。これと異なる種類の誤用を、それぞれの１〜４の中から一つずつ選べ。

(1)【日本で留学したいです。】

    1　サラさんは日本の会社で勤めています。

    2　多くの人が公園で集まりました。

    3　兄がホテルで泊まりました。

    4　飛行機が空で飛んでいます。

(2)【兄はパソコンを得意です。】

    1　父は車の運転を上手です。

    2　母はクモを嫌いです。

    3　兄は髪を長いです。

    4　弟はスポーツを苦手です。

問題3 次の文章を読み、下の問い（問1〜4）に答えよ。

とりたて助詞とは、文のある意味を際立たせ、同類の要素との関係を背景にして、特別な意味を加える助詞のことである。たとえば、家に来た友人に、次のように言ったとしよう。

「キッチンは2階にもあります」

この場合、「2階に」が「〜も」によってとりたてられ、<u>　　　（ア）　　　</u>という特別な意味を加えている。さらに、聞き手はこの文を聞いた時に、<u>　　　（イ）　　　</u>ということを想像できる。このように、文中のある部分がとりたてられると、その背後にある同類の要素の存在が含意として暗示されるのである。

_{A.}<u>とりたて助詞は、名詞だけでなく副詞や述語、節などをとりたてることができる。</u>_{B.}<u>その表す意味には、累加、対比、限定、極限、評価、ぼかし、などがある。</u>このような機能をもつ形式には、「〜も」「〜は」「〜なら」「〜だけ」「〜しか」「〜ばかり」「〜こそ」「〜さえ」「〜まで」「〜でも」「〜なんて」「〜くらい」「〜など」などがある。

問1 文章中の<u>　（ア）　</u>に入れるのに最も適当なものを、次の1〜4の中から一つ選べ。
　1　累加　　　　　　　2　対比　　　　　　　3　限定　　　　　　　4　極限

問2 文章中の<u>　（イ）　</u>に入れるのに最も適当なものを、次の1〜4の中から一つ選べ。
　1　キッチンが2階にしかない　　　　　　2　キッチンが2階だけにある
　3　キッチンが2階以外にある　　　　　　4　キッチンが1階にない

問3 文章中の下線部Aに関して、節がとりたてられたものを、次の1〜4の中から一つ選べ。
　1　明日雨が降る<u>なら</u>行きません。
　2　ご飯にマヨネーズをかけて食べる<u>なんて</u>考えられません。
　3　その犬は主人が帰ってくる<u>まで</u>待っていました。
　4　その塀を壊した<u>の</u>は太郎です。

問4 文章中の下線部Bに関して、「ぼかし」の意味をもつものを、次の1〜4の中から一つ選べ。
　1　食事の後片付け<u>くらい</u>手伝ってよ。
　2　四十肩で手を上げること<u>さえ</u>できない。
　3　暇なら映画<u>なんか</u>どうですか？
　4　子どもがゲーム<u>ばかり</u>やって、勉強しない。

実力診断テスト　解答と解説

問題1

　格助詞、文型、主題に関する問題は繰り返し出題されています。問題をやりながら、その解き方に慣れましょう。

(1)**2**　2の「〜が」は主体です。1、3、4、5の「〜が」は対象を表しています。「〜が」が対象を表す時の述語は感情・感覚や技能の形容詞になります。「私」が省略されていると考えるとわかりやすいでしょう。(1「(私は)頭が痛い」、3「(私は)手がかゆい」、4「(私は)胸が苦しい」、5「(私は)勉強が辛い」)

(2)**5**　5は原因・理由を表しています。1〜4は、手段・方法の用法です。

(3)**3**　3だけが3項動詞(〜が〜に〜を)です。それ以外は、対立する(〜が〜と)、驚く(〜が〜に)、着く(〜が〜に)、わかる(〜に〜が)という2項動詞です。

(4)**5**　5は予約した時が週末ではなく、週末にホテルに泊まるという意味にも解釈できます。それ以外は、述語の動作が行われたのが週末という意味になります。

(5)**4**　4以外は主題「〜は」を「〜の」に言い換えることができます。(1「花子の肌がきれいだ」2「次郎の服装がだらしない」3「太郎の父親が医者だ」5「そのホテルの部屋が広い」) 4は「×母の虫が嫌いだ」となり、「〜の」に言い換えることができません。

問題2

　学習者の助詞の間違いは、文型の知識の欠如から来ることが多いと言えます。ここでは、そのような問題について考えます。

(1)**4**　「留学する」は「〜が〜に(へ)」という格助詞が付きます。そうすると、正しくは「日本に留学したいです」となります。この観点から選択肢の文を見ると、1〜3は「会社に勤めます」「公園に集まります」「ホテルに泊まります」のニ格を「〜で」で表した誤用だとわかります。これに対し、4は「空を飛んでいます」のヲ格を「〜で」で表した間違いになります。

(2)**3**　「〜は〜が」構文の「対象のガ格」をヲ格で表した誤用です。正しくは「兄はパソコンが得意です」となります。この観点から選択肢の文を見ると、3以外は「父は車の運転が上手です」「母はクモが嫌いです」「弟はスポーツが苦手です」であり、下線部はすべて対象となります。3は、「兄は髪が長いです」となりますが、これは「兄の髪が長い」という命題から「兄の」が主題に提示されたものであり、「髪が」は対象ではなく主体となります。「兄」を主体と考えると、「兄が長い」となり、不自然になります。(→資料13「主題の提示」2　P.20参照)

問題3

　とりたて助詞はこれまでに何度も検定試験に出題されている重要項目です。その基本的な働きについて、問題を解きながら、理解を深めてください。

問1　1　累加

　「～も」が「2階に」につくことで「キッチン」の場所の1つに2階が追加されます。したがって、選択肢の中では「累加」が一番適切な解答になります。

問2　3　キッチンが2階以外にある

　「2階に」が「～も」によってとりたてられることで、「キッチンが2階以外にある」ことが暗示されます。これは2階にキッチンがあるということに加えて、2階建ての家であれば「キッチンが1階にある」、3階建ての家であれば、「キッチンが1階や3階にある」という意味に理解されます。

問3　2　ご飯にマヨネーズをかけて食べるなんて考えられません。

　「～なんて」によって、「ご飯にマヨネーズをかけて食べる」という節をとりたて、「考えられない」という評価を加えています。2以外の下線部はとりたて助詞ではありません。
1　明日雨が降るなら行きません。
　「～なら」は接続助詞で、「明日雨が降る」という条件を表しています。
3　その犬は主人が帰ってくるまで待っていました。
　「～まで」は格助詞で、犬が待つという限界点が「主人が帰ってくる」という時であることを表しています。
4　その塀を壊したのは太郎です。
　この文の「～は」は主題を表しています。「その塀を壊した」という格成分と述語を主題として提示していますが、とりたての働きはありません。「～は」がとりたて助詞として使われるのは、比較の意味においてです。

問4　3　暇なら映画なんかどうですか？

　ぼかしは、文のある要素をとりたて、同類のものが他にもあることを漠然と示します。ここでは、「映画」が1つの選択肢として示され、意味が和らげられています。1の「～くらい」は評価、2の「～さえ」は極限、4の「～ばかり」は限定を表しています。

第4章

自動詞と他動詞

日本語文の要は述語です。述語を中心に文はまとまります。述語には、動詞、形容詞、名詞述語がありますが、もっとも数が多いのが動詞になります。

動詞には様々な分類がありますが、その中でも重要な分類の1つが「自動詞と他動詞」です。ヴォイス（第5章）、アスペクト（第6章）といった文法カテゴリーとも関係が深く、これらを理解するためにも自動詞と他動詞の知識は必須となります。

自動詞と他動詞の基本的な考え方はそれほど難しくありません。検定試験ではヴォイスやアスペクトとの関連で多く出題されています。

実力診断クイズ

皆さんは自動詞と他動詞について
どれくらい知っているでしょうか。以下の問題に答えることで、
自動詞と他動詞に関する基礎的な知識を確認することができます。
終わったら、解答を見て自己採点をしてください。

／20

1．例にならって、（　）の中に、自動詞（自）または他動詞（他）のどちらかを入れてください。

（例）（　自　）遊ぶ　　　（　他　）食べる

(1)（　　　）起きる　　　　　　(2)（　　　）光る

(3)（　　　）出る　　　　　　　(4)（　　　）歩く

(5)（　　　）たたく　　　　　　(6)（　　　）飛ぶ

(7)（　　　）話す　　　　　　　(8)（　　　）会う

(9)（　　　）合格する　　　　　(10)（　　　）曲げる

2．自動詞と他動詞の対応では語彙的に対応するものがあるものとないものがあります。例にならって、あるものには「対応する動詞」を、ないものには「×」を入れてください。

（例）（　消える　）消す　　（　　×　　）飲む　　（　燃やす　）燃える

(1)（　　　　　）染める　　　　(2)（　　　　　）掛ける

(3)（　　　　　）捕まえる　　　(4)（　　　　　）起きる

(5)（　　　　　）疑う　　　　　(6)（　　　　　）考える

(7)（　　　　　）乾く　　　　　(8)（　　　　　）苦しむ

(9)（　　　　　）実る　　　　　(10)（　　　　　）疲れる

解答

1.

(1) （ 自 ） 起きる   (2) （ 自 ） 光る

(3) （ 自 ） 出る   (4) （ 自 ） 歩く

(5) （ 他 ） たたく   (6) （ 自 ） 飛ぶ

(7) （ 他 ） 話す   (8) （ 自 ） 会う

(9) （ 自 ） 合格する   (10) （ 他 ） 曲げる

2.

(1) （ 染まる ） 染める   (2) （ 掛かる ） 掛ける

(3) （ 捕まる ） 捕まえる   (4) （ 起こす ） 起きる

(5) （ × ） 疑う   (6) （ × ） 考える

(7) （ 乾かす ） 乾く   (8) （ 苦しめる ） 苦しむ

(9) （ × ） 実る   (10) （ × ） 疲れる

どうだったかな？

　1は自動詞と他動詞の違いを理解しているかどうかを問う問題です。

　自動詞と他動詞の違いをしっかりと押さえておくことが重要です。他動詞の特徴は目的語を必要とし、目的語は「〜を」の形で示されるということです。しかし、「〜を」と一緒に使われていても、他動詞とはならないケースがあります。たとえば、「〜を出る」「〜を歩く」「〜を飛ぶ」などがそのような動詞です。これらの動詞はなぜ他動詞とは認められないのでしょうか。本文に入る前に少し考えてみましょう。

　2は自動詞と他動詞の対応についての知識を問う問題です。

　日本語の自動詞と他動詞を理解するうえで重要なポイントが自動詞と他動詞の対応です。日本語には語彙的に対応する自動詞と他動詞のペアが多くあり、日本語学習者を悩ませる文法事項の1つになっています。母語話者は無意識に使いこなしていますが、その対応する動詞を改めて言えと言われても、すぐに出てこないかもしれません。意識的にペアの動詞を考えることができるようになることが重要です。この章で、自動詞と他動詞の基礎的な知識をしっかりと学んでください。

1．自動詞と他動詞の区別

　自動詞と他動詞の区別はそれほど難しくありません。「子どもが寝る」「星が光る」などの目的語（「～を」）を取らないものが自動詞、「子どもがジュースを飲む」「母が手紙を書く」などの目的語を取るものが他動詞となります。

　１）子どもが　寝る ……………………………「寝る」は自動詞（目的語を取らない）
　２）子どもが　ジュースを　飲む …………「飲む」は他動詞（目的語を取る）

他動詞の文には目的語（「～を」）があるので、目的語を主語にした受身文を作ることができます。

　３）子どもが　ジュースを　飲む　　　　母が　手紙を　書く

　　ジュースが　子どもに　飲まれる　　　手紙が　母によって　書かれる

ただし、「～を」で示されるものがすべて目的語であるとは限りません。起点と通過点（経路）を表す「～を」は目的語にはなりません（→資料11「格助詞（主な用法）」P.16参照）。以下の動詞「出た」「走った」はいずれも自動詞です。

　４）先生が　学校を　出た　　（起点）
　５）生徒が　廊下を　走った　（通過点／経路）

これらの起点と通過点（経路）の「～を」は目的語ではないので、目的語を主語にする受身文を作ることができません。

　６）×学校が　先生に　出られた。
　７）×廊下が　生徒に　走られた。

　このような動詞の多くは移動動詞（主体の位置を変える動作や作用を表す動詞）です。起点の「～を」は「～を出る／出発する／離れる／飛び立つ／離陸する」など、通過点（経路）の「～を」は「～を散歩する／通る／通過する／飛ぶ／走る／歩く」など、移動動詞と一緒に使われます。「～を」があっても自動詞に分類されるので、注意してください。
　なお、起点の「～を」は「～から出る」や「～から出発する」のように、「～から」で言い換えられることが多いと言えます。

 **Point** 自動詞と他動詞の区別

(1)**自動詞**：目的語「～を」を取らない（起点と通過点（経路）の「～を」に注意）
(2)**他動詞**：目的語「～を」を取る

基礎問題

例にならって、（　）の中に、自動詞（自）または他動詞（他）を入れよ。

(例)（　他　）壊す　(1)（　　　）到着する　(2)（　　　）入る　(3)（　　　）届ける
(4)（　　　）下りる　(5)（　　　）輝く　　(6)（　　　）着る　(7)（　　　）燃やす

【解答と解説】　自動詞と他動詞を区別する基礎的な問題です。「～を」がなくても言えるという観点で自動詞を考える人がいますが、会話ではよく「～を」が省略されます。「～を」を付けて言えるかどうかがポイントとなります。また、起点と通過点（経路）の「～を」にも気をつけてください。(1)自（→「電車が駅に到着する」）、(2)自（→「部屋に入る」）、(3)他（→「荷物を届ける」）、(4)自（→「階段を下りる」の「～を」は通過点）、(5)自（→「星が輝く」）、(6)他（→「服を着る」）、(7)他（→「紙を燃やす」）

実践問題

【　】内に示した観点から見て、他と性質の異なるものを、1～5の中から1つ選べ。

【「を」の用法】
　　1　空を舞う　　　2　横断歩道を渡る　　3　公園を歩く
　　4　裏道を通る　　5　学校を出発する

【解答と解説】　自他の区別に関連した、自動詞に使われる「～を」の用法の問題です。検定試験に度々出題されているので、その違いをしっかりと認識できるようにしましょう。1、2、3、4の「～を」は通過点（経路）、5のみ起点で、「学校から出発する」で言い換えられます。したがって、答えは5になります。

２．自動詞と他動詞のペア

　日本語の動詞の特徴として、自動詞と他動詞がペアになっているものが多いということが挙げられます。これらの動詞は同じ語彙から派生したもので、同じ漢字が使われます。「開く－開ける」「重なる－重ねる」「売れる－売る」「離れる－離す」などです。

　　１）母親が　窓を　開ける（他動詞）
　　　　主体による**動作**

　　２）窓が　開く（自動詞）
　　　　動作によって生じる**変化**

（動作）　　（変化）

この動詞のペアにおいては、他動詞は主体による**動作**を、自動詞は動作によって生じる**変化**を表します。この「動作と変化」という関係が自動詞と他動詞を考えるうえで重要なポイントになります。つまり、動きの両面である動作と変化を他動詞と自動詞がそれぞれ描き分けているのです。

コーヒーをこぼす（他）　　車を止める（他）　　洗濯物を乾かす（他）

コーヒーがこぼれる（自）　　車が止まる（自）　　洗濯物が乾く（自）

　上の例のように、自動詞と他動詞のペアでは、通常、ある動作が起点となり、それによって生じる変化が自動詞で表される関係になります。しかし、他動詞の動作が自動詞の変化につながらない関係もあるので注意してください。「掃除機をかける→？掃除機がかかる」、「日記をつける→？日記がつく」、「千羽鶴を折る→？千羽鶴が折れる」などの例です。
　また、自動詞と他動詞のペアは１対１とは限りません。１対２や２対１のペアがあります。「溶ける／溶かす－溶く」「つかまる／つかむ－つかまえる」、「縮まる－縮む／縮める」「混じる－混ざる／混ぜる」などです。

 **Point** 自動詞と他動詞のペア

(1)**他動詞**：主体による動作 　　先生が　窓を　開ける
(2)**自動詞**：動作によって生じる変化 　　　　　窓が　開く

基礎問題

例にならって、自動詞または他動詞に対応する動詞を入れよ。

他動詞（動作） → 自動詞（変化）				
（例）　届ける　→　届く		（例）　曲げる　→　曲がる		
(1)	広げる		(2)		乱れる
(3)		燃える	(4)	焼く	
(5)	減らす		(6)		乗る
(7)	沈める		(8)	下ろす	
(9)		消える	(10)		割れる

【解答と解説】　母語話者であっても、改めて考えてみるとなかなか出てこないかもしれません。このような普段意識しない自動詞と他動詞のペアをしっかりと意識できるようになることが重要です。(1)広がる、(2)乱す、(3)燃やす、(4)焼ける、(5)減る、(6)乗せる、(7)沈む、(8)下りる、(9)消す、(10)割る

実践問題

【　】内に示した観点から見て、他と性質の異なるものを、１〜５の中から１つ選べ。

【動詞の自他】
　　1　とぶ・とばす　　　2　にげる・にがす　　　3　つなぐ・つなげる
　　4　にえる・にる　　　5　かさなる・かさねる

【解答と解説】　１、２、４、５は、自動詞と他動詞のペアですが、３だけが、他動詞と他動詞です。対応する自動詞は「つながる」になり、自動詞と他動詞が１対２のペアになります。

３．自動詞と他動詞の対応による分類

　自動詞と他動詞がペア（対）になっている動詞を**有対動詞**と呼びます。これに対し、ペア（対）のない動詞を**無対動詞**と呼び、ペアの他動詞をもたない自動詞を**無対自動詞**、ペアの自動詞をもたない他動詞を**無対他動詞**と言います。さらに、自動詞としても他動詞としても機能する**自他同形の動詞**があります。

	自動詞	他動詞
①有対動詞	おもちゃが壊れる	おもちゃを壊す
②無対自動詞	水が凍る	×
③無対他動詞	×	本を読む
④自他同形の動詞	夢が実現する	夢を実現する

(1)有対動詞

　語彙的に対になっている自動詞と他動詞で、他動詞は主体による動作を、自動詞は動作によって生じる変化を表します。日本語には多くの有対動詞が存在し、自他の形態的な対応も様々です。（→資料18「自動詞と他動詞の対応」P.23参照）

(2)無対自動詞

　動作を必要としない自然の**変化の動詞**（「凍る」「輝く」「光る」「成長する」「熟す」など）や他者に影響を与えないで１人で完結するような**動作の動詞**（「死ぬ」「走る」「泳ぐ」「座る」「遊ぶ」など）などがあります。

(3)無対他動詞

　他者への働きかけのある動作ですが、基本的に目的語（対象）に変化を引き起こすことがない動詞（「ほめる」「嫌う」「読む」「断る」「話す」「探す」「たたく」など）です。

(4)自他同形の動詞

　主体による動作を他動詞として、それによって生じる変化を自動詞として、同じ動詞で表します。「実現する」「解散する」「閉鎖する」「解決する」「確定する」「開く」「閉じる」「オープンする」「反射する」「完成する」などがあります。

　無対自動詞で他動詞が必要になる時は**使役形**で、無対他動詞で自動詞が必要になる時は**受身形**で、代用します。上の表の「×」の欄であれば、②「水を凍らせる」、③「本が読まれる」と、表すことができます。

 **Point** | 自動詞と他動詞の対応による分類

①有対動詞	おもちゃが壊れる	おもちゃを壊す
②無対自動詞	水が凍る	水を凍らせる（使役形）
③無対他動詞	本が読まれる（受身形）	本を読む
④自他同形の動詞	夢が実現する	夢を実現する

基礎問題

例にならって、次の動詞について、①有対動詞、②無対自動詞、③無対他動詞、④自他同形の動詞の中から選び、その番号を（　）に入れよ。

（例）（　①　）消える（→「電気が消える」－「電気を消す」）

(1)（　　）曲がる　　(2)（　　）熟す　　(3)（　　）なぐる　　(4)（　　）再開する

(5)（　　）見つかる　(6)（　　）伴う　　(7)（　　）分析する　(8)（　　）走る

【解答と解説】　使役形や受身形は対になる動詞ではないので、気をつけてください。最初は難しいかも知れませんが、練習をしながら慣れていきましょう。
(1)①（→「針金が曲がる」－「針金を曲げる」）、(2)②（→「柿が熟す」のみ）、(3)③（→「泥棒をなぐる」のみ）、(4)④（→「店が再開する」－「店を再開する」）、(5)①（→「財布が見つかる」－「財布を見つける」）、(6)④（→「危険が伴う」－「危険を伴う」）、(7)③（→「資料を分析する」のみ）、(8)②（→「犬が走る」のみ。「道を」が付いても「通過点」なので自動詞。）

実践問題

【　】内に示した観点から見て、他と性質の異なるものを、1〜5の中から1つ選べ。

【動詞の自他】

　　1　染める　　2　抜く　　3　転がす　　4　集める　　5　押す

【解答と解説】　1、2、3、4は有対動詞（他動詞）で、それぞれに対応する自動詞は「染まる」「抜ける」「転がる」「集まる」になります。5の「押す」は、「私が呼び鈴を押す」のように他動詞ですが、対応する自動詞がない無対他動詞です。したがって、答えは5です。

第4章のまとめ

1．自動詞と他動詞の区別

(1)自動詞：目的語「〜を」を取らない（「起点」と「通過点（経路）」の「〜を」に注意）

(2)他動詞：目的語「〜を」を取る

2．自動詞と他動詞のペア

先生が　窓を　開ける（他動詞）　───　窓が　開く（自動詞）

　　（主体による動作）　　　　　　　　（動作によって生じる変化）

3．自動詞と他動詞の対応による分類

	自動詞	他動詞
①有対動詞	おもちゃが壊れる	おもちゃを壊す
②無対自動詞	水が凍る	水を凍らせる（使役形）
③無対他動詞	本が読まれる（受身形）	本を読む
④自他同形の動詞	夢が実現する	夢を実現する

練習問題

問題1　（　）の中に、自動詞（自）か他動詞（他）のどちらかを入れなさい。

(1)（　　）歩く　(2)（　　）話す　(3)（　　）取る　(4)（　　）降る　(5)（　　）聞こえる

(6)（　　）憎む　(7)（　　）干す　(8)（　　）つぶす　(9)（　　）震える　(10)（　　）離れる

問題2　次の自動詞または他動詞に対応する動詞を入れなさい。

	他動詞（動作）　←→　自動詞（変化）				
(1)		丸まる	(2)	ふさぐ	
(3)	汚す		(4)		回る
(5)		こげる	(6)	沸かす	
(7)	降ろす		(8)		付く
(9)		抜ける	(10)	乗せる	

問題3　次の動詞は①有対動詞、②無対自動詞、③無対他動詞、④自他同形の動詞のどれか。番号を（　）に入れなさい。

(1)（　　）興奮する　(2)（　　）解決する　(3)（　　）合格する　(4)（　　）容認する

(5)（　　）信じる　(6)（　　）反射する　(7)（　　）動く　(8)（　　）煮る

(9)（　　）増える　(10)（　　）決定する　(11)（　　）忘れる　(12)（　　）登る

解答と解説

問題1

　この問題を解くポイントは2つ、①目的語（「～を」）が付くかどうか、②その場合、起点や通過点（経路）の「～を」ではないか、を考えます。

(1)（**自**）「人が歩道<u>を歩く</u>（→通過点）」　(2)（**他**）「田中さんが英語<u>を話す</u>」

(3)（**他**）「父が帽子<u>を取る</u>」　(4)（**自**）「雨<u>が降る</u>」

(5)（**自**）「鳥の鳴き声<u>が聞こえる</u>」　(6)（**他**）「被害者が犯人<u>を憎む</u>」

(7)（**他**）「父親が洗濯物<u>を干す</u>」　(8)（**他**）「料理人がじゃがいも<u>をつぶす</u>」

(9)（**自**）「子ども<u>が震える</u>」　(10)（**自**）「若者が故郷<u>を離れる</u>（→起点）」

問題2

　ペアの動詞の探し方は、類似する動詞がないかを考えることです。その際、使役形や受身形と間違えないように気をつけてください。

(1)**丸める**－丸まる　(2)ふさぐ－**ふさがる**　(3)汚す－**汚れる**　(4)**回す**－回る

(5)**こがす**－こげる　(6)沸かす－**沸く**　(7)降ろす－**降りる**　(8)**付ける**－付く

(9)**抜く**－抜ける　(10)乗せる－**乗る**

問題3

　最初に対応する動詞がないかを考えます。あれば、有対動詞になります。ない場合、動詞の自他を考えます。自動詞なら無対自動詞、他動詞なら無対他動詞の可能性が高くなります。自他同形の動詞かを見分けるポイントは他動詞の目的語が自動詞の主語になるかどうかです。例えば、「解散する」は「首相が議会を解散する → 議会が解散する」のように、意味的にも対応するので自他同形の動詞と言えますが、「殴る」は、「太郎が<u>次郎を殴る</u> → <u>次郎が殴る</u>」となり、異なる意味になるので自他同形の動詞ではありません。「次郎が殴る」は目的語が省略された他動詞の文であり、「殴る」は自動詞ではありません。

(1) ② 「学者が新発見に<u>興奮する</u>」　(2) ④ 「父が問題を<u>解決する</u>－問題が<u>解決する</u>」

(3) ② 「受験生が試験に<u>合格する</u>」　(4) ③ 「野党が与党案を<u>容認する</u>」

(5) ③ 「父が息子を<u>信じる</u>」　(6) ④ 「水が光を<u>反射する</u>－光が<u>反射する</u>」

(7) ① 「祖父が体を<u>動かす</u>－体が<u>動く</u>」

(8) ① 「母が野菜を<u>煮る</u>－野菜が<u>煮える</u>」

(9) ① 「政府が予算を<u>増やす</u>－予算が<u>増える</u>」

(10) ④ 「娘が志望校を<u>決定する</u>－志望校が<u>決定する</u>」

(11) ③ 「父親が傘を<u>忘れる</u>」　(12) ② 「職人がはしごを<u>登る</u>（通過点）」

なるほど！

実力診断テスト

問題1 次の⑴～⑸について、【 】内に示した観点から見て、他と性質の異なるものを、それぞれ1～5の中から一つずつ選べ。

⑴ 【自他動詞の形態】

    1 慣らす   2 ぬらす   3 乾かす   4 もらす   5 枯らす

⑵ 【自動詞と他動詞】

    1 抜く－抜ける   2 開く－開ける   3 建つ－建てる

    4 進む－進める   5 叶う－叶える

⑶ 【動詞の自他の対応】

    1 離す   2 はさむ   3 沈める   4 打つ   5 解く

⑷ 【「～を」の用法】

    1 東京を出発する   2 家を修理する   3 学校を出る

    4 森をさまよう   5 滑走路を離陸する

⑸ 【自動詞と他動詞のペア】

    1 はまる－はめる   2 流れる－流す   3 治る－治す

    4 溶く－溶かす   5 落ちる－落とす

問題2 次の⑴と⑵における【 】内の下線部は学習者による誤用を示す。これと異なる種類の誤用を、それぞれの1～4の中から一つずつ選べ。

⑴ 【私の学校から富士山が見ます。】

    1 お金が儲けました。

    2 アイスクリームがなめました。

    3 お湯が沸かしました。

    4 鳥の鳴き声が聞きます。

⑵ 【外に干してある洗濯物を見て、母に「洗濯物を乾かしたよ」と叫んだ。】

    1 兄が「車庫に入れる時に間違って車がぶつかった」と言った。

    2 留学生が「能力試験のN1を合格した」と喜んだ。

    3 友達に「折り紙が折れてください」と頼んだ。

    4 父が「この間の地震で多くの家を壊した」と言った。

問題3 次の文章を読み、下の問い（問1～5）に答えよ。

　日本語の自他の動詞の使い方については学習者に誤用が多いと言われる。これは A 日本語の自動詞と他動詞にはペアになっているものが多くあり、B どちらを使って表現したらいいのか難しいためである。

　たとえば、日本への留学が決まった留学生が自分の夢の実現を表現する時、X「留学の夢を叶えてうれしい」とY「留学の夢が叶ってうれしい」という2つの表現が可能になる。留学生にとっては、どちらの表現を使ったらいいのか迷うところである。留学生の立場からすれば、夢の実現に向けて必死に頑張って努力した結果が留学につながったのであり、　　（ア）　　とすることが多い。

　また、自動詞と他動詞の対応する形式が形態的に様々であり、自他の動詞の形を正確に覚えることに学習者は苦労する。C「上がる－上げる」、「隠れる－隠す」、「逃げる－逃がす」、「進む－進める」、「抜ける－抜く」など、複数の形式が存在する。これらの組み合わせによっては、D 自動詞と他動詞が正反対の形になるものさえある。日本語教師はこのような困難点を理解したうえで、根気よく自動詞と他動詞の使い方を教えていく必要があるだろう。

問1　文章中の下線部Aに関して、これには当てはまらない動詞を次の1～4の中から一つ選べ。
　　1　押す　　　　　　　2　離す　　　　　　3　写す　　　　　　4　外す

問2　文章中の下線部Bに関して、内容的に当てはまらないものを次の1～4の中から一つ選べ。
　　1　パソコンが壊れた／パソコンを壊した　　2　体調がくずれた／体調をくずした
　　3　空が晴れた／空を晴らした　　　　　　　4　風呂が沸いた／風呂を沸かした

問3　文章中の　（ア）　に入れるのに最も適当なものを、次の1～4の中から一つ選べ。
　　1　X　　　　　　　2　Y　　　　　　3　XもYも言える　　4　XもYもおかしい

問4　文章中の下線部Cの形式とは異なる形式のペアを次の1～4の中から一つ選びなさい。
　　1　弱まる／弱める　　2　変わる／変える　　3　当たる／当てる　　4　煮える／煮る

問5　文章中の下線部Dに当てはまるものを次の1～4の中から一つ選べ。
　　1　「付く／付ける」に対して「焼ける／焼く」
　　2　「助かる／助ける」に対して「ふさがる／ふさぐ」
　　3　「落ちる／落とす」に対して「回る／回す」
　　4　「固まる／固める」に対して「静まる／静める」

実力診断テスト　解答と解説

問題1

　自動詞と他動詞の問題については、ほぼ出るパターンが決まっています。自他の対応を中心に練習しましょう。

(1)**3**　1〜5の動詞はすべて他動詞で、対応する自動詞がありますが、3以外は「〜れる」という形になります（「慣れる／ぬれる／もれる／枯れる」）。3だけが「乾く」で「〜く」となります。

(2)**1**　1は「他動詞−自動詞」の順番で、2〜4は「自動詞−他動詞」の順番です。

(3)**4**　4だけが無対他動詞です（「打者がボールを打つ」）。それ以外は有対動詞（「離す−離れる」「はさむ−はさまる」「沈める−沈む」「解く−解ける」）です。

(4)**2**　2だけが目的語の「〜を」で、「修理する」は他動詞です。1、3、4、5はすべて自動詞です。なお、1、3、5は起点の「〜を」、4は通過点の「〜を」です。

(5)**4**　4だけが他動詞のペア（「〜を溶く」と「〜を溶かす」）です。それ以外は、自動詞と他動詞のペア（「〜がはまる」−「〜をはめる」、「〜が流れる」−「〜を流す」、「〜が治る」−「〜を治す」、「〜が落ちる」−「〜を落とす」）です。

問題2

　自動詞と他動詞の混乱が学習者の誤用によく見られます。

(1)**2**　【　】の文を正しくすると「富士山が見えます」であり、自動詞を使うべきところで他動詞を使っている誤用です。この観点から1〜4を考えると、1は「儲かりました（自）」、3は「沸きました（自）」、4は「聞こえます（自）」とすべきです。2は、助詞の間違いで、「をなめました」とすべきです。「〜をなめる」は無対他動詞で、ペアとなる自動詞はありません。

(2)**2**　【　】の文は、「　」の中だけを見ると正しいですが、状況から判断して、自動詞の表現にしなければならない誤用です。正しくは「洗濯物が乾いたよ」とすべきです。この観点から1〜4を考えると、1は「車をぶつけた（他）」、3は「折り紙を折ってください（他）」、4は「多くの家が壊れた（自）」となり、自動詞と他動詞の誤用です。これに対して、2の間違いは、文型の間違い（「〜を合格した」→「〜に合格した」）であり、助詞を「〜に」にすれば正しくなります。

問題3

　自動詞と他動詞はヴォイスやアスペクトの表現と関係が深いことから、そのような文法項目と一緒に出題されることが多いと言えます。ここでは、自動詞と他動詞だけにしぼった問題で、しっかり理解を深めましょう。

問1　1　押す

　1は無対他動詞で、対応する自動詞をもちません。2は「離れる－離す」、3は「写る－写す」、4は「外れる－外す」となります。

問2　3　空が晴れた／空を晴らした

　学習者にとって難しいのは自動詞でも他動詞でも言える可能性がある場合です。その観点で考えると、3の「空を晴らした」というのは自然現象を変えることのできる超能力者でなければ不可能です。したがって、この表現を使うことはないでしょう。その他の1、2、4の表現は自動詞でも他動詞でも言うことができ、状況に応じて使い分ける必要があります。

問3　1　X

　留学生は自分の力で留学を勝ち取ったという意味で他動詞構文（X）を使う傾向にあります。しかし、日本人は自分の努力の結果であっても、「夢が叶って、うれしい」という自動詞構文を使って表現することが多いでしょう。

問4　4　煮える／煮る

　問題の中にある「上がる／上げる」は「aru／eru 型」であり、1「弱まる（yowamaru）／弱める（yowameru）」、2「変わる（kawaru）／変える（kaeru）」、3「当たる（ataru）／当てる（ateru）」はすべてこの型になります。4「煮える（nieru）／煮る（niru）」だけは「eru／u」型になります。（→資料18「自動詞と他動詞の対応」P.23参照）

問5　1　「付く／付ける」に対して「焼ける／焼く」

　「付く／付ける」は「～く／～ける」、「焼ける／焼く」は「～ける／～く」と正反対の形になります。2は「助かる／助ける」は「～かる／～ける」、「ふさがる／ふさぐ」は「～がる／～ぐ」、3は「落ちる／落とす」は「～ちる／～とす」、「回る／回す」は「～る／～す」、4は「固まる／固める」は「～まる／～める」、「静まる／静める」は「～まる／～める」となり、反対の形にはなりません。

第5章

ヴォイス

ヴォイスとは、英語の"Voice"であり、「声」という意味の他に文法用語として「〜態」と訳されます。英語で学んだ「能動態」や「受動態」はヴォイスのことです。同じ事態を異なる立場から表現する文法形式のことで、日本語では、受身文、使役文、使役受身文、可能構文、自発構文などがヴォイスの表現となります。

検定試験では、動詞の様々なヴォイスの形式が問われることが多くあります。文章問題において、受身文や使役文の特徴を動詞の変化と助詞の交替で説明することもあります。その他のヴォイスの表現とともに、それぞれの用法や特徴の違いをしっかりと理解しましょう。

実力診断クイズ

皆さんは日本語のヴォイスの表現について
どれくらい知っているでしょうか。以下の問題に答えることで、
ヴォイスに関する基礎的な知識を確認することができます。
終わったら、解答を見て自己採点をしてください。

/15

1. 例にならって、以下の動詞について、①受身、②使役、③使役受身、④可能、⑤自発のどれと一番関連が深いか、1つ選んでください。

（例）（ ④ ）飛べる　　　　（ ② ）食べさせる

(1)（　　）聞こえる　　　(2)（　　）泣かれる

(3)（　　）歩ける　　　　(4)（　　）話せる

(5)（　　）待たされる　　(6)（　　）壊される

(7)（　　）見える　　　　(8)（　　）飲まされる

(9)（　　）盗ませる　　　(10)（　　）悲しませる

2. 以下の文は、①受身文、②使役文、③使役受身文、④可能構文、⑤自発構文のどれか、例にならって、1つ選んでください。

（例）（ ① ）私の財布が盗まれた。

(1)（　　）お墓参りに行くと、父のことがしのばれる。

(2)（　　）日本平に行けば、絶景の富士山が見られる。

(3)（　　）誰かにパソコンのデータを消された。

(4)（　　）ソースがなかったので、子どもに買いに行かせた。

(5)（　　）父に汚れた車を洗車させられた。

解答

1.

(1) （　⑤　）聞こえる
(2) （　①　）泣かれる
(3) （　④　）歩ける
(4) （　④　）話せる
(5) （　③　）待たされる
(6) （　①　）壊される
(7) （　⑤　）見える
(8) （　③　）飲まされる
(9) （　②　）盗ませる
(10) （　②　）悲しませる

2.

(1) （　⑤　）お墓参りに行くと、父のことがしのばれる。
(2) （　④　）日本平に行けば、絶景の富士山が見られる。
(3) （　①　）誰かにパソコンのデータを消された。
(4) （　②　）ソースがなかったので、子どもに買いに行かせた。
(5) （　③　）父に汚れた車を洗車させられた。

どうだったかな？

　1は、ヴォイスの動詞の形式を問う問題です。

　ヴォイスとは同じ事態を異なる立場から表すことで、格助詞とともに動詞の形が変化する文法カテゴリーです。同じ形で異なるヴォイスを表したり、異なる形で同じヴォイスを表したりするため、動詞の形が複雑に変化する、間違いやすい項目になっています。したがって、検定試験でも動詞の形を問う問題が何度も出題されています。ヴォイスに関係する動詞の形をしっかりと理解し、まとめておく必要があります。

　2は、ヴォイスの文の違いを問う問題です。

　様々なヴォイスの表現がありますが、動詞の形とともに、その意味的な特徴も理解する必要があります。立場の違いだけでなく、それぞれのヴォイスの用法も一緒に整理しておくといいでしょう。検定試験では個々のヴォイスの出題とともに、ヴォイス全体の問題として取り上げられることがあります。ヴォイスという文法カテゴリーとして一体的に理解しましょう。

1．受身文

受身文には**直接受身文**、**間接受身文**、**持ち主の受身文**の３種類があります。

（1）直接受身文

能動文の事態から直接影響を受ける人や物が主語となります。能動文の主語はニ格に変わります。直接受身文の特徴は、「他動詞の**受身形**で、ヲ格がない」ということです。

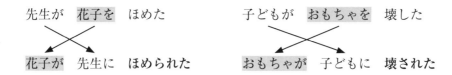

（2）間接受身文

能動文の事態から間接的に影響を受ける人が主語となります。自動詞による出来事からも受身を作ることができます。迷惑な気持ちを表すことが多いために**迷惑受身**と呼ばれることがあります。間接受身文の特徴は、「①自動詞の受身形で、ヲ格がない」または、「②他動詞の受身形で、ヲ格がある」ということです。

（3）持ち主の受身文

間接受身文の一種です。自分（受身文の主語）の所有物や体の一部が影響を受けます。持ち主の受身文の特徴は、「他動詞の受身形で、ヲ格があり、主語と目的語の間に所有関係（身体の一部も含む）がある」ということです。

これらの３つの受身文の見分け方はヲ格があるかないかです。なければ、直接受身文か自動詞の間接受身文、あれば、他動詞の間接受身文か持ち主の受身文になります。

動詞の受身形については、動詞の種類によって「〜れる」や「〜られる」と、異なりますので、確認をしておきましょう。　　　　　　　　　（→資料19「ヴォイス（1)受身形」P.24参照）

 **Point** 受身文

(1)受身文の中にヲ格（目的語）がない

　□受身の動詞が<u>他動詞</u> → ①直接受身文（目的語が主語になっている）

　□受身の動詞が<u>自動詞</u> → ②間接受身文（もともと目的語がない）

(2)受身文の中にヲ格（目的語）がある

　□主語と目的語の間に<u>所有関係がない</u> → ②間接受身文

　□主語と目的語の間に<u>所有関係がある</u> → ③持ち主の受身文

基礎問題

例にならって、受身文の種類（①直接受身文、②間接受身文、③持ち主の受身文）を、（　）の中に入れよ。

（例）（　③　）友達に肩を<u>たたかれた</u>。（→ヲ格が自分の「肩」）

(1)（　　　）子どもに<u>騒がれた</u>。　　(2)（　　　）先生に<u>しかられた</u>。

(3)（　　　）自転車を<u>盗まれた</u>。　　(4)（　　　）恋人に<u>泣かれた</u>。

(5)（　　　）嫌いなたばこを<u>吸われた</u>。　(6)（　　　）検問で車を<u>止められた</u>。

【解答と解説】　ヲ格の有無が解答のポイントになります。(1)②（ヲ格なし、自動詞）、(2)①（ヲ格なし、他動詞）、(3)③（ヲ格あり、所有物）、(4)②（ヲ格なし、自動詞）、(5)②（ヲ格あり、所有関係なし）、(6)③（ヲ格あり、所有物）

実践問題

【　】内に示した観点から見て、他と性質の異なるものを、１〜５の中から１つ選べ。

【受身文】

　1　お菓子を食べられる。　　2　答案を見られる。　　3　道をふさがれる。

　4　足を踏まれる。　　　　　5　おしりをたたかれる。

【解答と解説】　１、２、４、５は持ち主の受身文、３だけが間接受身文です。「道」は自分のものではありません。したがって、答えは３になります。

2．受身文の周辺

（1）3項動詞の受身文

　3項動詞は、ニ格またはヲ格の成分を主語にした直接受身文を作ることができます。ニ格成分を主語にすると、ヲ格成分が受身文に残ることになるので、注意が必要です。3項動詞の事態には移動や方向性があるため、動作主には「〜に」とともに「〜から」も使われます。ヲ格成分を主語にすると、ニ格が2つ重なるため、動作主は「〜から」になります。

　　＜能動文＞　太郎が　次郎に　花子を　紹介した。
　　　　　　　　　　　　　①　　　②

（直接受身文①）次郎が　太郎に／から　花子を　紹介された。
（直接受身文②）花子が　太郎から（×に）　次郎に　紹介された。

　例文の動詞の他にも、「送る」「与える」「贈る」「渡す」「伝える」などがあります。

（2）動作主を示す助詞

　直接受身文では、動作主が通常ガ格からニ格に変化しますが、3項動詞のように「〜から」が使われることがあります。以下の動詞においても、「〜によって」や「〜から」が使われるので、注意してください。

⑴産出動詞

　産出動詞は、動作の結果、何かが生まれてくることを表す動詞で、「〜に」は不自然になり、「〜によって」が使われます。「作る／建設する／書く／描く／発明する」などがあります。

　　・電気炊飯器は　日本人によって（？〜に）　発明された。
　　・この抽象画は　ピカソによって（？〜に）　描かれている。

⑵言語活動と心的活動の動詞

　言語活動と心的活動の動詞は、相手に向かう行為のため、3項動詞と同様に、「〜に」とともに方向を示す「〜から」も使われます。前者には、「ほめる／呼ぶ／言う／しかる」など、後者には、「愛する／嫌う／苦しめる／憎む」などがあります。

　　・太郎は　いつも　先生に／から　しかられる。（言語活動）
　　・富士山は　日本人に／から　愛されている。（心的活動）

 **Point** 受身文の周辺

(1)3項動詞の直接受身文：ヲ格が残ること、動作主が「〜から」になることがある。
(2)受身文の動作主：基本は「〜に」、産出動詞は「〜によって」、言語活動と心的活動の
　　　　　　　　　　動詞は「〜に／〜から」

基礎問題

例にならって、受身文の種類（①直接受身文、②間接受身文、③持ち主の受身文）を、
（　）の中に入れよ。3項動詞の受身文に注意しなさい。

（例）（　①　）息子は父親に車の鍵を<u>渡された</u>。（→3項動詞の直接受身文）
　(1)（　　）その子どもは両親にゲーム機を<u>捨てられた</u>。
　(2)（　　）チョコレートが花子から太郎に<u>渡された</u>。
　(3)（　　）結婚式で両親は娘から感謝の言葉を<u>伝えられた</u>。
　(4)（　　）スピード違反で警察に違反切符を<u>切られた</u>。

【解答と解説】　紛らわしいのでしっかりと考えましょう。(1)③（→ヲ格は自分の「ゲーム機」）、
(2)①（→3項動詞「〜が〜に〜を渡す」のヲ格を主語にした直接受身文）、(3)①（→3項動
詞「〜が〜に〜を伝える」のニ格を主語にした直接受身文）、(4)②（→ヲ格は自分のもので
はない。）

実践問題

【　】内に示した観点から見て、他と性質の異なるものを、1〜5の中から1つ選べ。

【直接受身文における動作主の表示形式】
　　1　建設された　　　　2　作られた　　　　3　生み出された
　　4　呼ばれた　　　　　5　書かれた

【解答と解説】　1、2、3、5は産出動詞なので、動作主は「〜によって」で表し、「〜に
／から」は使いません。4は「〜に／から」で表します。したがって、答えは4になります。

３．使役文・使役受身文

（１）使役文

使役文はある事態を引き起こす人や物が主語となります。使役文には大きく分けて、「**強制**」、「**容認**」、「**原因**」、「**責任**」の４つの用法があります。その中でも基本的な用法は「強制」と「容認」です。また、使役形については、縮約形である「〜す」という形があることと、Ⅰグループ動詞の使役形「〜せる」を「〜させる」とする「さ入れ言葉」があることに注意してください。（→資料 19「ヴォイス（2）使役形」P.24参照）

　⑴**強制**（本人の意思とは関係なく、強制的に働きかける）

　　・医者が患者に禁煙させる。

　　・コーチが生徒にうさぎ跳びをやらせた。

　⑵**容認**（本人の意思を認めてそのようにさせる）

　　・私のやり方について、文句を言いたい人には言わせておきます。

　　・あの親は子どもにやりたい放題させている。

　⑶**原因**（原因となる事柄が主語となり、ある出来事を引き起こす）

　　・ワクチン接種の広がりが感染者数を減少させたと考えられる。

　　・子どもの受験失敗は両親をひどく落胆させた。

　⑷**責任**（ある事態の責任・原因となる人が主語となる）

　　・大統領が国を分断させたといってもよい。

　　・太郎はもらったリンゴを腐らせてしまった。

（２）使役受身文

　使役文を受身文にすると、**使役受身文**になります。事態の実行を**強制**される時に使われますが、ある**感情**や**思考**が生じることを表す場合もあります。

　１）母親が子どもにピーマンを食べさせた。－使役文

　　　→子どもが母親にピーマンを食べさせられた。－使役受身文－強制

　２）生徒は部活の顧問に校庭を 10 周走らされた（走らせられた）。－強制

　３）彼女の突然の変化にはとても驚かされた。－感情

　４）豪雨災害によって環境問題について改めて考えさせられた。－思考

　会話における使役受身形は例文２）のように縮約形が使われることがあります。
（→資料 19「ヴォイス（3）使役受身形」P.25参照）

 **Point** 使役文・使役受身文

(1)**使役文の用法**：強制、容認、原因、責任

(2)**使役受身文の用法**：強制、感情・思考

基礎問題 ✐

例にならって、使役文の種類（①強制、②容認、③原因、④責任）もしくは使役受身
文の種類（⑤強制、⑥感情・思考）を（ ）の中に入れよ。

(例)（ ① ）先生が生徒を廊下に<u>立たせた</u>。（→強制的な働きかけ）

(1)（　　）歴代の首相が財政赤字をここまで<u>ひっ迫させた</u>のだ。

(2)（　　）強盗が店員に金庫を<u>開けさせた</u>。

(3)（　　）失業率の高さが生活保護の受給者数を<u>増大させている</u>。

(4)（　　）子どもがバイトをしたいと言ったので、<u>やらせる</u>ことにした。

(5)（　　）あの裁判の結果にはがっかり<u>させられた</u>。

(6)（　　）子どもの頃、母親に嫌いなピーマンを<u>食べさせられた</u>。

【解答と解説】　それぞれの用法の違いに注意してください。(1)④（→歴代首相が赤字の責任
者）、(2)①（→強制的な働きかけ）、(3)③（→原因となる事柄が主語）、(4)②（→意思の尊重）、
(5)⑥（→裁判結果に対する感情）、(6)⑤（→強制を受ける）

実践問題

【　】内に示した観点から見て、他と性質の異なるものを、１〜５の中から１つ選べ。

【使役受身形】

    1　起こされる　　　　2　泳がされる　　　　3　飲まされる

    4　手伝わされる　　　5　読まされる

【解答と解説】　2（泳ぐ→<u>泳がす</u>→泳がされる）、3（飲む→<u>飲ます</u>→飲まされる）、4（手
伝う→<u>手伝わす</u>→手伝わされる）、5（読む→<u>読ます</u>→読まされる）という<u>縮約形</u>による使
役受身形です。したがって、単なる受身形の1（起こす→起こされる）が答えになります。

４．可能構文・自発構文

（１）可能構文

　動作の実現が可能かどうかを表します。動作主体の能力によって決まる**能力可能**と、能力以外の理由による**状況可能**があります。**可能形**は、多くの場合、「〜ことができる」で代用することができます。

　　１）山田先生は英語で論文が書ける。（能力可能）→ 論文を書くことができる。
　　２）インクが薄くて字が読めない。（状況可能）→ 字を読むことができない。

　注意する点として、Ⅰグループ動詞の可能形は「〜eる」が付きますが、Ⅱグループ動詞と「来る」の可能形は「〜られる」が付き、受身形と同じ形になります。また、「〜られる」から「ら」が抜ける現象を**ら抜き言葉**と呼びます。（→資料19「ヴォイス（4）可能形」P.25参照）**可能構文**の特徴は以下の通りです。

⑴自然現象などの意志の伴わない動きは可能形にならない。
　　×雨が降れる（自然現象）　　？お金をなくせる（無意志の動作）

⑵可能構文は以下の３種類の文型をとる。
　　①太郎が　スペイン語が　話せる。（〜が〜が可能形）
　　②太郎が　スペイン語を　話せる。（〜が〜を可能形）
　　③太郎に　スペイン語が　話せる　わけがない。（〜に〜が可能形）

（２）自発構文

　「山が見える」や「サイレンが聞こえる」、「車はEVが主役になると思われる」など、ひとりでに感情や思考などが起きてくることを表します。**自発構文**に使われる動詞の形式は、**自発の意味をもつ動詞**（「見える」「聞こえる」「わかる」）や受身形や可能形などによって表されます。（→資料19「ヴォイス（5）自発を表す動詞の形」P.26参照）

　日本語学習者にとって、自発構文と可能構文の違いを理解するのが難しいとされます。自発構文では自然にそのように感じられる事柄について述べるのに対し、可能構文では主体が意志的に関わる事柄を表すという違いがあります。

　　３）今日は東京タワーがよく見える。（自発構文／自発の意味をもつ動詞）
　　４）芝公園に行けば、迫力のある東京タワーが見られる。（可能構文／可能形）

 **point** | 可能構文・自発構文 |

(1)**可能構文**：能力による能力可能／能力以外の理由による状況可能

　　　　　ら抜き言葉（Ⅱグループ動詞と「来る」の可能形から「ら」が脱落する現象）

(2)**自発構文**：自発の意味をもつ動詞、受身形、可能形によって表される

　　　　　自然発生的な「自発構文」／意志的な関わりが強い「可能構文」

基礎問題

次の可能構文は①能力可能、②状況可能のどちらか。例にならって、（　　）にその番号を入れよ。

（例）（　②　）雨が強くて、外出できない。（→雨という状況による不可能）

　(1)（　　　）英語が苦手で、話せない。

　(2)（　　　）下戸なので、お酒が飲めない。

　(3)（　　　）太陽がまぶしくて、目が開けられない。

　(4)（　　　）周りがうるさくて、話が聞き取れない。

【解答と解説】　可能の用法の違いです。能力によるものなのか状況によるものなのか、区別できるようにしましょう。(1)①（→英語を話す能力がない）、(2)①（→酒を飲む能力がない）、(3)②（→状況による不可能）、(4)②（→状況による不可能）

実践問題

【　】内に示した観点から見て、他と性質の異なるものを、1〜5の中から1つ選べ。

【可能】

　　1　読める　　2　見える　　3　飛べる　　4　寝られる　5　聞ける

【解答と解説】　1、3、4、5はすべて可能形（4は受身形を兼ねる）であり、2だけが自発の意味をもつ動詞になります。「見る」の可能形は「見られる」です。したがって、答えは2になります。

5．授受表現

物をあげたりもらったりする表現のことを**授受表現**と言います。単独の動詞（**本動詞「く
れる／あげる／もらう」**）として使われると**物の授受**が、補助動詞「**〜てくれる／〜てあげ
る／〜てもらう」**として使われると**恩恵の授受**が表されます。「くれる／〜てくれる」では
話者の視点がガ格ではなくニ格にあります。（→資料 19「ヴォイス(6)授受動詞」P.26参照）

（1）物の授受
　1）娘が 父親に ネクタイを <u>あげる</u> → 父親が 娘に ネクタイを <u>もらう</u>
　2）娘が 私に ネクタイを <u>くれる</u>（視点がニ格）→ 私が 娘に ネクタイを <u>もらう</u>

（2）恩恵の授受
　恩恵の授受では、テ形の動作〔　〕が**恩恵**としてやりとりされます。主観的な表現であり、
補助動詞が使われないと、客観的な表現となります。**物の授受**と同様に、「〜てくれる」が
使われると、話者の視点はニ格に移ります。

　3）花子が リサに 〔日本語を教えて〕<u>あげる</u>　（cf. 花子がリサに日本語を教える）
　4）花子が **私に**〔日本語を教えて〕<u>くれる</u>　（cf. 花子が私に日本語を教える）
　5）リサが 花子に 〔日本語を教えて〕<u>もらう</u>　（cf. リサが花子に日本語を教わる）

（3）授受表現の敬語
　「くれる」の尊敬語として「くださる」が、「あげる」の謙譲語として「さしあげる」が、
「もらう」の謙譲語として「いただく／ちょうだいする」があります。

（4）受身文と使役文との関係
　補助動詞として使われる「〜てもらう」は、受身文と使役文に近い意味をもつことがあり
ます。「ほめる」や「助ける」などがテ形に使われると、受身形で言い換えることができます。
ただし、自分から依頼するような事態は受身形では言えません。

　6）おぼれたところを ライフセーバーに <u>助けてもらった</u>。（＝助けられた）
　7）わからないところを 先生に <u>教えてもらった</u>。（×教えられた）

　これに対して、自分より目下である相手に「〜てもらう」を使うと、上の例とは反対に、
使役文に近い意味になることがあります。

　8）母親は 子どもに 洗い物を <u>手伝ってもらった</u>。（＝手伝わせた）

 **Point** 授受表現

(1) **本動詞（くれる／あげる／もらう）**：物の授受

補助動詞（～てくれる／～てあげる／～てもらう）：恩恵の授受

(2) **「くれる／～てくれる」**：話者の視点がニ格

(3) **授受表現の敬語**：「くださる、さしあげる、いただく／ちょうだいする」

(4) **「～てもらう」**：受身文と使役文の意味をもつことがある

基礎問題

例にならって、授受表現について、正しい文には〇を、正しくない文には×を（　）に入れよ。

(例)（　〇　）「くださる」は「くれる」の尊敬語である。

(1)（　　　）「さしあげる」は「あげる」の尊敬語である。

(2)（　　　）「父が弟に時計を買ってくれた」では「父が」に話者の視点がある。

(3)（　　　）「先生が生徒に机を移動してもらった」は使役文に近い。

(4)（　　　）「いただく」は「もらう」の謙譲語である。

【解答と解説】　(1)×（→「尊敬語」ではなく「謙譲語」）、(2)×（→「父が」ではなく「弟に」に視点がある）、(3)〇（→＝「移動させた」）、(4)〇（→「私がいただく」）

実践問題

【　】内に示した観点から見て、他と性質の異なるものを、1～5の中から1つ選べ。

【「～てもらう」の意味】

1　先生になぐさめてもらった　　2　先生にほめてもらった

3　先生に助けてもらった　　4　先生に手伝ってもらった

5　先生に激励してもらった

【解答と解説】　受身にすると、1（なぐさめられた）、2（ほめられた）、3（助けられた）、5（激励された）となりますが、4（手伝われた）は元の文と意味が変わってしまうので、受身文に言い換えられません。したがって、答えは4です。

第5章のまとめ

1. 受身文

(1)直接受身文（ヲ格がない、他動詞）ただし、3項動詞の受身文は例外でヲ格がある場合がある　(2-a)間接受身文（ヲ格がない、自動詞）　(2-b)間接受身文（ヲ格がある、所有関係がない）　(3)持ち主の受身文（ヲ格がある、所有関係がある）　(4)動作主を示す助詞は、通常「〜に」、産出動詞は「〜によって」、言語・心的活動の動詞は「〜に／〜から」

2. 使役文

(1)強制（強制的な働きかけ）　(2)容認（意思の尊重）　(3)原因（原因となる事柄が主語）　(4)責任（責任を負うべき人が主語）　さ入れ言葉 → Ⅰグループ動詞

3. その他のヴォイス

(1)使役受身文（強制、感情・思考）　(2)可能構文（能力可能、状況可能）、ら抜き言葉
(3)自発構文（自然に起きる事態：自発の意味をもつ動詞／受身形／可能形）
(4)授受表現（物・恩恵の授受）「くれる」の視点はニ格　受身と使役に近い意味の「〜てもらう」

練習問題

問題1　次の文は、①直接受身文、②間接受身文、③持ち主の受身文のどれか。

(1) (　　　) ラグビーの試合中、相手選手に服を破られた。

(2) (　　　) 山田さんは奥さんに先立たれ、途方に暮れた。

(3) (　　　) その町は反政府勢力によって破壊された。

(4) (　　　) 生活困窮者はボランティアから食料品を渡された。

問題2　次の使役文は、①強制、②容認、③原因、④責任の用法のどれか。

(1) (　　　) 幼稚園での殺傷事件は保育関係者を震撼させた。

(2) (　　　) その車の初心者はノロノロ運転で大渋滞を発生させた。

(3) (　　　) その高校ではズボンかスカートか制服を自由に選ばせている。

(4) (　　　) その落語家は弟子に身の回りの世話をさせている。

問題3　次の下線部は、①受身、②使役受身、③可能、④自発の表現のどれか。

(1) (　　　) 彼がサッカーの話を始めたら、誰にも止められない。

(2) (　　　) 部下は上司にカバンを持たされた。

(3) (　　　) ウグイスの鳴き声に春の風情が感じられる。

(4) (　　　) 満員電車の中で背中を押された。

解答と解説

問題１

　ポイントはヲ格があるかないかです。なければ、「直接受身文」か「自動詞の間接受身文」、あれば、「間接受身文」か「持ち主の受身文」です。

⑴ ③ ヲ格があり、「服を」は自分の服なので、持ち主の受身文です。

⑵ ② ヲ格がなく、「先立たれる」は自動詞「先立つ」の受身形なので、間接受身文です。

⑶ ① ヲ格がなく、「破壊された」は他動詞「破壊する」の受身形なので、直接受身文になります。

⑷ ① ３項動詞の受身文です。能動文「ボランティアが<u>生活困窮者に</u>食料品を渡した」の「生活困窮者に」が主語となる受身文です。ヲ格が残っていますが、直接受身文になるので、注意してください。

問題２

　「強制」と「容認」を中心に、「原因」と「責任」の用法に注意してください。「原因」は主語に事柄が来ること、「責任」は結果的に出来事の原因や責任となる人が主語になります。

⑴ ③ 主語が「幼稚園での殺傷事件」と事柄になっているので、原因の用法になります。

⑵ ④ わざとではなかったにしても、結果として「その車の初心者」が大渋滞を引き起こしたため、責任の用法になります。

⑶ ② 自由に選ばせているわけですから、生徒の意思を尊重した容認の用法です。

⑷ ① 師弟制度では、師匠の命令は絶対です。したがって、強制となります。

問題３

　「～れる／られる」は、使われる状況によって、受身、使役受身、可能、自発の表現になるので、その違いをしっかりと見極められるようにしましょう。

⑴ ③ 誰にも彼の話を止めることができないという意味ですので、可能構文になります。

⑵ ② 「持つ」→「持たす」→「持たされる」という縮約形の使役受身形です。「持たせられる」は縮約形ではない使役受身形です。

⑶ ④ ウグイスが鳴くようになると、誰もが春の風情を感じるという意味ですので、自発構文になります。

⑷ ① 「（誰かが）（私の）背中を<u>押した</u> →（私は）（誰かに）背中を<u>押された</u>」という受身文です。

なるほど！

実力診断テスト

問題1　次の(1)～(5)について、【　】内に示した観点から見て、他と性質の異なるものを、それぞれ1～5の中から一つずつ選べ。

(1)【受身】

  1　先月結婚式が<u>行われた</u>。   2　転んで弟に<u>笑われた</u>。

  3　突然友達に<u>来られた</u>。   4　テストで先生に<u>ほめられた</u>。

  5　新しい役場が3年前に<u>建てられた</u>。

(2)【さ入れ表現】

  1　話させる 2　食べさせる 3　読まさせる 4　寝させる 5　干させる

(3)【可能形】

  1　会える 2　呼べる 3　走れる 4　着られる 5　煮える

(4)【ら抜き言葉】

  1　帰れる 2　見れる 3　来れる 4　寝れる 5　起きれる

(5)【授受表現の敬語】

  1　先生が<u>くださった</u>。   2　先生に<u>さしあげた</u>。

  3　先生が<u>召し上がった</u>。   4　先生に<u>ちょうだいした</u>。

  5　先生に<u>いただいた</u>。

問題2　次の(1)と(2)における【　】内の下線部は学習者による誤用を示す。これと異なる種類の誤用を、それぞれの1～4の中から一つずつ選べ。

(1)【私の自転車が<u>盗みられました</u>。】

  1　スマホが<u>落としられました</u>。

  2　先生に友達が<u>呼びられました</u>。

  3　100歳に<u>生きられました</u>。

  4　太郎が次郎に<u>たたきられました</u>。

(2)【天気がよくて富士山が<u>見られます</u>。】

  1　空に大きな入道雲が<u>見られます</u>。

  2　山の上に鉄塔が<u>見られます</u>。

  3　ごらん、きれいな夜景が<u>見られます</u>。

  4　テレビによってサッカーの試合が<u>見られます</u>。

問題3　次の文章を読み、下の問い（問1～4）に答えよ。

　ヴォイスとは、事態の成立に関わる人や物を表す名詞がどのような格によって表現されるかに関する文法カテゴリーである。代表的なものに、受身、使役、A使役受身、可能、自発などがある。これらの中で、ヴォイスの中心的な表現は、能動文に対する受身文と使役文である。

（能動文）子どもが部屋を掃除する

（受身文）部屋が子どもによって掃除される

（使役文）母親が子どもに部屋を掃除させる

　能動文は動作の主体を中心に事態が描かれていて、日本語の基本的な表現方法である。これに対応する受身文ではB動作の対象を中心に事態が描かれていて、動詞とともに、C助詞が変化する。使役文は事態を引き起こす人を中心にした表現で、D事態が動作主ではなく、第三者の意志によって実現される。使役文も動詞とともに助詞に変化が起きる。

問1　文章中の下線部Aに関して、異なるものを、次の1～4の中から一つ選べ。

　　1　飲まされる　　　　2　立たされる　　　　3　行かされる　　　　4　見直される

問2　文章中の下線部Bに関して、異なるものを、次の1～4の中から一つ選べ。

　　1　父親が子どもに泣かれた。　　　　　　2　窓ガラスが息子に割られた。

　　3　マンションが家の前に建てられた。　　4　娘が友達にいじめられた。

問3　文章中の下線部Cに関して、動作主を表す「～によって」の中で、異なるものを、次の1～4の中から一つ選べ。

　　1　委員会によって報告書がまとめられる。

　　2　追加予算案が政府によって提出される。

　　3　与党の分裂によって熾烈な選挙戦が予想される。

　　4　そのオブジェは著名なアーティストによって作られる。

問4　文章中の下線部Dに関して、内容的に異なる使役文を次の1～4の中から一つ選べ。

　　1　妻が毎日夫に弁当を持たせた。

　　2　先生が生徒に漢字の書き取りをさせた。

　　3　警察官が違反者に車を止めさせた。

　　4　子どもが夏休みにカブト虫を死なせた。

実力診断テスト　解答と解説

問題1

　ヴォイスの動詞の形式に関する問題は繰り返し検定試験に出ているので、確実に点を取れるようにしましょう。

(1)**3**　3は自動詞の受身形なので、間接受身文です。それ以外は直接受身文です。いずれもヲ格がありませんが、3だけが自動詞で、その他は他動詞です。

(2)**3**　3はⅠグループ動詞ですので、正しくは「読ませる」になります。「読まさせる」は「さ入れ言葉」です。1「話させる」と5「干させる」もⅠグループ動詞ですが、サ行なので「～させる」が付きます。2と4は、Ⅱグループ動詞で、両方とも「～させる」となります。（→資料19「ヴォイス（2）使役形」P.24参照）

(3)**5**　「煮える」は自動詞です。それ以外は、1「会う→会える」、2「呼ぶ→呼べる」、3「走る→走れる」、4「着る→着られる」となる可能形です。

(4)**1**　1は正しく、それ以外は「ら抜き言葉」です。2「見<u>ら</u>れる」、3「来<u>ら</u>れる」、4「寝<u>ら</u>れる」、5「起き<u>ら</u>れる」。

(5)**3**　3は「食べる」の尊敬語です。1（「くれる」の尊敬語）、2（「あげる」の謙譲語）、4（「もらう」の謙譲語）、5（「もらう」の謙譲語）

問題2

　受身形や自発の意味をもつ動詞の誤用が学習者の作文によく見られます。

(1)**3**　【　】の文は「盗まれました」とすべきところを「盗みられました」とする誤用です。Ⅱグループ動詞はマス形からマスを取って、「～られる」を付けます。そのため、Ⅰグループ動詞のマス形からもマスをとって「～られる」を付けた間違いです。1は「落とされました」、2は「呼ばれました」、4は「たたかれました」となります。3の「生きられました」は正しい可能形ですが、文としては「100歳まで」とすべきです。

(2)**4**　自発の意味をもつ動詞「見える」にすべきところを可能形「見られる」で表した誤用です。1は「入道雲が<u>見えます</u>」、2は「鉄塔が<u>見えます</u>」、3は「夜景が<u>見えます</u>」、4は「テレビでサッカーの試合が<u>見られます</u>」となり、「テレビによって」を「テレビで」に直せば正しい文になります。「見られる」で正しく、自発形に変える必要はありません。したがって、答えは4になります。

問題3

ヴォイスの問題として、受身、使役、使役受身、可能、自発がまとめて出題されることもあります。動詞の形式を含め、全体像を把握しておく必要があります。資料19の「ヴォイス (7)ヴォイスの対応」(P.27) で全体を確認しておきましょう。

問1　4　見直される

4は受身形です。その他は縮約形の使役受身形です。

1 （「飲む→飲ます→飲まされる」）、2 （「立つ→立たす→立たされる」）、

3 （「行く→行かす→行かされる」）、4 （「見直す→見直される」）

問2　1　父親が子どもに泣かれた。（→「父親」は対象ではない。）

1 「子どもが泣いた→父親が子どもに泣かれた」は間接受身文であり、子どもが泣いたことによって影響を受けた父親が主語になっています。したがって、「父親」は対象ではありません。

2 「息子が窓ガラスを割った→窓ガラスが息子に割られた」は直接受身文であり、主語の窓ガラスは割られた「対象」です。

3 「（誰かが）家の前にマンションを建てた→マンションが家の前に建てられた」は直接受身文で、主語のマンションは建てられた対象です。

4 「友達が娘をいじめた→娘が友達にいじめられた」は直接受身文であり、主語の「娘」はいじめられた対象です。

問3　3　与党の分裂によって熾烈な選挙戦が予想される。

3の「～によって」は理由を表していて、動作主ではありません。3以外の受身文では、「～によって」が動作主を表しています。これらの受身文を元の能動文にすると、1「委員会が報告書をまとめる。」、2「政府が追加予算案を提出する。」、4「著名なアーティストがそのオブジェを作る。」となり、動作主であることがわかります。

問4　4　子どもが夏休みにカブト虫を死なせた。

責任の用法です。結果としてカブト虫が死んだのは子どもに責任があるという意味です。それ以外は、第三者（「妻」「先生」「警察官」）の意志による使役文になります。

第6章

アスペクト

アスペクトとは、外観や局面を表す英語の "Aspect" のことであり、文法用語として「進行相」や「完了相」などの「〜相」とも訳されます。動詞の動きについて、時間的に変化する局面に焦点を当てた表現になります。ヴォイスと同様に、文法項目の中でも重要なカテゴリーに位置づけられ、日本語では「〜ている」や「〜てある」が代表的な形式です。

検定試験では、「〜ている」と「〜てある」を中心にアスペクトの様々な問題が出題されています。また、「動き動詞」（「動作動詞」／「変化動詞」）、「状態動詞」といったアスペクトの観点による動詞分類も重要です。

実力診断クイズ

皆さんは日本語のアスペクトの表現について
どれくらい知っているでしょうか。以下の問題に答えることで、
アスペクトに関する基礎的な知識を確認することができます。
終わったら、解答を見て自己採点をしてください。

/15

1. 例にならって、以下のテイル形の文について、①動きの進行、②動きの結果の状態、③経験、④繰り返し、⑤状態の継続、の中から１つ選んでください。

(例) （　①　）太郎が本を<u>読んでいる</u>。　　（　②　）床に鉛筆が<u>落ちている</u>。

(1) （　　　）道が<u>曲がっている</u>。　　　　(2) （　　　）英国に２回<u>行っている</u>。

(3) （　　　）電気が<u>点いている</u>。　　　　(4) （　　　）祖父は眼鏡を<u>かけている</u>。

(5) （　　　）雨が<u>降っている</u>。　　　　　(6) （　　　）毎日公園を<u>散歩している</u>。

(7) （　　　）母が<u>電話している</u>。　　　　(8) （　　　）その店は<u>しゃれている</u>。

2. 例にならって、以下の下線部の動詞について、①動作を表す「動作動詞」、②変化を表す「変化動詞」、③状態を表す「状態動詞」、の中から１つ選んでください。

(例) （　①　）父がコーヒーを<u>飲む</u>。　　（　③　）机の上に本が<u>ある</u>。

(1) （　　　）火が<u>消える</u>。　　　　　　(2) （　　　）除夜の鐘が<u>鳴る</u>。

(3) （　　　）空が<u>晴れる</u>。　　　　　　(4) （　　　）カブト虫が<u>死ぬ</u>。

(5) （　　　）朝からロックを<u>聴く</u>。　　(6) （　　　）その失敗は万死に<u>値する</u>。

(7) （　　　）ＵＦＯは<u>実在する</u>。

解答

1.

(1) （ ⑤ ） 道が<u>曲がっている</u>。   (2) （ ③ ） 英国に２回<u>行っている</u>。

(3) （ ② ） 電気が<u>点いている</u>。   (4) （ ② ） 祖父は眼鏡を<u>かけている</u>。

(5) （ ① ） 雨が<u>降っている</u>。   (6) （ ④ ） 毎日公園を<u>散歩している</u>。

(7) （ ① ） 母が<u>電話している</u>。   (8) （ ⑤ ） その店は<u>しゃれている</u>。

2.

(1) （ ② ） 火が<u>消える</u>。   (2) （ ① ） 除夜の鐘が<u>鳴る</u>。

(3) （ ② ） 空が<u>晴れる</u>。   (4) （ ② ） カブト虫が<u>死ぬ</u>。

(5) （ ① ） 朝からロックを<u>聴く</u>。   (6) （ ③ ） その失敗は万死に<u>値する</u>。

(7) （ ③ ） ＵＦＯは<u>実在する</u>。

どうだったかな？

1は、アスペクトの代表的な表現「〜ている」の用法を問う問題です。

　アスペクトとは動きの時間的な局面に焦点を当てる文法カテゴリーです。「〜ている」はその代表的な表現で、初級の日本語教科書にも登場する重要な文法項目です。そのため、検定試験に何度も出題されています。まずは、「〜ている」のもつ多様な意味を理解しましょう。

2は、アスペクトの観点からの動詞分類の問題です。

　動詞の分類には様々なものがありますが、アスペクトの観点から動詞を分類すると、その特徴から、動作動詞、変化動詞、状態動詞に分かれます。動詞が表す動作とは、変化とは、状態とはどのようなものなのか、しっかりと理解する必要があります。そのうえで、これらの基本的な動詞分類についての知識を深めましょう。

1．アスペクト

アスペクトは、動きを表す動詞の事態の様々な局面を取り上げる文法カテゴリーです。た
とえば、動詞「書く」は時間の流れの中で「書く」という動きの全体像を表します。いわゆ
るマクロの視点です。これに対し、アスペクトは「書く」という一連の動きを、それぞれの
時間的局面の中で表します。つまり、ミクロの視点です。

このアスペクトの表現は、具体的には以下の①～⑤のような局面を表します。下の図では、
「書く」という動きの始まりから終わりまでを実線で、目に見える結果を点線で示しています。

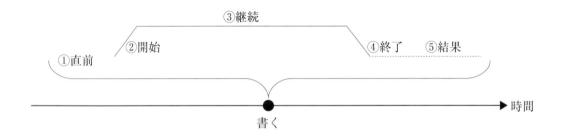

①書く<u>ところだ</u>　②書き<u>はじめる</u>　③書い<u>ている</u>　④書き<u>おわる</u>　⑤書い<u>てある</u>

上の下線部の表現である「～ところだ」「～はじめる」「～ている」「～おわる」「～てある」
がアスペクトの形式になります。

日本語にはアスペクト独自の形式はありません。他の品詞を借りる形で、「複合動詞」（「書
きはじめる／書きおわる」など）や「テ形＋補助動詞」（「書い<u>ている</u>／書い<u>てある</u>」など）、
「形式名詞＋だ」（「書く<u>ところだ</u>」など）によってアスペクト的な意味を表します。

主なアスペクトの表現を時間軸に沿って挙げると、直前（～かける）、開始（～はじめる
／～だす／～てくる／～ていく）、継続（～つつある／～つづける／～つづく／～（てい
る）最中だ）、終了（～おわる）、完了（～てしまう／～きる／～つくす／～とおす／～たばかり
だ）、結果（～てある／～ておく）などがあり、「～ている」や「～ところだ」は複数の時間
的局面を表します。（→資料20「アスペクトの表現」P.28参照）

これらのアスペクトの中で代表的な表現は「～ている」と「～てある」です。この２つの
表現は第２項（P.118）と第３項（P.120）で詳しく説明します。

 **Point**　　アスペクト

アスペクト：動きの様々な時間的局面を取り上げる文法カテゴリー

⑴直前（〜かける）　　　　⑵開始（〜はじめる／だす／てくる／ていく）

⑶継続（〜つつある／つづける／つづく／（ている）最中だ）

⑷終了（〜おわる）　　　　⑸完了（〜てしまう／きる／つくす／とおす／たばかりだ）

⑹結果（〜てある／ておく）⑺複数の局面（〜ている／ところだ）

基礎問題

アスペクトの表す動きの局面を、「直前、開始、継続、終了、完了、結果」の中から
１つ選び、例にならって、（　）の中に入れよ。

（例）（　継続　）少しずつではあるが、景気がよくなりつつある。

　⑴（　　　　　）まもなく母親がカレーライスを作りおわる。

　⑵（　　　　　）空が暗くなったと思ったら、突然雨が降りだした。

　⑶（　　　　　）不良になりかけたが、なんとか思いとどまった。

　⑷（　　　　　）風呂上がりに飲むために、ビールを冷やしてある。

　⑸（　　　　　）太郎はあっという間に激辛カレーを食べきった。

【解答と解説】　アスペクトが表す様々な時間的な局面を理解しましょう。⑴終了、⑵開始、
⑶直前、⑷結果、⑸完了

実践問題

【　】内に示した観点から見て、他と性質の異なるものを、１〜５の中から１つ選べ。

【継続のアスペクト】

　　１　食べている　　　　２　食べつつある　　　３　食べつづける

　　４　食べつくす　　　　５　食べている最中だ

【解答と解説】　１、２、３、５は、「継続」のアスペクト。４は、「完了」のアスペクト。し
たがって、答えは４になります。

2.「～ている」

　「～ている」は、アスペクトの中で重要な表現の１つです。初級の教科書で学習者が必ず学ぶ項目となっています。「～ている」の特徴は継続性（状態性）ですが、どの局面に焦点を当てるかによって、大きく分けて次の５つの用法に分かれます。

　なお、**動き**は時間の流れの中で展開する事態で、**状態**は時間的な展開の過程のない、静的な事態のことを意味します。さらに、主体の動きを**動作**、ある状態から他の状態に変わることを**変化**と呼びます。

（「↓」は焦点となる局面）

(1)**動きの進行**（動作が進行中である。）

①太郎が本を読んでいる。

②外は雨が降っている。

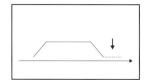

(2)**動きの結果の状態**（変化の結果が継続している。）

①次郎は眼鏡をかけている。

②電気が消えている。

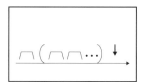

(3)**経験**（過去に動作が行われたが、目に見える結果として残存していない。無生物の主体も含まれる。）

①三島由紀夫の作品はすべて読んでいる。

②この車はこれまでに何度も故障している。

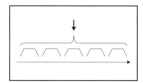

(4)**繰り返し**（動作が繰り返されている。）

①太郎は毎週サッカーをしている。

②日本中で毎日特殊詐欺が起きている。

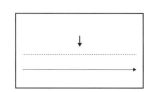

　この中で基本的な用法が「(1)動きの進行」と「(2)動きの結果の状態」になります。次に紹介する「(5)状態の継続」では動きは認識されていないため、アスペクトの表現としては扱われません。

(5)**状態の継続**（ある状態が長い間続いている。）

①この窓は南を向いている。

②南アルプスには北岳がそびえている。

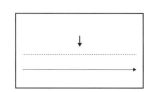

 **Point** 「〜ている」

(1)動きの進行　(2)動きの結果の状態　(3)経験　(4)繰り返し　(5)状態の継続

基礎問題

例にならって、「〜ている」の用法を、①動きの進行、②動きの結果の状態、③経験、
④繰り返し、⑤状態の継続、の中から１つ選び、その番号を（　）の中に入れよ。

(例)（　②　）木が倒れている。（→木が倒れた後の結果の状態）

(1)（　　　）花子は週に１回ピアノのレッスンを受けている。

(2)（　　　）その道はくねくねと曲がっている。

(3)（　　　）虫かごの中でカブト虫が死んでいる。

(4)（　　　）今日は強い風が吹いている。

(5)（　　　）そのコメディアンは３回も結婚している。

【解答と解説】　「〜ている」の５つの用法はしっかりと区別できるようにしましょう。
(1)④（→「週に１回」の頻度で繰り返す）、(2)⑤（→曲がった状態が長い間続いている）、
(3)②（→「死んだ」という結果の状態）、(4)①（→風が吹くという動きが進行している）、
(5)③（→３回結婚したという過去の経験）

実践問題

【　】内に示した観点から見て、他と性質の異なるものを、１〜５の中から１つ選べ。

【「〜ている」の用法】

1　外の景色を見ている。　　2　大声で騒いでいる。

3　草むらに倒れている。　　4　拍手をしている。

5　公園を歩いている。

【解答と解説】　１、２、４、５は「動きの進行」です。３は「動きの結果の状態」です。
したがって、答えは３になります。

3.「〜てある」

アスペクトのもう1つの重要な表現が「〜てある」です。「〜てある」の用法は、**意図的な「動きの結果の状態」**になります。

1）窓が 開けてある。　　（←誰かが 窓を 開けた。）
2）電気が 点けてある。　（←誰かが 電気を 点けた。）

上の例文は、誰かが行った動作の結果を描いていて、そのような意図的な状態が過去から現在まで続いていることを表します。元になる文の目的語「ヲ格」が「〜てある」ではガ格になっているのに注意してください。

「〜ている」も「動きの結果の状態」を表しますが、使われる動詞は自動詞であり、意図性の感じられない**客観的な**「動きの結果の状態」となります。特に自動詞と他動詞のペアで比較すると、両者の違いは明白です。

〜ている（客観的）	〜てある（意図的）
窓が 開いている（自動詞）	窓が 開けてある（他動詞）
電気が 点いている（自動詞）	電気が 点けてある（他動詞）

この違いは有対動詞だけに言えることで、無対他動詞によるテアル文では、自動詞のテイル文がないために意図性がない事態も表せます。

3）机の上にカバンが置いてある。（うっかり忘れた場合／わざと置いた場合）
4）電柱にポスターが貼ってある。（見たままを述べる場合／わざと貼った場合）

◇〜が　〜を　〜てある◇

ここまでのテアル文では動作主は特定されていませんでしたが、特定されると、「〜が　〜を　〜てある」という形式になります。この構文では、具体的な動作主がガ格で示され、対象はヲ格のままです。

（私が）　エアコンを　つけてある　（←私が　エアコンを　つけた）

この構文の特徴は、話者が動作主を認識しており、より明白な意図でそのような準備的状況を作り出していることにあります。

5）友達が来るので、（私は）　部屋を　片づけてあります。（「〜は」は「〜が」の主題化）
6）山田さんが　すでに　寿司を　注文してあるそうです。

 **Point** 〜てある

(1)「他動詞＋てある」：意図的な結果の状態（無対他動詞は客観的な結果の状態も表す）

「自動詞＋ている」：客観的な結果の状態

(2)「〜が〜てある」→動作主が不明 「〜が〜を〜てある」→動作主が特定

基礎問題

例にならって、客観的なテイル文を意図的なテアル文に直しなさい。

(例)　ドアが<u>閉まっている</u>。　　　　　　<u>ドアが閉めてある。</u>

(1)幕が<u>下りている</u>。　　　　　　_____

(2)看板が<u>倒れている</u>。　　　　　_____

(3)お湯が<u>冷めている</u>。　　　　　_____

(4)椅子と椅子が<u>離れている</u>。　　_____

(5)部屋が<u>空いている</u>。　　　　　_____

【解答と解説】　ペアのある自他の動詞で、客観的なテイル文を意図的なテアル文に変える練習です。自動詞と他動詞の知識が必要です。(1)幕が<u>下ろしてある</u>、(2)看板が<u>倒してある</u>、(3)お湯が<u>冷ましてある</u>、(4)椅子と椅子が<u>離してある</u>、(5)部屋が<u>空けてある</u>。

実践問題

【　】内に示した観点から見て、他と性質の異なるものを、1〜5の中から1つ選べ。

【対応する「〜ている」文】

　　1　スマホが<u>置いてある</u>。　　2　傘が<u>入れてある</u>。　　3　袋が<u>破ってある</u>。

　　4　絵が<u>掛けてある</u>。　　5　エアコンが<u>消してある</u>。

【解答と解説】　1（→無対他動詞であるため、対応するテイル文はない）、2（→傘が<u>入っている</u>）、3（→袋が<u>破れている</u>）4（→絵が<u>掛かっている</u>）、5（→エアコンが<u>消えている</u>）。したがって、答えは1になります。

4．注意を要するアスペクトの表現

　アスペクトの表現では、本来の品詞の意味で使われる場合との違いが重要になります。「～
てくる」の例で説明します。

　　１）空がだんだん暗くなってきた。（「暗くなる」という変化が出現するアスペクト）
　　２）父が会社から帰ってきた。（「来た」という動詞本来の意味）

例文１）では変化が出現するアスペクト（「開始」）として使われ、２）では「来る」という
動詞本来の意味で使われています。検定試験では、このような違いを問う問題が出題されて
います。以下の表の中の例で確認しておきましょう。

	表現	アスペクトの表現と品詞本来の意味での表現例
1	～かける	スタートボタンを押しかけて、やめた。（「**直前**」）
		ご飯に塩を振りかけた。（「掛けた」という意味）
2	～だす	サイレンが急に鳴りだした。（「**開始**」）
		カバンから資料を取りだした。（「出した」という意味）
3	～てくる	だんだん寂しくなってきた。（「**開始**」）
		業者が荷物を運んできた。（「来た」という意味）
4	～ていく	これからどんどん日が長くなっていく。（「**開始**」）
		図書館まで歩いていく。（「行く」という意味）
5	～てしまう	宿題をやってしまったら、遊んでいいよ。（「**完了**」）
		写真を引き出しに大切に入れてしまった。（「しまった」という意味）
		スマホが壊れてしまった。（「残念な気持ち」の表現）
6	～きる	なんとか予算を使いきった。（「**完了**」）
		ライターでひもを焼ききった。（「切った」という意味）
7	～ばかりだ	鈴木さんは英国から帰国したばかりだ。（「**完了**」）
		隣国との関係が悪化するばかりだ。（「限定」のとりたて助詞）
8	～ておく	インフルエンザの予防接種を受けておいた。（準備的動作の「**結果**」）
		電気は点けておいてください。（放置・現状維持の「**結果**」）
		机の上に腕時計を外しておいた。（「置いた」という意味）
9	～ところだ	これから図書館へ行くところだ。（「**直前**」）
		図書館は静かに勉強するところだ。（「場所」という意味）

 **Point** 注意を要するアスペクトの表現

(1)〜かける（**直前**／掛ける）、(2)〜だす（**開始**／出す）、(3)〜てくる（**開始**／来る）、

(4)〜ていく（**開始**／行く）、(5)〜てしまう（**完了**／しまう／**残念な気持ち**）、

(6)〜きる（**完了**／切る）、(7)〜ばかりだ（**完了**／**限定のとりたて助詞**）、

(8)〜ておく（**準備的動作または放置・現状維持の結果**／置く）、(9)〜ところだ（**直前**／場所）

基礎問題

次の下線部について、アスペクトの表現であれば○を、そうでなければ×を、例にならって、（　）の中に入れよ。

（例）（　○　）体操選手が鉄棒から落ち<u>かけた</u>が、持ちこたえた。（→直前）

(1)（　　）停留所に急いだが、バスが行っ<u>てしまった</u>。

(2)（　　）入学した<u>ばかり</u>で、まだ友達がいない。

(3)（　　）３月になって、だいぶ暖かくなっ<u>てきた</u>。

(4)（　　）酔っぱらいを店から放り<u>だした</u>。

(5)（　　）「源氏物語」を原文で読み<u>きった</u>。

【解答と解説】　アスペクトではない意味に気をつけてください。(1)×（→「残念な気持ち」の表現）、(2)○（→完了）、(3)○（→開始）、(4)×（→「放り<u>出す</u>」）、(5)○（→完了）

実践問題

【　】内に示した観点から見て、他と性質の異なるものを、１〜５の中から１つ選べ。

【複合動詞の意味】

1　食べきる　　　　2　運びきる　　　　3　噛みきる

4　読みきる　　　　5　使いきる

【解答と解説】　１、２、４、５は、「完了」のアスペクト。３は、「噛んで、切る」という意味。したがって、答えは３になります。

５．アスペクトの観点による動詞分類

　アスペクトの観点から動詞を分類すると、動きを表す**動き動詞**と状態を表す**状態動詞**に分かれます。動き動詞は一定の時間内に事態が起きることを表します。これに対し、状態動詞はすでに成立している性質や関係などを表し、事態の展開をもちません。

（１）動き動詞
　動き動詞には主体の動作を表す**動作動詞**と主体の変化を表す**変化動詞**があります。動作動詞では基本的にテイル形が「動きの進行」を表します。これに対し、変化動詞では「動きの結果の状態」を表します。

　　１）太郎が日記を<u>書く</u>。（動作動詞）　→　太郎が日記を<u>書いている</u>。（進行）
　　２）水が<u>凍る</u>。（変化動詞）　→　水が<u>凍っている</u>。（結果）

　自動詞と他動詞がペアである場合、他動詞は動作動詞、自動詞は変化動詞となることが多いと言えます。例文３）が他動詞、例文４）が自動詞の例です。

　　３）子どもが電気を<u>消す</u>。（動作動詞）　→　子どもが電気を<u>消している</u>。（進行）
　　４）電気が<u>消える</u>。（変化動詞）　→　電気が<u>消えている</u>。（結果）

　また、動き動詞は事態に時間的な継続性をもつ**継続動詞**と時間的な幅がなく瞬間的に終わる**瞬間動詞**に分類できます。

　　５）花子が手紙を<u>読む</u>。（継続動詞　→継続期間があり、始まりと終わりがある）
　　６）カブト虫が<u>死ぬ</u>。（瞬間動詞　→「死ぬ」という動きには継続性がない）

（２）状態動詞
　状態動詞は、文末で言い切る形がル形だけのもの、ル形とテイル形のもの、テイル形だけのものの３種類に分かれます。（「ル形」→ P.136）

　　７）ル形のみ：机の上に本が<u>ある</u>。（×机の上に本が<u>あっている</u>。）
　　８）ル形とテイル形：ＵＦＯは<u>存在する</u>。／ＵＦＯは<u>存在している</u>。
　　９）テイル形のみ：その店は<u>しゃれている</u>。（×その店は<u>しゃれる</u>。）

　以上がアスペクトの観点からの動詞分類ですが、その他にも様々な動詞分類が存在するので、一通り資料に目を通しておくといいでしょう。（→資料21「日本語の動詞分類 (1)アスペクトの観点による動詞分類 (2)その他の動詞分類」P.29参照）

 **Point** アスペクトの観点による動詞分類

(1)**動き動詞**：動作動詞（テイル形で「進行」）、変化動詞（テイル形で「結果」）
　　　　　　　継続動詞（動きに継続性がある）、瞬間動詞（動きに継続性がない）
(2)**状態動詞**：ル形だけのもの、ル形とテイル形をもつもの、テイル形だけのもの

基礎問題

例にならって、次の動詞を、①動作動詞、②変化動詞、③ル形だけの状態動詞、④ル形とテイル形の状態動詞、⑤テイル形だけの状態動詞に分け、その番号を（　）に入れよ。

(例)（　③　）いる　　（　④　）似合う　　（　①　）走る　　（　⑤　）ありふれる
(1)（　　）異なる　　(2)（　　）考える　　(3)（　　）泳ぐ　　(4)（　　）晴れる
(5)（　　）ばかげる　　(6)（　　）値する　　(7)（　　）枯れる　　(8)（　　）要る

【解答と解説】　動き動詞はテイル形が進行か結果のどちらの意味になるか、状態動詞はル形、テイル形をもつかどうか、というのがポイントになります。(1)④、(2)①、(3)①、(4)②、(5)⑤、(6)③、(7)②、(8)③

実践問題

【　】内に示した観点から見て、他と性質の異なるものを、1〜5の中から1つ選べ。

【動作動詞】
　　1　呼ぶ　　　2　歌う　　　3　歩く　　　4　使う　　　5　乾く

【解答と解説】　動作と変化の違いをしっかりと押さえることが重要です。1〜4は動作動詞で、テイル形は動きの進行になります（呼んでいる、歌っている、歩いている、使っている）。5は変化動詞で、テイル形は「乾いている」であり、動きの結果の状態を表します。したがって、答えは5になります。

第6章のまとめ

1．アスペクト

動きの時間的局面の表現（直前／開始／継続／終了／完了／結果）

2．「～ている」

①動きの進行、②動きの結果の状態、③経験、④繰り返し、⑤状態の継続

3．「～てある」

意図的な結果の状態「他動詞＋てある」－客観的な結果の状態「自動詞＋ている」

動作主不明の「～が～てある」と、動作主特定の「～が～を～てある」

4．注意を要するアスペクトの表現

～かける（**直前**／掛ける）、～だす（**開始**／出す）、～てくる（**開始**／来る）、

～ていく（**開始**／行く）、～てしまう（**完了**／しまう／残念な気持ち）、

～きる（**完了**／切る）、～ばかりだ（**完了**／限定のとりたて助詞）、

～ておく（準備的動作または放置・現状維持の**結果**／置く）、～ところだ（**直前**／場所）

5．アスペクトの観点による動詞分類

動き動詞：動作動詞／変化動詞、継続動詞／瞬間動詞

状態動詞：ル形のみ／ル形とテイル形／テイル形のみ

練習問題 ✏✏

- -

問題１ 次の「～ている」の用法を、①**動きの進行**、②**動きの結果の状態**、③**経験**、④**繰り返し**、⑤**状態の継続**、の中から１つ選び、その番号を（　）の中に入れよ。

(1)（　　　）今日は西風が<u>吹いている</u>。 (2)（　　　）その川は<u>曲がりくねっている</u>。

(3)（　　　）沖縄には３回<u>行っている</u>。 (4)（　　　）毎日公園を<u>散歩している</u>。

(5)（　　　）その事件は<u>ありふれている</u>。(6)（　　　）父がお茶を<u>飲んでいる</u>。

(7)（　　　）タオルが<u>ぬれている</u>。　 (8)（　　　）宅配便が<u>届いている</u>。

問題２ 次のテイル文を、対応する他動詞でテアル文にした場合、文として不自然になるのはどれか。

(1)服が<u>汚れている</u>。　　(2)ガラスが<u>割れている</u>。　　(3)川が<u>流れている</u>。

(4)穴が<u>ふさがっている</u>。　(5)スイカが<u>冷えている</u>。　　(6)肉が<u>焼けている</u>。

(7)布団が<u>温まっている</u>。　(8)空が<u>晴れている</u>。　　(9)猛暑で木が<u>枯れている</u>。

126

解答と解説

問題1

　「～ている」の用法の問題です。同じ動詞でも異なる用法を表すことがあります。基本的な用法は「動きの進行」と「動きの結果の状態」です。

(1) ① 　今日は西風が<u>吹いている</u>。

　　西風が吹きつづけているという意味です。

(2) ⑤ 　その川は<u>曲がりくねっている</u>。

　　曲がりくねった状態がずっと続いているという意味ですので、状態の継続です。

(3) ③ 　沖縄には3回<u>行っている</u>。

　　これまでに3回行ったことがあるという意味です。繰り返しではありません。

(4) ④ 　毎日公園を<u>散歩している</u>。

　　公園の散歩が毎日繰り返されているという意味です。

(5) ⑤ 　その事件は<u>ありふれている</u>。

　　「珍しくない」という静的な事態です。「ありふれた」結果とは考えません。

(6) ① 　父がお茶を<u>飲んでいる</u>。

　　「飲む」という動作が続いていることを表しています。

(7) ② 　タオルが<u>ぬれている</u>。

　　タオルがぬれた結果の状態を表しています。

(8) ② 　宅配便が<u>届いている</u>。

　　宅配便が届いた結果の状態を表しています。

問題2

　テアル文の意図性の問題です。「他動詞＋てある」に変えて確認します。自然現象は基本的に「～てある」は使えません。答えは、(3)と(8)と(9)です。

(1) 服が<u>汚れている</u>。　　　　→　　　服が<u>汚してある</u>。

(2) ガラスが<u>割れている</u>。　　　→　　　ガラスが<u>割ってある</u>。

(3) 川が<u>流れている</u>。　　　　→　×川が<u>流してある</u>。

(4) 穴が<u>ふさがっている</u>。　　　→　　　穴が<u>ふさいである</u>。

(5) スイカが<u>冷えている</u>。　　　→　　　スイカが<u>冷やしてある</u>。

(6) 肉が<u>焼けている</u>。　　　　→　　　肉が<u>焼いてある</u>。

(7) 布団が<u>温まっている</u>。　　　→　　　布団が<u>温めてある</u>。

(8) 空が<u>晴れている</u>。　　　　→　×空が<u>晴らしてある</u>。

(9) 猛暑で木が<u>枯れている</u>。　　→　×猛暑で木が<u>枯らしてある</u>。

なるほど！

実力診断テスト

問題1 次の(1)～(3)について、【　】内に示した観点から見て、他と性質の異なるものを、それぞれ１～５の中から一つずつ選べ。

(1)【補助動詞】

1　日本画が居間に<u>飾ってある</u>。　　　2　余り物は全部<u>食べてしまおう</u>。

3　問題の解き方が<u>わかってきた</u>。　　4　お土産を家に<u>持ってかえる</u>。

5　部屋の中を<u>暖めておく</u>。

(2)【「～ている」の用法】

1　あれ、部屋の窓が<u>開いている</u>。　　2　郵便受けに手紙が<u>入っている</u>。

3　ワイシャツの襟が<u>汚れている</u>。　　4　川の水が勢いよく<u>流れている</u>。

5　いつの間にか空が<u>晴れている</u>。

(3)【「～ておく」の用法】

1　打ち合わせの準備を<u>しておいた</u>。　　2　言いたいのであれば<u>言わせておこう</u>。

3　事前に履歴書を提出<u>しておいた</u>。　　4　今日中に仕事は<u>終わらせておこう</u>。

5　本番の前に模試を<u>受けておけば</u>よかった。

問題2 次の(1)と(2)における【　】内の下線部は学習者による誤用を示す。これと異なる種類の誤用を、それぞれの１～４の中から一つずつ選べ。

(1)【あれ、机の下に消しゴムが<u>落ちます</u>。】

1　おかしいな。時計が少し<u>進みます</u>。

2　車庫に車が<u>止まります</u>。

3　変な臭いがすると思ったら、鍋が<u>こげます</u>。

4　木が揺れていると思ったら、風が<u>吹きます</u>。

(2)【暑いので窓を<u>開いて</u>あります。】

1　コーヒーを入れるためにお湯を<u>沸いて</u>あります。

2　部屋が暗いので、電気を<u>点いて</u>あります。

3　テストに備えて一日中漢字を<u>勉強して</u>あります。

4　皆で食べるためにスイカを<u>冷えて</u>あります。

問題3　次の文章を読み、下の問い（問1〜5）に答えよ。

　アスペクトとは、動きの時間的局面に焦点を当てる文法カテゴリーである。動きを大きなまとまりとして表すル形は無標的な形式であり、動きを時間的局面に切り分けて表すアスペクトの表現は A有標的な形式である。その代表例が、ル形とテイル形である。

　テイル形は動きのどの局面に焦点を当てるかによって、動きの進行や結果の状態を表す。このテイル形の意味と、動き動詞の性質には密接な関係がある。この観点をもとに動詞を分類したのが、B動作動詞と変化動詞である。また、動きの時間的な幅の有無によって C継続動詞と瞬間動詞に分けることができる。

　アスペクトの表現には、「しはじめる」などの複合動詞、D「してしまう」などの「テ形＋補助動詞」、E「ところだ」などの「形式名詞＋だ」などの形式がある。

問1　文章中の下線部Aに関して、有標とは異なるものを、次の中から1つ選べ。
　1　食べている　　　2　食べます　　　3　食べよう　　　4　食べる

問2　文章中の下線部Bに関する正しい記述として最も適当なものを、1つ選べ。
　1　動作動詞は基本的にテイル形で動きの進行を表す。
　2　変化動詞は基本的にテイル形で動きの進行を表す。
　3　動作動詞は基本的にテアル形で意図的な動作の結果を表す。
　4　変化動詞は基本的にテアル形で意図的な動作の結果を表す。

問3　文章中の下線部Cに関して、継続動詞・瞬間動詞の組み合わせの例として最も適当なものを、1つ選べ。
　1　走る・食べる　　　2　落ちる・打つ　　　3　話す・消える　　　4　洗う・太る

問4　文章中の下線部Dの例として、最も適当なものを、次の中から1つ選べ。
　1　うっかりとコーヒーをこぼしてしまった。
　2　願いを言う前に、流れ星が流れてしまった。
　3　人気のケーキを買おうと思ったら、すべて売り切れてしまった。
　4　宿題をやってしまったら、遊びに行ってもいいよ。

問5　文章中の下線部Eに関して、異なるものを、次の中から1つ選べ。
　1　銀行はそこを曲がったところだ。　　　2　これからパーティが始まるところだ。
　3　試合が始まったところだ。　　　4　母は料理をしているところだ。

実力診断テスト　解答と解説

問題1

　検定試験にはアスペクトの形式とそうではない形式の問題やテイル形の意味を問う問題が出ています。

(1)**4**　4は「持って、帰る」という意味なので、アスペクトではありません。その他は1の「飾っ<u>てある</u>」は「動きの結果の状態」、2の「食べ<u>てしまう</u>」は「完了」、3の「わかっ<u>てくる</u>」は「開始」、5の「暖め<u>ておく</u>」は「準備的動作の結果」、のアスペクトになります。

(2)**4**　4の「川の水が<u>流れている</u>」は「動きの進行」です。1の「窓が<u>開いている</u>」、2の「手紙が<u>入っている</u>」、3の「襟が<u>汚れている</u>」、5の「空が<u>晴れている</u>」はいずれも「動きの結果の状態」です。

(3)**2**　すべて「結果」のアスペクトの表現ですが、2の「言わせ<u>ておく</u>」は「放置・現状維持」の意味になります。それ以外の1の「準備をし<u>ておく</u>」、3の「履歴書を提出し<u>ておく</u>」、4の「仕事を終わらせ<u>ておく</u>」、5の「模試を受け<u>ておく</u>」はすべて「準備的動作」になります。

問題2

　学習者のアスペクトの誤用は「〜ている」と「〜てある」に集中しています。そのため、検定試験でも「〜ている」と「〜てある」の誤用についての問題が何度か出題されています。

(1)**4**　【　】の文は「落ち<u>ている</u>」とすべきところを「落ちます」とする誤用で、動きの結果の状態を表します。「落ちます」は未来の事態を表すため、現在の状態は「〜ている」を使って表さなければなりません。1、2、3を「〜ている」で表すと、「時計が<u>進んでいる</u>」、「車が<u>止まっている</u>」、「鍋が<u>こげている</u>」となり、「動きの結果の状態」を表現する文になります。しかし、4の「風が吹きます」をテイル形にすると、「風が<u>吹いている</u>」と「動きの進行」になり、この中では異なる誤用であることがわかります。

(2)**3**　【　】の文は他動詞で「開けてあります」とすべきところを、自動詞で「開いてあります」としている誤用です。3の間違いは「一日中」を「すでに」に直せばよく、「<u>勉強してあります</u>」は「勉強します」が他動詞なので誤用ではありません。それ以外は、1は「お湯を<u>沸かして</u>あります」、2は「電気を<u>点けて</u>あります」、4は「スイカを<u>冷やして</u>あります」と、自動詞を他動詞に変えれば正しい文となります。

問題3

個々のアスペクトの表現とともに、全体像も把握しておくことが重要です。特にアスペクトの観点からの動詞の分類はしっかりと理解しておきましょう。

問1　4　食べる

無標の表現です。「有標と無標」は言語学の理論で、基本的な項目が無標で、ある意味をもつ形式が加わると有標になります。その観点から問題を見ると、「食べる」という基本的な項目に対して、

1　食べ<u>ている</u>（有標）　→　「動きの進行」の意味が加わっている

2　食べ<u>ます</u>（有標）　→　「丁寧」の意味が加わっている

3　食べ<u>よう</u>（有標）　→　「意志（意向）」の意味が加わっている

4　食べる（無標）　→　基本となる表現

となり、答えは4となります。

問2　1　動作動詞は基本的にテイル形で動きの進行を表す。

「読む→読んでいる」など、動作動詞は基本的にテイル形で「動きの進行」を表すので、1が答えです。

2　変化動詞は基本的にテイル形で「動きの結果の状態」を表します。

3　動作動詞には自然現象を表す無意志動詞（人間の意図的な動作を表さない動詞）が多くあるため、テアル形を使えないものがあります。たとえば、「太陽が輝く→×太陽が<u>輝いてある</u>」、「雨が降る→×雨が<u>降ってある</u>」など。

4　変化動詞には無意志動詞が多くあり、テアル形を使えないものがあります。「パソコンが壊れる→×パソコンが<u>壊れてある</u>」「太郎がやせる→×太郎が<u>やせてある</u>」など。

問3　3　話す（継続）・消える（瞬間）

1「走る（継続）・食べる（継続）」、2「落ちる（瞬間）・打つ（瞬間）」、4「洗う（継続）・太る（継続）」

問4　4　宿題をやっ<u>てしまった</u>ら、遊びに行ってもいいよ。

4だけが動作が終わるという「完了」のアスペクトです。1、2、3は「残念な気持ち」を表しています。無意志や無意識的な動作では、残念な気持ちを表すことが多くなります。

問5　1　銀行はそこを曲がった<u>ところ</u>だ。

1は場所の意味をもつ実質的な名詞になります。それ以外は、2は動きの直前のアスペクト、3は動きの直後のアスペクト、4は動きの継続を表すアスペクトです。

第7章

テンス

　過去、現在、未来という時間軸の中に、述語が表す事態を位置づける文法カテゴリーのことをテンスと言います。日本語では「時制」と訳されます。

　ヴォイスとアスペクトが動詞だけに現れる現象であるのに対し、テンスはすべての述語に現れる文法カテゴリーです。その意味で、文の成立にとって不可欠な文法要素と言えます。

　検定試験では、アスペクトとの関連で多く出題されています。また、従属節におけるテンスの表す事態を問う問題が出ています。複雑な理論であるため、しっかりとした理解が求められます。

実力診断クイズ

皆さんは日本語のテンスに関する表現について
どれくらい知っているでしょうか。以下の問題に答えることで、
テンスに関する基礎的な知識を確認することができます。
終わったら、解答を見て自己採点をしてください。

/ 15

1．例にならって、以下の下線部のテンスについて、①過去、②現在、③未来、
　　④どれにも当てはまらない、の中から１つ選んでください。

（例）（　①　）花子が友達とケーキを<u>食べた</u>。

　(1)（　　　）父親が会社に<u>出かける</u>。　　(2)（　　　）裏山に鹿が<u>いる</u>。
　(3)（　　　）花瓶の花が<u>枯れている</u>。　　(4)（　　　）子どもの将来が<u>心配だ</u>。
　(5)（　　　）昨日の飲み会は<u>楽しかった</u>。　(6)（　　　）サルも木から<u>落ちる</u>。
　(7)（　　　）水は 100 度で<u>沸騰する</u>。　(8)（　　　）祖父が今から<u>散歩する</u>。
　(9)（　　　）知っていれば<u>買わなかった</u>。　(10)（　　　）私の父は<u>教員だった</u>。

2．例にならって、以下の文の下線部のタ形について、①過去、②現在完了、③どち
　　らにも当てはまらない、の中から１つ選んでください。

（例）（　③　）さあ、<u>どいた</u>、<u>どいた</u>。掃除のじゃまだ。

　(1)（　　　）ちょうど掃除が<u>終わりました</u>。
　(2)（　　　）そういえば、君はまだ<u>未成年だったね</u>。
　(3)（　　　）今年の梅雨は雨がよく<u>降ったなあ</u>。
　(4)（　　　）ねえ、今話題のあの映画、もう<u>見た</u>？
　(5)（　　　）こんなところに財布が<u>あったよ</u>。

解答

1.

(1) （ ③ ） 父親が会社に<u>出かける</u>。　(2) （ ② ） 裏山に鹿が<u>いる</u>。

(3) （ ② ） 花瓶の花が<u>枯れている</u>。　(4) （ ② ） 子どもの将来が<u>心配だ</u>。

(5) （ ① ） 昨日の飲み会は<u>楽しかった</u>。(6) （ ④ ） サルも木から<u>落ちる</u>。

(7) （ ④ ） 水は 100 度で<u>沸騰する</u>。　(8) （ ③ ） 祖父が今から<u>散歩する</u>。

(9) （ ④ ） 知っていれば<u>買わなかった</u>。⑽ （ ① ） 私の父は<u>教員だった</u>。

2.

(1) （ ② ） ちょうど掃除が<u>終わりました</u>。

(2) （ ③ ） そういえば、君はまだ<u>未成年だったね</u>。

(3) （ ① ） 今年の梅雨は雨がよく<u>降ったなあ</u>。

(4) （ ② ） ねえ、今話題のあの映画、もう<u>見た</u>？

(5) （ ③ ） こんなところに財布が<u>あったよ</u>。

どうだったかな?

　1は、テンスの基本的な形を問う問題です。

　テンスは時制とも呼ばれ、時間の流れの中で述語の表す事態がどこに位置するかを指し示します。話者が発話している時（発話時）を基準に過去、現在、未来を示しますが、複文の従属節では主節の時が基準になることがあります（主節・従属節→ p.176）。また、テンスを表さない特殊な用法もあります。どのように時が文の中で表されるのか、そのメカニズムを理解する必要があります。

　2は、テンスとは異なるタ形の問題です。

　タ形はテンスとして過去を表します。しかし、アスペクトである現在完了の表現としても使われます。日本語母語話者は過去と現在完了の事態を同じ形式（タ形）で表すため、通常は両者の違いをあまり意識していません。日本語学習者の母語では区別する言語もあるため、日本語教師もその違いを識別できる必要があります。これに加えて、話し手の認識と関係の深い特殊なタ形についても理解を深めましょう。

第 7 章

実力診断クイズ

135

1．ル形（現在・未来）とタ形（過去）

　動詞の辞書形など、学校文法で終止形と言われている述語の形は、テンスの分野では**ル形**と呼ばれ、現在や未来の事態を表します。述語の形としては、「〜る」「〜い」「〜だ」などがあります。これに対し、過去の事態を表す形は**タ形**と呼ばれ、「〜た」「〜かった」「〜だった」などがあります。ル形とタ形には丁寧形もあり、ル形は「〜ます」「〜です」、タ形は「〜ました」「〜かったです」「〜でした」になります。

	ル形（現在・未来）		タ形（過去）	
動詞	見<u>る</u>	見<u>ます</u>	見<u>た</u>	見<u>ました</u>
形容詞	明る<u>い</u>	明る<u>いです</u>	明る<u>かった</u>	明る<u>かったです</u>
	静<u>かだ</u>	静<u>かです</u>	静<u>かだった</u>	静<u>かでした</u>
名詞＋だ	友人<u>だ</u>	友人<u>です</u>	友人<u>だった</u>	友人<u>でした</u>

　なお、Ⅰグループ動詞には辞書形が「〜る」とならない「笑<u>う</u>」「待<u>つ</u>」「混<u>む</u>」「喜<u>ぶ</u>」「死<u>ぬ</u>」「歩<u>く</u>」「泳<u>ぐ</u>」「話<u>す</u>」、タ形に「読<u>んだ</u>」「飛<u>んだ</u>」などがありますが、いずれもル形、タ形と呼びます。

　ル形は**動き動詞**で未来の事態を、**状態性述語**（状態動詞、形容詞、名詞＋だ）で現在の事態を表します。動き動詞で現在の事態を表す場合はテイル形を使います。

　1）これからテニスを<u>する</u>。（未来の動作）

　　→今テニスを<u>している</u>。（動きの進行　−　現在の事態）

　2）信号が赤に<u>変わる</u>。（未来の変化）

　　→信号が赤に<u>変わっている</u>。（動きの結果の状態　−　現在の事態）

　3）机の上に本が<u>ある</u>。（状態動詞　−　現在の事態）

　4）空が<u>青い</u>。（イ形容詞　−　現在の事態）

　5）海が<u>静かだ</u>。（ナ形容詞　−　現在の事態）

　6）太郎は<u>大学生だ</u>。（名詞＋だ　−　現在の事態）

　現在の事態は一定期間続くので、現在から未来にかけても表すことがあります。

　7）海が<u>静かだ</u>。天気に特に変化がなければ、明日も<u>静かだ</u>。

　なお、心の状態を表す動詞（内的状態動詞）の一部（「見える、聞こえる、わかる」など）もル形で現在の事態を表します。（→資料21「日本語の動詞分類(2)その他の動詞分類」P.29参照）

 **Point** ル形（現在・未来）と夕形（過去）

(1)**ル形** 動き動詞：未来の事態

状態性述語（状態動詞、形容詞、名詞＋だ）：現在の事態

動き動詞のテイル形：現在の事態

(2)**夕形** すべての述語：過去の事態

基礎問題

次の下線部の述語は、①過去、②現在、③未来、の事態のどれを表しているか。例にならって、番号を（　）の中に入れよ。

（例）（　②　）今日は富士山がよく<u>見える</u>。（内的状態動詞のル形）

(1)（　　）昨日は雨が<u>降った</u>。　(2)（　　）試合中足が<u>痛かったです</u>。

(3)（　　）空が<u>真っ青だ</u>。　(4)（　　）山がもう<u>紅葉していた</u>。

(5)（　　）私は弁護士に<u>なる</u>。　(6)（　　）今から友達とボールで<u>遊ぶ</u>。

(7)（　　）君は青色がよく<u>似合う</u>。　(8)（　　）その問題の答えは<u>わかる</u>。

【解答と解説】　ル形と夕形の基本的な働きの確認です。

(1)①（→動き動詞の夕形）、(2)①（→イ形容詞の夕形の丁寧形）、(3)②（→ナ形容詞のル形）、

(4)①（→動き動詞のテイル形の夕形）、(5)③（→動き動詞のル形）、(6)③（→動き動詞のル形）、

(7)②（→状態動詞のル形）、(8)②（→内的状態動詞のル形）

実践問題

【　】内に示した観点から見て、他と性質の異なるものを、1〜5の中から1つ選べ。

【テンス】

1　台風が来る。　2　手紙が家に届く。　3　部屋を掃除する。

4　授業が終わる。　5　学生が教室にいる。

【解答と解説】　1、2、3、4は動き動詞なので、ル形はすべて未来の事態です。5は状態動詞で、ル形で現在の事態を表します。したがって、答えは5です。

２．絶対テンスと恒常的表現

テンスの基本である**絶対テンス**とテンスをもたない**恒常的表現**について説明します。

（１）絶対テンス

　発話時を基準にして、事態の実現がそれより前か、同時か、後かという判断をするのが**絶対テンス**です。前の場合は夕形、同時か後の場合はル形が使われます。

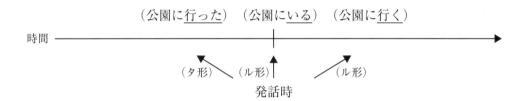

　　（公園に行った）　（公園にいる）　（公園に行く）

時間
　　　　　　（夕形）　（ル形）　　　　　（ル形）
　　　　　　　　　　　発話時

　１）花子は公園に行った。　　（発話時より前－夕形）
　２）花子は公園にいる。　　　（発話時と同時－ル形）
　３）花子は公園に行く。　　　（発話時より後－ル形）

単文や複文の主節は基本的に絶対テンスとなります。（単文・複文→第９章）

　４）父が料理を作った。（単文のテンス）
　５）母が不在の時に、父が料理を作った。（複文の主節のテンス）

（２）恒常的表現

　動き動詞のル形は未来の事態を表しますが、個別の出来事ではなく、過去・現在・未来というテンスの枠を超えた表現（一般的な事実や真理、規則、ことわざ、繰り返し・習慣など）を表すことがあります。これらをまとめて**恒常的表現**と呼ぶことにします。未来を表すル形との違いに注意してください。

恒常的表現		
過去	現在	未来

　６）〔一般的事実〕青虫は葉っぱを食べる。／私は今からご飯を食べる。（未来）
　７）〔真理〕水は100度で沸騰する。／やかんの水がもうすぐ沸騰する。（未来）
　８）〔規則〕バイク通学を禁止する。／明日から夫の飲酒を禁止する。（未来）
　９）〔ことわざ〕石橋をたたいて渡る。／もうすぐ列車が鉄橋を渡る。（未来）
　10）〔繰り返し・習慣〕私は毎日朝ドラを見る。／今夜は映画を見る。（未来）

 **Point** 絶対テンス

(1)**絶対テンス**：発話時を基準に過去、現在、未来の事態を表す
(2)**恒常的表現**：一般的事実、真理、規則、ことわざ、繰り返し・習慣など

基礎問題

次の下線部のル形は、①未来の事態と②恒常的表現のどちらか。例にならって、その番号を（　）の中に入れよ。

（例）（　②　）この会社の従業員は65歳で定年を<u>迎える</u>。（→規則）
(1)（　　）太郎は寝る時に、アイマスクを<u>使う</u>。
(2)（　　）秋になると、木々が<u>紅葉する</u>。
(3)（　　）天気予報によると、今日は雨が<u>降る</u>。
(4)（　　）天皇は内閣総理大臣を<u>任命する</u>。
(5)（　　）ひょうたんから駒が<u>出る</u>。
(6)（　　）のどが渇いたから、水を<u>飲む</u>。

【解答と解説】　通常のテンスと恒常的表現との違いをしっかりと確認してください。
(1)②（→習慣）、(2)②（→毎年繰り返される事実）、(3)①（→未来の事態）、(4)②（→規則）、
(5)②（→ことわざ）、(6)①（→未来の事態）

実践問題

【　】内に示した観点から見て、他と性質の異なるものを、1〜5の中から1つ選べ。

【絶対テンス】
1　夕日が<u>きれいだ</u>。
2　定年退職後、彼は大学院に<u>進んだ</u>。
3　足が<u>痛い</u>。どこかにぶつけたようだ。
4　大学を<u>辞める</u>。僕は父に言った。
5　春になると日本中で桜の花が<u>咲く</u>。

【解答と解説】　1〜4は絶対テンスで、順に、現在、過去、現在、未来、の事態です。5は
毎年の繰り返し（恒常的表現）です。したがって、答えは5です。

3．相対テンス

　複文の従属節は、テンスの基準が発話時でなく、主節の事態発生時（**主節時**）である**相対テンス**となることがあります。（主節・従属節→ P.176）

（1）前後関係の従属節
　複文の従属節の事態が主節の事態と前後関係にある時、相対テンスとなります。次の従属節のテンス（下線部）を見てください。

　　1）外に<u>出た</u>時に、マフラーを巻いた。（家の外に出てから、マフラーを巻いた。）
　　2）外に<u>出る</u>時に、マフラーを巻いた。（家の外に出る前に、マフラーを巻いた。）

　「マフラーを巻く」という主節時を中心に、それより前であればタ形が、後であればル形が、使われます。このように、従属節である「外に出る」は主節時との時間関係でル形かタ形か、決まります。

（2）同時関係の従属節
　複文の従属節は基本的に相対テンスですが、従属節と主節の事態の発生時が重なると、**絶対テンス**の解釈も可能になります。両者の文の意味には変わりはありません。

　　3）<u>寒い</u>ので、マフラーを巻いた。（相対テンス）
　　4）<u>寒かった</u>ので、マフラーを巻いた。（絶対テンス）

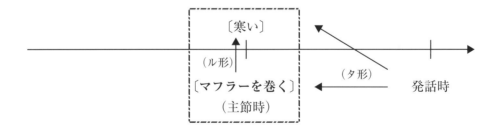

　主節時を基準とする相対テンスでは、主節時と同時になるため、従属節の事態はル形（「寒い」）で表されます。しかし、従属節を主節と一緒にまとめて、絶対テンスで解釈することもでき、その場合は時制が一致し、タ形（「寒かった」）で表されます。

 **Point** 相対テンス

(1)複文の従属節：基本的に相対テンス
(2)同時関係の従属節：絶対テンスの解釈も可能

基礎問題

下線部の従属節のテンスは、①前後関係の相対テンス、②同時関係の相対テンス、③同時関係の絶対テンスのどれか。例にならって、その番号を（　）に入れよ。

(例)（　①　）雨が<u>止んだ</u>ので、散歩する。（→主節の前、夕形）

(1)（　　　）サッカーを<u>している</u>時に、雨が降ってきた。

(2)（　　　）サッカーを<u>していた</u>時に、雨が降ってきた。

(3)（　　　）成人式に<u>出席する</u>ので、美容院に行きます。

(4)（　　　）風邪を<u>ひいた</u>ので、医者に行った。

(5)（　　　）天気が<u>いい</u>時に、布団を干した。

(6)（　　　）僕が<u>若かった</u>時は、無茶なことをたくさんした。

【解答と解説】　従属節のテンスの理解を深めましょう。(1)②（→主節と同時、ル形）、(2)③（→主節と同時の絶対テンス）、(3)①（→主節の後、ル形）、(4)①（→主節の前、夕形）、(5)②（→主節と同時、ル形）、(6)③（→主節と同時の絶対テンス）

実践問題

【　】内に示した観点から見て、他と性質の異なるものを、1～5の中から1つ選べ。

【相対テンス】

　1　テレビを<u>見る</u>前に宿題をする。　　2　日本に<u>いる</u>時に富士山に登った。

　3　風呂に<u>入る</u>時に体重を量った。　　4　友人が<u>来た</u>ので、お茶を出した。

　5　<u>留学していた</u>時に、花子と知り合った。

【解答と解説】　1、3、4は前後関係の相対テンス、2と5は同時関係ですが、2は相対テンス、5は絶対テンスになります。したがって、答えは5になります。

第7章

3. 相対テンス

４．過去以外を表すタ形

（１）「現在完了」のタ形

　現在完了のタ形は過去の事態を現在とつなげる視点をもち、過去に起きたことと現在が関連していることを示します。これに対し、**過去のタ形**ではそのような現在との関わりはなく、すでに終わっている過去の出来事としてとらえます。

　1）もう薬を<u>飲みましたか</u>？（現在完了）　→　いいえ、まだ飲んでいません。
　2）昨日薬を<u>飲みましたか</u>？（過去）　　　→　いいえ、飲みませんでした。

現在完了の否定形はテイル形になります。両者を図で表すと、以下のようになります。

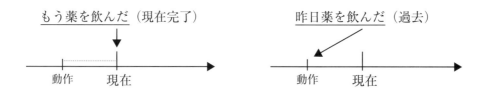

　現在完了の多くは、「もう」「すでに」「今」「やっと」「ちょうど」など現在とのつながりを暗示する表現と共起します。過去形の多くは「昨日」「去年」など過去を明示する表現と一緒に使われます。

　3）<u>やっと</u>宿題が<u>終わった</u>。（現在完了→「やっと」によって動作の完了がわかる。）
　4）<u>今</u>帰ってきた。（現在完了→「今」によって帰ってきたばかりであることがわかる。）
　5）<u>去年</u>英国に<u>赴任した</u>。（過去→「去年」によって過去の動作であることがわかる。）

（２）特殊なタ形

　過去や現在完了で説明できないタ形は**特殊なタ形**として扱います。話し手の認識と深い関係にあることから、「モダリティのタ」、「叙想的テンス」などと呼ばれることがあります。なお、モダリティは第８章で扱います。

　6）さあ、<u>どいた</u>、<u>どいた</u>、掃除するんだから。（相手を促す時）
　7）<u>あった</u>、<u>あった</u>、こんなところに<u>あった</u>。（探していたものを発見した時）
　8）あなたは<u>大学生だった</u>んですか。（知らなかった事実に気づいた時）
　9）そうだ、今日は<u>結婚記念日だった</u>。（忘れていたことを思い出した時）
　10）入場料は確か<u>1,000 円だった</u>よね。（不確かなことを確認する時）
　11）不況が予測できたら株を<u>買わなかった</u>よ。（反事実－実際は買ってしまった）

 **Point** 過去以外を表すタ形

(1)**現在完了（タ形）**：過去と現在をつなげる視点
(2)**特殊なタ形**：促し、発見、気づき、想起、確認、反事実

基礎問題

次の下線部のタ形は、①過去、②現在完了、③特殊なタ形、の中のどれか。例にならって、その番号を（　）に入れよ。

(例)（　①　）今朝地震が<u>あった</u>。（→過去を示す「今朝」が使われている）
 (1)（　　　）ちょうど夕刊が<u>届いた</u>。
 (2)（　　　）今日の会議は何時からで<u>したっけ</u>？
 (3)（　　　）その人に借金があると知っていたら、<u>結婚しなかった</u>。
 (4)（　　　）やっと掃除が<u>終わった</u>よ。疲れた。
 (5)（　　　）カビが生えていたので、その饅頭を<u>捨てた</u>。

【解答と解説】　タ形については何度も検定試験で問われています。違いを理解できるようにしましょう。(1)②（→「ちょうど」で現在の視点）、(2)③（→確認のタ形）、(3)③（→実際は結婚したという反事実）、(4)②（→「やっと」で現在の視点）、(5)①（→過去の事態）

実践問題

【 】内に示した観点から見て、他と性質の異なるものを、1〜5の中から1つ選べ。

【「た」の用法】
　　1　あれ、こんなとこに猫が<u>いた</u>。　　2　あらっ、なくした財布が<u>あった</u>。
　　3　やだ、靴下に穴が開い<u>てた</u>。　　　4　あっ、値札が付いたまま<u>だった</u>。
　　5　いやあ、今日のミーティングは<u>長かった</u>。

【解答と解説】　1〜4はすべて発見／気づきを表す、特殊なタ形です。5だけが過去を表すタ形です。したがって、答えは5になります。

第7章のまとめ

1．絶対テンス

発話時を基準にするテンス（単文や複文の主節）

動き動詞のル形は未来を、状態性述語のル形は現在を、タ形は過去を表す。

2．相対テンス

複文の従属節のテンスは主節時が基準になる。ただし、同時関係の従属節においては、絶対テンスの解釈も可能になる。

3．恒常的表現（ル形）

一般的事実や真理、規則、ことわざ、繰り返し・習慣

4．現在完了（タ形）

過去の事態が現在と関連していることを表す。

5．特殊なタ形

相手を促す、発見、気づき、想起、確認、反事実

練習問題

次の下線部のル形とタ形は、①絶対テンス、②相対テンス、③恒常的表現、④現在完了、⑤特殊なタ形、の中のどれか。

(1) (　　　　) 外出する時に、窓を閉めた。

(2) (　　　　) テレビを見ていた時に、電話が鳴った。

(3) (　　　　) 今日は海が穏やかだ。

(4) (　　　　) 今度の「カラオケ」って、いつでしたっけ？

(5) (　　　　) 朱に交われば赤くなる。

(6) (　　　　) ねえ、お母さんはもう買い物に行った？

(7) (　　　　) （カレンダーを見て）そうだ、今日は子どもの誕生日だった。

(8) (　　　　) 気をつけて！　車が来たよ。

(9) (　　　　) 天皇は、日本国の象徴であり日本国民統合の象徴である。

(10) (　　　　) あそこでミスをしなければ、勝っていたよ。

(11) (　　　　) トロントにいる時に、ナイアガラの滝を訪れた。

(12) (　　　　) 昨日友達とサウナでひと汗かいた。

(13) (　　　　) 私はスパゲッティを食べる時、フォークとスプーンを使う。

解答と解説

　単文と複文の主節は、通常「絶対テンス」になります。複文の従属節は、通常「相対テンス」になりますが、同時関係では「絶対テンス」の可能性もあります。

(1)② 　外出する時に、窓を閉めた。

　　複文の従属節で、「窓を閉める（主節）→外出する」という順番です。

(2)① 　テレビを見ていた時に、電話が鳴った。

　　複文の従属節で、主節と同時関係です。両者とも過去形になっているので、「絶対テンス」です。相対テンスでは、「テレビを見ている時に、電話が鳴った」となります。

(3)① 　今日は海が穏やかだ。

　　単文のテンスです。ナ形容詞は状態性述語なので、ル形で現在の状態を表します。

(4)⑤ 　今度の「カラオケ」って、いつでしたっけ？

　　忘れたことを尋ねている「確認」のタ形です。

(5)③ 　朱に交われば赤くなる。

　　「人は付き合う人に感化される」という意味の「ことわざ」です。

(6)④ 　ねえ、お母さんはもう買い物に行った？

　　「もう」によって現在とのつながりを示している「現在完了」です。

(7)⑤ 　（カレンダーを見て）そうだ、今日は子どもの誕生日だった。

　　忘れていたことを思い出した時に使う「想起」のタ形です。

(8)④ 　気をつけて！　車が来たよ。

　　「ちょうど車が来たところ」という意味の「現在完了」です。

(9)③ 　天皇は、日本国の象徴であり日本国民統合の象徴である。

　　憲法や法律などの「規則」の文なので、「恒常的表現」になります。

(10)⑤ 　あそこでミスをしなければ、勝っていたよ。

　　実際は負けてしまったという「反事実」のタ形です。

(11)② 　トロントにいる時に、ナイアガラの滝を訪れた。

　　複文の従属節で、主節と同時関係です。主節のテンスと異なるので、「相対テンス」です。「絶対テンス」では「トロントにいた時に、ナイアガラの滝を訪れた」となります。

(12)① 　昨日友達とサウナでひと汗かいた。

　　単文です。「昨日」によって過去の事態であることがわかります。

(13)③ 　私はスパゲッティを食べる時、フォークとスプーンを使う。

　　複文の主節で、スパゲッティを食べる時の「習慣」を表しています。

なるほど！

実力診断テスト

問題1 次の(1)〜(3)について、【 】内に示した観点から見て、他と性質の異なるものを、それぞれ1〜5の中から一つずつ選べ。

(1)【テンス】

　　1　あの姉妹は性格が<u>異なる</u>。　　　　2　次郎と明子が<u>結婚する</u>。

　　3　今から研究室で<u>実験する</u>。　　　　4　今日は雪が<u>降る</u>そうだ。

　　5　古い校舎が<u>建て替えられる</u>。

(2)【「ル形」の用法】

　　1　高層ビルの周辺ではビル風が<u>吹く</u>。　　2　太陽は西に<u>沈む</u>。

　　3　風邪をひいたので薬を<u>飲む</u>。　　　　4　海老で鯛を<u>釣る</u>。

　　5　新郎と新婦は結婚式で永遠の愛を<u>誓う</u>。

(3)【動詞の性質によるタの解釈】

　　1　昔はここに小学校が<u>あった</u>。　　　2　雪の重みで屋根が<u>曲がった</u>。

　　3　雨が降って遠足が<u>中止になった</u>。　　4　大風が吹いて木が<u>倒れた</u>。

　　5　春になって富士山の雪が<u>解けた</u>。

問題2 次の(1)と(2)における【 】内の下線部は学習者による誤用を示す。これと異なる種類の誤用を、それぞれの1〜4の中から一つずつ選べ。

(1)【<u>夜寝た時に</u>、歯を磨きました。】

　　1　<u>学校へ行った途中</u>、買い物をしました。

　　2　<u>風邪をひく時は</u>、ゆっくり休んでください。

　　3　<u>英語を勉強した時に</u>、アメリカに留学したいです。

　　4　<u>食事をした前に</u>、手を洗った。

(2)【「もう宿題をやりましたか。」「いえ、<u>やりませんでした</u>。」】

　　1　「さっき雨が降りましたか。」「はい、<u>降りませんでした</u>。」

　　2　「あの映画、見ましたか。」「ううん、<u>まだ見ませんでした</u>。」

　　3　「試験の結果は届きましたか。」「いいえ、<u>まだ届きませんでした</u>。」

　　4　「ねえ、お父さん、仕事から帰ってきた？」「ううん、<u>帰ってこなかったよ</u>。」

問題3　次の文章を読み、下の問い（問1～4）に答えよ。

　テンスとは時間の流れの中で文が表す事態をどこに位置づけるかを示す文法カテゴリーである。A言語によっては文法的テンスをもたないものもあるが、日本語ではル形とタ形がこの役割を担う。

　ル形は現在または未来を表し、タ形は過去を表すことから、前者を非過去形、後者を過去形と呼ぶことがある。テンスの基本はB絶対テンスで、発話時を基準に事態の時の位置を決める。単文や複文の主節は基本的に絶対テンスである。

　これに対し、複文の従属節は主節時を基準にしたC相対テンスになることがある。主節の事態より前であればタ形が、同じか後であればル形になる。その他にも、D名詞修飾節におけるタ形は、状態、性質といった形容詞的な意味を表すことがある。この場合は事態を時間軸に位置づけるというテンス的な意味をもたないことになる。

　従属節内のル形とタ形には様々なものがあり、日本語学習者にとって間違えやすい文法事項の1つになっている。

問1　文章中の下線部Aに関して、文法的テンスをもたない言語を1つ選べ。
　　1　英語　　　　　　　2　韓国語　　　　　　3　中国語　　　　　　4　スペイン語

問2　文章中の下線部Bに関して、当てはまらないものを、次の中から1つ選べ。
　　1　明日には台風が上陸する。
　　2　外国では日本食がなつかしかった。
　　3　退職後にやりたい仕事はパン屋だ。
　　4　クジラは肺呼吸をする。

問3　文章中の下線部Cに関して、当てはまらないものを、次の中から1つ選べ。
　　1　天気がよくなった時に洗濯物を干した。
　　2　トルコに行った時にじゅうたんを買った。
　　3　雨が降っていた時にサッカーをした。
　　4　私が若い時には両親を困らせたものだ。

問4　文章中の下線部Dに関して、当てはまらないものを、次の中から1つ選べ。
　　1　賞味期限の切れた食品でも食べることができる。
　　2　事故を目撃した人に証人になってもらった。
　　3　あの眼鏡をかけた人は誰ですか。
　　4　穴が開いた硬貨は世界的に珍しい。

実力診断テスト　解答と解説

問題1

　検定試験ではル形やタ形の表す内容を問う問題がでているので、「絶対テンス」、「相対テンス」、「恒常的表現」、「現在完了」、「特殊なタ形」の違いをしっかりと区別できるようにしましょう。

(1)1　1の「異なる」は状態動詞なので、現在の事態を表します。2の「結婚する」、3の「実験する」、4の「降る」、5の「建て替えられる」は動きの動詞であるために、未来の事態を表しています。「建て替えられる」は「建て替える」の受身形です。

(2)3　3は絶対テンスです。これから「薬を飲む」という未来の意味です。それ以外は「恒常的表現」です。1は一般的な事実であり、2は真理、4はことわざ、5は一般的な事実になります。

(3)1　1は、「小学校が以前にあったが、今はない」という意味です。それ以外は結果が現在まで続いていると考えることができます。2は「屋根が曲がった」、3は「遠足が中止になった」、4は「木が倒れた」、5は「富士山の雪が解けた」、という事態が生じたという意味になります。

問題2

　テンスに関しては、従属節のテンス（相対テンス）や「現在完了」の間違いが学習者に見られます。

(1)3　【　】の文は従属節の「寝た」を「寝る」とすべきテンスの間違いです。このように従属節のル形とタ形の間違いはよくあります。1は「行った途中→行く途中」、2は「ひく時は→ひいた時は」、4は「した前に→する前に」となり、ル形とタ形の誤用です。3は、「英語を勉強した時に→英語を勉強してから／英語を勉強した後で／英語を勉強したので」などと直すことができ、テンスではなく表現の間違いになります。したがって、テンスによる誤用ではありません。

(2)1　【　】の文は「現在完了」のタ形なので、否定形を「現在完了形（テイル形）」にしなければならないのを過去形で答えている誤用です。「いえ、やっていません。」となるべきです。この観点から問題文を見ると、1は過去形の質問なので、答えを「降りました」にするか、「はい」を「いいえ」に変えれば、正しくなります。それ以外の問題文はすべて「現在完了」なので、2は「まだ見ていません」、3は「まだ届いていません」、4は「帰ってきていない」に修正します。

問題3

テンスだけに特化した問題はあまり出題されていませんが、アスペクトと関連する形で、テンスを問う問題が出ています。また、従属節におけるタ形の意味についても出題されているので、問題を解きながら、理解を深めてください。

問1　3　中国語

中国語の他にも、アジアではインドネシア語やタイ語も文法的テンスをもたない言語になります。この本では他言語のテンスについては説明しませんでしたが、日本語を教えるうえで重要な情報ですので、ぜひ覚えてください。

問2　4　クジラは肺呼吸をする。（→「恒常的表現」）

「クジラ」という海洋生物の1つの種の一般に成り立つ性質を表しています。1の「上陸する（未来）」、2の「なつかしかった（過去）」、3の「パン屋だ（現在）」、はすべて「絶対テンス」です。

問3　3　雨が降っていた時にサッカーをした。（→同時関係の「絶対テンス」）

3は、「雨が降っている」と「サッカーをする（主節時）」が同時関係になり、両者とも発話時から見たタ形（過去）が使われています。したがって、「絶対テンス」になります。従属節をル形にすると、「雨が降っている時にサッカーをした」となり、「相対テンス」となります。1は「天気がよくなる→洗濯物を干す（主節）」、2は「トルコに行く→じゅうたんを買う（主節）」という順番であり、従属節が主節より前になるためにタ形になる「相対テンス」です。4は「私が若い時」と「両親を困らせた（主節時）」が重なる同時関係にあり、過去の事態にもかかわらずル形になっていることから、「相対テンス」になります。「絶対テンス」であれば、「私が若かった時には両親を困らせた」となります。

問4　2　事故を目撃した人に証人になってもらった。（→過去形）

2のタ形は過去として使われています。それ以外のタ形は形容詞的な働きをしていて、テイル形で言い換えることができるのが特徴です。1であれば、「賞味期限の切れている食品」、3であれば「眼鏡をかけている人」、4であれば、「穴が開いている硬貨」と言うことができます。2は「事故を目撃している人」とすると、進行形の意味になり、文として不自然になります。名詞修飾節のタ形については、同様の問題が過去に複数回出題されています。

第8章

モダリティ

　モダリティ "Modality" は「〜法」や「叙法」などと訳され、文の事柄を叙述する方法（表現）のことを言います。文は命題とモダリティという2つの側面から成り立ち、文の基本構造である命題に対し、モダリティは命題に対する話し手の心的態度を表します。第3章から第7章までの文法項目は命題の内容でした。モダリティは命題に話者の気持ちを添えることで、文を完成させます。

　モダリティの表現には様々なものがありますが、検定試験に出題されているモダリティの表現は限られています。日本語の初級クラスで教えられる基本的な表現をしっかりと理解しましょう。

実力診断クイズ

皆さんは日本語のモダリティの表現について
どれくらい知っているでしょうか。以下の問題に答えることで、
モダリティに関する基礎的な知識を確認することができます。
終わったら、解答を見て自己採点をしてください。

```
     /
      / 15
```

1. 例にならって、以下の下線部の表現について、①断定のモダリティ、②意志のモダリティ、③モダリティがない、の中から１つ選び、その番号を（　）に入れてください。

（例）（　②　）　私は友達とカラオケに<u>行こう</u>。

(1)（　　）花子の恋人は<u>外国人だ</u>。　　(2)（　　）私は今から図書館で<u>勉強する</u>。

(3)（　　）あっ、雨が<u>降ってきた</u>。　　(4)（　　）彼が<u>特待生である</u>ことを知った。

(5)（　　）今日は風が<u>強い</u>。　　(6)（　　）母が買い物に<u>行く</u>のを見た。

(7)（　　）兄は<u>留学する</u>つもりだ。　　(8)（　　）祭りで駅前が<u>賑やかだった</u>。

(9)（　　）私は会社を<u>退職します</u>。　　(10)（　　）次郎は「<u>脱サラする</u>」と言った。

2. 例にならって、以下の下線部のモダリティについて、【　】の記述が正しければ〇を、正しくなければ×を、（　）に入れてください。

（例）（　〇　）　彼はまじめだから、きっと約束を<u>守るはずだ</u>。【確信のモダリティ】

(1)（　　）公務員の義務は国民に<u>奉仕することだ</u>。【当然のモダリティ】

(2)（　　）今日は朝から雨が<u>降るそうだ</u>。【推量のモダリティ】

(3)（　　）「どうしたの」「ちょっと熱が<u>あるんです</u>」【説明のモダリティ】

(4)（　　）こんな難問を出すなんて、あの<u>先生らしい</u>。【推量のモダリティ】

(5)（　　）予定では飛行機が<u>着いていなければならない</u>。【必要のモダリティ】

解答

1.

(1) （ ① ） 花子の恋人は<u>外国人だ</u>。　　(2) （ ② ） 私は今から図書館で<u>勉強する</u>。

(3) （ ① ） あっ、雨が<u>降ってきた</u>。　　(4) （ ③ ） 彼が<u>特待生である</u>ことを知った。

(5) （ ① ） 今日は風が<u>強い</u>。　　　　(6) （ ③ ） 母が買い物に<u>行く</u>のを見た。

(7) （ ② ） 兄は<u>留学するつもりだ</u>。　　(8) （ ① ） 祭りで駅前が<u>賑やかだった</u>。

(9) （ ② ） 私は会社を<u>退職します</u>。　　(10) （ ② ） 次郎は「<u>脱サラする</u>」と言った。

2.

(1) （ × ） 公務員の義務は国民に<u>奉仕することだ</u>。【当然のモダリティ】

(2) （ × ） 今日は朝から雨が<u>降るそうだ</u>。【推量のモダリティ】

(3) （ ○ ） 「どうしたの」「ちょっと<u>熱があるんです</u>」【説明のモダリティ】

(4) （ × ） こんな難問を出すなんて、あの<u>先生らしい</u>。【推量のモダリティ】

(5) （ × ） 予定では飛行機が<u>着いていなければならない</u>。【必要のモダリティ】

どうだったかな?

1は、モダリティの基本である「断定」と「意志」についての問題です。

モダリティの表現には様々なものがありますが、その中でも「断定」と「意志」のモダリティは基本的な表現となります。平叙文は話し手がとらえた現実世界の実態を聞き手に伝えるものであり、そのような事態の直接的な伝達が「断定のモダリティ」になります。また、発話時において自分自身の行為の実行を表明するのが「意志」になります。両者の基本的な用法をしっかりと理解しましょう。

2は、モダリティの表現とそれとは異なる意味の表現についての問題です。

検定試験ではモダリティの表現の中で異なる意味をもつものを選ばせる問題が出題されています。基本的なモダリティの意味と、それとは異なる意味との違いを理解する必要があります。まずは、それぞれのモダリティの表現を学習し、その後、それとは異なる表現との比較の中で理解を深めてください。

1．モダリティ

日本語文は、文の基本的な部分である**命題**とそれに対する話し手の心的態度を表す**モダリティ**からなり、文の骨格である命題をモダリティの表現で覆うような関係にあります。

この２つの側面は、「コトとムード」、「言表事態と言表態度」と呼ばれることもあります。モダリティの表現には様々なものがありますが、基本的には述語の最後に付きます。このことを、これまでに見てきた文法カテゴリー（ヴォイス、アスペクト、テンス）と一緒に表すと、以下のようになります。

主題の「～は」はモダリティ的な働きがあり、階層的にはモダリティと同様に命題の外にあります。また、述語の文法カテゴリーには順番があり、変えることはできません。たとえば、「先生は生徒に作文を書かせていたらしい。」という文であれば、

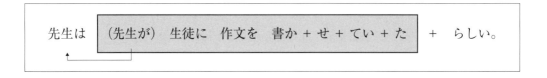

と分析できます。ヴォイス「せ（使役）」＋アスペクト「てい（継続）」＋テンス「た（過去）」＋モダリティ「らしい（推量）」という順番になります。ただし、ヴォイスとアスペクトは動詞だけに現れる文法カテゴリーです。

　モダリティの表現の分類は様々なものが文法書で紹介されていますが、このテキストでは一番シンプルな分類で説明しています。日本語教育の現場では、モダリティの表現はその意味とともに１つ１つ導入され、詳細な分類は必要としないからです。本章では、日本語初級の教科書で扱われる基本的な表現を中心に見ていきます。

 **Point** モダリティ

(1)日本語文の構成：命題（成分＋述語）とモダリティ
(2)述語の文法カテゴリー：語幹＋ヴォイス＋アスペクト＋テンス（＋モダリティ）

基礎問題

次の文の下線部はモダリティの前の述語（命題）である。例にならって、述語に現れ
る文法カテゴリーを、①ヴォイス、②アスペクト、③テンスから選び、順に、その番
号を（　）に入れよ。

(例)（　語幹　＋　③　）肉親との別れは<u>悲しい</u>ものだ。（→語幹＋テンス（悲し-い））
　(1)（　語幹　＋　　　）太郎は彼女に何度も<u>振られつづけた</u>らしい。
　(2)（　語幹　＋　　　）山田さんは<u>技術者だった</u>そうだ。
　(3)（　語幹　＋　　　）このパソコンは<u>壊れている</u>にちがいない。
　(4)（　語幹　＋　　　）息子は、宿題を忘れて、廊下に<u>立たされていた</u>そうだ。

【解答と解説】　文法カテゴリーの順番を確認する問題です。(1)①②③（→振-られ-つづけ-
た）(2)③（→技術者-だった）、(3)②③（→壊れ-てい-る）、(4)①①②③（→立た-さ-れ-てい
-た）または、使役受身を1つのヴォイスとすると、①②③（→立た-され-てい-た）

実践問題

【　】内に示した観点から見て、他と性質の異なるものを、1～5の中から1つ選べ。

【モダリティ】
　　1　言表態度　　2　ムード　　3　アスペクト　　4　心的態度　　5　文末表現

【解答と解説】　1と2は、モダリティとほぼ同じ意味で使われます。3は命題に使われる述
語の文法カテゴリーです。4はモダリティの基本的な意味です。5はモダリティの表現が文
末に現れることが多いことから、モダリティと強い関連性があります。このことから、3だ
けがモダリティとは直接関係のない用語であることがわかります。したがって、答えは3に
なります。

２．対事的モダリティと対人的モダリティ

　モダリティは、命題の扱い方によって、大きく**対事的モダリティ**と**対人的モダリティ**に分けられます。前者は、話し手が命題の内容をどのようにとらえるか、後者は、命題の内容をどのように聞き手に働きかけるか、という視点になります。

＜対事的モダリティ＞

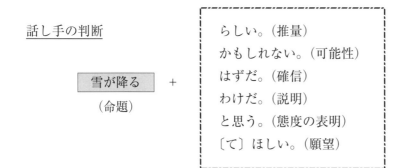

話し手の判断

雪が降る	＋
（命題）	

- らしい。（推量）
- かもしれない。（可能性）
- はずだ。（確信）
- わけだ。（説明）
- と思う。（態度の表明）
- 〔て〕ほしい。（願望）

＜対人的モダリティ＞

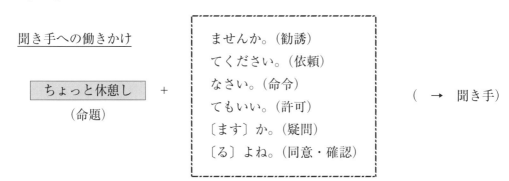

聞き手への働きかけ

ちょっと休憩し	＋
（命題）	

- ませんか。（勧誘）
- てください。（依頼）
- なさい。（命令）
- てもいい。（許可）
- 〔ます〕か。（疑問）
- 〔る〕よね。（同意・確認）

（　→　聞き手）

　モダリティの形式は単独で使われる場合もありますが、多くの場合、複数の形式が組み合わさって表現されます。対事的モダリティと対人的モダリティが一緒に表される場合は、基本的に「対事的モダリティ」→「対人的モダリティ」の順番になります。（→資料 22「モダリティ（主な表現）」P.30参照）

１）大雨で電車が遅れている　<u>みたいだ</u>　<u>よ</u>。
　　　　　　　　　　　　　　　対事的　対人的

２）日本はサッカーでベスト８に進める　<u>だろう</u>　<u>か</u>　<u>ねえ</u>。
　　　　　　　　　　　　　　　　　　　対事的　対人的　対人的

 **Point** 対事的モダリティと対人的モダリティ

(1)**対事的モダリティ**：どのように話し手が命題をとらえるか

(2)**対人的モダリティ**：どのように命題を聞き手に働きかけるか

基礎問題

次の下線部は、①対事的モダリティ、②対人的モダリティのどちらか。例にならって、その番号を（　）の中に入れよ。

(例)（　①　）天気が悪くなる<u>かもしれない</u>。（→可能性）

(1)（　　　）ちょっとそこの商店街で買い物でも<u>しませんか</u>。

(2)（　　　）君はこれから出かける<u>よね</u>。

(3)（　　　）観光客がもっと増える<u>はずだ</u>。

(4)（　　　）子どもに時々家事を手伝っ<u>てほしい</u>。

(5)（　　　）そこならバーベキューを<u>してもいい</u>よ。

【解答と解説】　対人的モダリティは聞き手に働きかけがある表現です。

(1)②（→勧誘）、(2)②（→確認）、(3)①（→確信）、(4)①（→願望）、(5)②（→許可）

実践問題

【　】内に示した観点から見て、他と性質の異なるものを、1〜5の中から1つ選べ。

【対人的モダリティ】

1　娘には幸せな人生を送っ<u>てほしい</u>です。

2　またいたずらをしたな。罰としてトイレ掃除を<u>しなさい</u>。

3　お腹がすきましたね。地下の食堂街で食事でも<u>しませんか</u>。

4　しばらく休憩し<u>てもいい</u>ですよ。

5　申し訳ありませんが、図書館では大きな声を出さない<u>でください</u>。

【解答と解説】　2〜5はすべて相手への働きかけがあります。1は「願望のモダリティ」で、対人的な働きかけはありません。したがって、答えは1です。

3．断定と意志のモダリティ

　ここからは、多くのモダリティの中でも、初級教科書でよく扱われる代表的なモダリティ（対事的）について、用法別に見ていきます。まず、ゼロの形式である**断定のモダリティ**と**意志のモダリティ**から説明します。

（1）断定のモダリティ（〜φ）

　話し手の知っていることや認識したことを直接的に聞き手に伝えます。文が普通形で言い切られると、ゼロの形式 (φ) である「断定のモダリティ」になります。否定形の言い切りも同様です。なお、断定のモダリティの丁寧形は「〜です／ます」となります。

　　1）花子は母親と買い物に<u>出かける</u>φ。（動詞）
　　2）キャベツの値段が<u>高いです</u>。（イ形容詞の丁寧形）
　　3）同窓会で幼なじみに会えるのがとても<u>楽しみだった</u>φ。（ナ形容詞）
　　4）人類は地球上で最も繁栄した<u>種ではない</u>φ。（名詞述語の否定形）
　　(c.f.)<u>花子が母親と買い物に出かける</u>のを見た。
　　　　　（→「言い切り」ではないので「断定のモダリティ（φ）」はない。）

（2）意志のモダリティ（〜φ、〜よう、〜つもりだ）

　話し手が自分自身の行為の実行を伝えます。<u>一人称の意志動詞（意図的な行為を表す動詞）がル形で言い切られる</u>と、意志のモダリティ「〜φ」（丁寧形は「〜ます」）になります。

　　5）調べたいことがあるので、私は今から図書館に<u>行く</u>φ。（一人称の意志動詞のル形）
　　(c.f.)調べたいことがあったので、私は昨日図書館に<u>行った</u>φ。
　　　　　（→一人称の意志動詞でも過去形は「断定のモダリティ」になる。）
　　6）私は大学で日本語教育を<u>学びます</u>。（一人称の意志動詞の丁寧形）
　　(c.f.)<u>山田さん</u>は大学で日本語教育を<u>学びます</u>。
　　　　　（→一人称以外の場合は、「断定のモダリティ（丁寧形）」になる。）

　意志のモダリティには、形のある「〜よう」「〜つもりだ」などもあります。「〜よう」は一人称だけに使われますが、「〜つもりだ」は、他者の意志を表すことができます。

　　7）宝くじが当たったら、大きな家を<u>建てよう</u>。（一人称）
　　(c.f.)×宝くじが当たったら、<u>太郎</u>は大きな家を<u>建てよう</u>。（他者には使えない）
　　8）定年退職したら、田舎で農業を<u>するつもりだ</u>。（一人称）
　　(c.f.)定年退職したら、<u>太郎</u>は田舎で農業を<u>するつもりだ</u>。（他者にも使える）

 **Point**

断定と意志のモダリティ

(1)断定のモダリティ:「〜φ」文の言い切りの形（丁寧形は「〜です／ます」）

(2)意志のモダリティ:「〜φ」一人称の意志動詞の言い切りの形（ル形、丁寧形は「〜ます」）、
「〜よう」一人称、「〜つもりだ」一人称（他者の意志表現も可能）

基礎問題

- -

次の下線部は、①断定、②意志、③モダリティがない、のどれか。例にならって、その番号を（　）の中に入れよ。

(例)（　②　）私は今度新しい会社を<u>立ち上げる</u>。（→一人称の意志動詞）

(1)（　　）次郎は「絶対に<u>歌手になる</u>」と言った。

(2)（　　）教室には学生が誰も<u>いなかった</u>。

(3)（　　）そのパーティに彼が<u>来る</u>のは想定外だった。

(4)（　　）明日の会合に鈴木さんが<u>出席します</u>。

(5)（　　）これからコンビニに寄ってから<u>帰ります</u>。

【解答と解説】　言い切りの形の違いに注意しましょう。(1)②（→一人称の意志動詞、引用節（→ P.184）は独立した文と同じ）、(2)①（→三人称の言い切り）、(3)③（→言い切りではない）、(4)①（→三人称の言い切り）、(5)②（→一人称の意志動詞）

実践問題

- -

【　】内に示した観点から見て、他と性質の異なるものを、1〜5の中から1つ選べ。

【意志のモダリティ】

1　家に帰ってシャワーを<u>浴びよう</u>。　　2　私は高校を出たら<u>就職する</u>。

3　私は試験を<u>受けないつもりだ</u>。　　4　私が<u>手伝いましょう</u>。

5　太郎は明日東京に<u>出発する</u>。

【解答と解説】　1は意志の「〜よう」、2は一人称による意志のモダリティ「〜φ」、3は意志の「〜つもりだ」、4は意志の「〜よう」の丁寧形。5だけが三人称の言い切りの形なので、断定です。したがって、答えは5になります。

４．推量と可能性のモダリティ

　推量のモダリティは話し手が直接知ることのできない情報を想像や思考によって間接的に表します。**可能性のモダリティ**はある事態の実現の可能性を表現します。

（１）推量のモダリティ（～だろう、～ようだ／～みたいだ、～らしい、～そうだ）

⑴～だろう（断定形に対応する非断定形で、想像や思考による判断）

　・父は家にいる<u>だろう</u>。（非断定形）　←→　父は家にいる。（断定形）

⑵～ようだ／～みたいだ（話し手の観測による事態の把握。）

　・このメロンは腐っている<u>ようだ</u>／<u>みたいだ</u>。（「～みたいだ」は会話で使われる）

⑶～らしい（観察された証拠による推定）

　・空が明るくなってきた。雨が止んだ<u>らしい</u>。

⑷～そうだ（外観からの兆候の判断。動詞の連用形に接続する。）

　・ワイシャツのボタンが<u>取れそうだ</u>。

◇推量とは異なる意味のモダリティ◇

⑴確認の「～だろう」（念を押して確認をする）

　・向こうに白い建物が見える<u>だろう</u>？　あれが病院だよ。

⑵比喩の「～ようだ／～みたいだ」（わかりやすいものに例えて示す）

　・Ｔ大学に合格できるなんて、夢を見ている<u>ようだ</u>／<u>みたいだ</u>。

⑶典型の「～らしい」（同類の中でその特徴を最もよく表す）

　・山田さんの実直できまじめな性格は、いかにも公務員<u>らしい</u>。

⑷伝聞の「～そうだ」（人から聞いたことを述べる。普通形に接続。）

　・雪が<u>降ったそうだ</u>。（cf. 雪が<u>降りそうだ</u>。→推量）

（２）可能性のモダリティ（～かもしれない）

⑴～かもしれない（事態に可能性があると認識する）

　・このまま頑張れば、検定試験に合格できる<u>かもしれない</u>。

◇可能性とは異なる意味のモダリティ◇

⑴承認の「～かもしれない」（相手の見方を認めて、別の主張を行う）

　・なるほど彼は仕事ができる<u>かもしれない</u>。でも、うぬぼれが強すぎる。

 **point** 推量と可能性のモダリティ

(1)推量のモダリティ：〜だろう、〜ようだ／〜みたいだ、〜らしい、〜そうだ

(2)可能性のモダリティ：〜かもしれない

基礎問題

例にならって、次の下線部について、推量のモダリティには○を、そうではない表現には×を（　）に入れよ。

(例)（　×　）今日は夕立がある<u>そうだ</u>。（→伝聞）

(1)（　　）風に吹かれて散る桜の花びらが<u>雪みたいだ</u>。写真を撮ろう。

(2)（　　）そうだよ。やればできる<u>だろう</u>？

(3)（　　）風がぴたりと止んだ。台風の目に入った<u>らしい</u>。

(4)（　　）大きな雲が近づいてきた。これから、雨が降り<u>そうだ</u>。

(5)（　　）風が強くなってきた。台風が近づいている<u>ようだ</u>。

【解答と解説】　推量のモダリティとそうではない表現の問題です。(1)×（→花びらを雪に例えた比喩表現）、(2)×（→やればできるという確認）、(3)○（→風の停止による推量）、(4)○（→雲の接近による推量）、(5)○（→強風による推量）

実践問題

【　】内に示した観点から見て、他と性質の異なるものを、1〜5の中から1つ選べ。

【「かもしれない」の用法】

1　雨が降る<u>かもしれない</u>が、試合はやる。　2　娘が留学する<u>かもしれない</u>。

3　雪で電車が遅れる<u>かもしれない</u>。　4　不況で解雇される<u>かもしれない</u>。

5　彼は学者<u>かもしれない</u>が、一般常識に疎い。

【解答と解説】　1〜4は可能性を表すモダリティです。5だけが承認を表すモダリティです。したがって、答えは5になります。

５．確信と説明のモダリティ

　確信のモダリティは、断定はできないが、話者が判断を当然視しているということを表します。**説明のモダリティ**はある事態に対する理由などを表します。

（１）確信のモダリティ （〜はずだ、〜にちがいない）

⑴〜はずだ（客観的な証拠に基づく確信）

　　・テストで 100 点を取ったから、成績は「秀」になる<u>はずだ</u>。

⑵〜にちがいない（客観的な証拠を必要としない主観的な確信）

　　・母の機嫌がすごくいいのは、きっと何かいいことがあったから<u>にちがいない</u>。

◇確信とは異なる意味のモダリティ◇

⑴疑問氷解・納得の「〜はずだ」（原因を知って納得する）

　　・旅行に行っていたのか。どうりで家に行っても誰もいない<u>はずだ</u>。

⑵確認の「〜にちがいない」（前提となっている事実を確認する）

　　・確かに国内では彼が一番<u>にちがいない</u>が、世界大会では入賞できないだろう。

（２）説明のモダリティ （〜のだ（〜んだ）、〜わけだ）

⑴〜のだ（〜んだ）（ある前提や状況に対する説明）

　　・明日はお休みします。用事がある<u>んです</u>。（理由を提示する）

　　・なぜ仕事を休ん<u>だんです</u>か。（「なぜ／どうして」とセットで理由を尋ねる）

⑵〜わけだ（論理的必然性による説明）

　　・天候不順のせいで、野菜の値段が高くなっている<u>わけだ</u>。（値段の高騰の理由）

　　・もう 10 月か。涼しくなってきた<u>わけだ</u>。（涼しくなってきた理由）

◇説明とは異なる意味のモダリティの表現◇

⑴発見・命令の「〜のだ（〜んだ）」（何かを発見したり命令したりする）

　　・そうか、このふたは右ではなく左に回して外す<u>んだ</u>。（発見）

　　・声が小さい。もっと大きな声を出す<u>んだ</u>。（命令）

⑵言い換えの「〜わけだ」（同じ内容を別の言葉で言い換える）

　　・マリアは肉も魚も食べないそうだ。つまり、菜食主義者という<u>わけだ</u>。

 **Point** 確信と説明のモダリティ

(1)確信のモダリティ：〜はずだ、〜にちがいない

(2)説明のモダリティ：〜のだ（〜んだ）、〜わけだ

基礎問題

例にならって、次の下線部について、確信のモダリティには○を、そうではない表現には×を（　）に入れよ。

(例)（　○　）この人出は、何かイベントがある<u>にちがいない</u>。（→主観的な確信）

(1)（　　）鈴木さんは昨日から出張しているので、家にはいない<u>はずだ</u>。

(2)（　　）その人は母親に<u>にちがいない</u>が、子どもを育てる資格はない。

(3)（　　）花子と夏子は幼なじみだから、お互いをよく知っている<u>はずだ</u>。

(4)（　　）太郎は学校を休んでいるが、風邪でもひいた<u>にちがいない</u>。

(5)（　　）事故があったのか。どうりで渋滞している<u>はずだ</u>。

【解答と解説】　確信とは異なる意味のモダリティの問題です。(1)○（→出張を根拠にした確信）、(2)×（→母親であるという確認）、(3)○（→幼なじみという事実に基づく確信）、(4)○（→太郎の休みに対する主観的な確信）、(5)×（→事故を知って、納得した気持ち）

実践問題

【　】内に示した観点から見て、他と性質の異なるものを、1〜5の中から1つ選べ。

【「〜のだ（〜んだ）」の用法】

1　あれ、雪が降っている<u>んだ</u>。　　2　そうか、田中さんはまだ学生<u>なんだ</u>。

3　そう、その調子でやる<u>んだ</u>。　　4　へえ、こんな時計がある<u>んだ</u>。

5　なんだ、このボタンを押せばいい<u>んだ</u>。

【解答と解説】　1、2、4、5は発見の「〜んだ」です。3は命令の「〜んだ」です。したがって、答えは3になります。

6．当然・回想・詠嘆・勧めと必要のモダリティ

　当然・回想（昔を思い出す）・詠嘆（気持ちを声に出す）のモダリティは「～ものだ」で、詠嘆・勧めのモダリティは「～ことだ」で表されます。必要のモダリティは事態の妥当性やそれが不可欠であることを表します。これらのモダリティは状況によって、対事的モダリティになったり、対人的モダリティになったりします。

（1）当然・回想・詠嘆と、詠嘆・勧めのモダリティ（～ものだ（～もんだ）、～ことだ）

⑴～ものだ（～もんだ）（聞き手に働きかける時は対人的モダリティになる）

　　・学生は一生懸命に勉強する<u>ものだ</u>。（当然→対事的）

　　・いいか、親戚を訪問する時は、菓子折りぐらい持っていく<u>ものだ</u>。（当然→対人的）

　　・あの頃は、毎年家族でキャンプに行った<u>ものだ</u>。（回想→対事的）

　　・まったく毎日雨がよく降る<u>もんだ</u>。（詠嘆→対事的）

⑵～ことだ（聞き手に働きかける時は対人的モダリティになる）

　　・日本人がメジャー大会で優勝するなんて、うれしい<u>ことだ</u>。（詠嘆→対事的）

　　・コンクールで入賞したいのなら、もっと練習する<u>ことだ</u>。（勧め→対人的）

◇形式は同じでもモダリティではない表現◇

⑴所有や具体物を表す「～ものだ」

　　・このカメラは、父の<u>ものだ</u>。（所有）

⑵主語の名詞を受ける「～ことだ」　→　名詞節（→ P.183）

　　・私の夢は、海外で日本語を教える<u>ことです</u>。（「～こと」による節の名詞化）

（2）必要のモダリティ（～べきだ、～なければならない／～なければいけない）

⑴～べきだ（事態の必要性の判断）

　　・日本はもっと環境対策に取り組む<u>べきだ</u>。（事態の必要性→対事的）

　　・あなたは友達に謝る<u>べきだ</u>。（聞き手への忠告→対人的）

⑵～なければならない／～なければいけない（事態が不可欠であるという判断）

　　・今日中に課題を提出し<u>なければならない</u>。（事態の必要性→対事的）

　　・君はもっと謙虚になら<u>なければいけない</u>。（聞き手への忠告→対人的）

◇必要とは異なる意味のモダリティ◇

⑴当然の「～なければならない／～なければいけない」（論理的必然性）

　　・子どもが３時に下校したのなら、もうとっくに家に着いてなければならない。

Point 当然・回想・詠嘆・勧めと必要のモダリティ

(1)当然・回想・詠嘆・勧めのモダリティ：〜ものだ（〜もんだ）、〜ことだ

(2)必要のモダリティ：〜べきだ、〜なければならない／〜なければいけない

基礎問題

次の下線部の「〜ものだ」と「〜ことだ」の用法は、①当然、②回想、③詠嘆、④勧め
のどれか。例にならって、番号で答えなさい。

(例)（　②　）小学校では友達とよくケンカした<u>ものだ</u>。（→昔の回想）

(1)（　　　）この川でよく泳いだ<u>ものだ</u>。

(2)（　　　）何があっても、親には従う<u>ものだ</u>。

(3)（　　　）文句を言わないで、黙って仕事をする<u>ことだ</u>。

(4)（　　　）子どもから祝ってもらって、なんて幸せな<u>ことだ</u>。

【解答と解説】　様々な意味をもつ「〜ものだ／〜ことだ」の問題です。検定試験にも出題さ
れています。(1)②（→昔の回想）、(2)①（→当然の行為）、(3)④（→相手への勧め）、
(4)③（→幸せな気持ちの表現）

実践問題

【　】内に示した観点から見て、他と性質の異なるものを、1〜5の中から1つ選べ。

【「〜なければならない」の用法】

　　1　家に帰って、食事の支度を<u>しなければならない</u>。

　　2　来週、韓国へ出張<u>しなければならない</u>。

　　3　その問題は、首脳会談までに決着してい<u>なければならない</u>。

　　4　会議が始まるので、そろそろ行か<u>なければならない</u>。

　　5　予定では飛行機はもう到着してい<u>なければならない</u>。

【解答と解説】　1、2、3、4は事態の必要性を表しますが、5は「当然そうあるべき」と
いう論理的必然性を表しています。したがって、答えは5になります。

もう一度！

第8章のまとめ

1．モダリティの種類

⑴対事的モダリティ：命題に対する話し手のとらえ方の表現

⑵対人的モダリティ：命題を聞き手に働きかける表現

2．主なモダリティの表現

⑴断定（〜φ）と意志（〜φ、〜よう、〜つもりだ）　⑵推量（〜だろう、〜ようだ／〜みたいだ、〜らしい、〜そうだ）　⑶可能性（〜かもしれない）　⑷確信（〜はずだ、〜にちがいない）　⑸説明（〜のだ、〜わけだ）　⑹当然・回想・詠嘆・勧め（〜ものだ、〜ことだ）　⑺必要（〜べきだ、〜なければならない／〜なければいけない）

3．上のモダリティとは異なる表現

⑴確認の「〜だろう」　⑵比喩の「〜ようだ／〜みたいだ」　⑶典型の「〜らしい」　⑷伝聞の「〜そうだ」　⑸承認の「〜かもしれない」　⑹疑問氷解・納得の「〜はずだ」　⑺確認の「〜にちがいない」　⑻発見・命令の「〜のだ」　⑼言い換えの「〜わけだ」　⑽所有や具体物を表す「〜ものだ」　⑾名詞を受ける「〜ことだ」　⑿当然の「〜なければならない／〜なければいけない」（＊⑽と⑾はモダリティの表現でない）

練習問題 ✏✏

モダリティの観点から見て、性質の異なるものを1〜4から1つ選びなさい。

⑴　1　私は東京で就職する。
　　2　花子は「結婚したい」と言った。
　　3　太郎は進学するつもりだ。
　　4　私が留学するのを皆知っていた。

⑵　1　風が吹くようだ。
　　2　彼の頭はお坊さんみたいだ。
　　3　看板が倒れそうだ。
　　4　リモコンの電池が切れたらしい。

⑶　1　父は大学合格を喜ぶはずだ。
　　2　今日の会合に太郎は来るはずだ。
　　3　彼なら面接に受かるはずだ。
　　4　プロか、どうりでうまいはずだ。

⑷　1　寒い、冷房が効いてるんだ。
　　2　うるさい、セミが鳴いてるんだ。
　　3　くさい、何か焦げてるんだ。
　　4　汚い、きれいに掃除するんだ。

⑸　1　お客様が上座に座るものだ。
　　2　この運動場でよく遊んだものだ。
　　3　呼ばれたら返事するものだ。
　　4　恩師には年賀状を書くものだ。

⑹　1　趣味はギターを弾くことだ。
　　2　辛かったら我慢しないことだ。
　　3　とにかくまじめにやることだ。
　　4　怒られても気にしないことだ。

解答と解説

　モダリティの表現は非常に多いので、その意味の種類を暗記する必要はありませんが、どのような心的態度を表しているのか、文を見た時に理解できるようにしましょう。また、その心的態度が命題に向かっているのか（対事的）、聞き手に向かっているのか（対人的）も重要です。この問題では、モダリティの意味の違いに気づくことを練習します。

(1) **4** 1　私は東京で<u>就職する</u>φ。（→意志）

　　　2　花子は「<u>結婚したい</u>」と言った。（→意志）

　　　3　太郎は<u>進学するつもりだ</u>。（→意志）

　　　4　私が<u>留学する</u>のを皆知っていた。（→文中なのでモダリティはない。）

(2) **2** 1　風が<u>吹くようだ</u>。（→推量）

　　　2　彼の頭はお坊さん<u>みたいだ</u>。（→比喩表現）

　　　3　看板が倒れ<u>そうだ</u>。（→推量）

　　　4　リモコンの電池が切れた<u>らしい</u>。（→推量）

(3) **4** 1　父は大学合格を喜ぶ<u>はずだ</u>。（→確信）

　　　2　今日の会合に太郎は来る<u>はずだ</u>。（→確信）

　　　3　彼なら面接に受かる<u>はずだ</u>。（→確信）

　　　4　プロか、どうりでうまい<u>はずだ</u>。（→疑問氷解・納得）

(4) **4** 1　寒い、冷房が効いてる<u>んだ</u>。（→発見）

　　　2　うるさい、セミが鳴いてる<u>んだ</u>。（→発見）

　　　3　くさい、何か焦げてる<u>んだ</u>。（→発見）

　　　4　汚い、きれいに掃除する<u>んだ</u>。（→命令）

(5) **2** 1　お客様が上座に座る<u>ものだ</u>。（→当然）

　　　2　この運動場でよく遊んだ<u>ものだ</u>。（→回想）

　　　3　呼ばれたら返事する<u>ものだ</u>。（→当然）

　　　4　恩師には年賀状を書く<u>ものだ</u>。（→当然）

(6) **1** 1　趣味はギターを弾く<u>ことだ</u>。（→名詞化の「～こと」、モダリティではない。）

　　　2　辛かったら我慢しない<u>ことだ</u>。（→勧め）

　　　3　とにかくまじめにやる<u>ことだ</u>。（→勧め）

　　　4　怒られても気にしない<u>ことだ</u>。（→勧め）

なるほど！

実力診断テスト

問題1　次の(1)～(3)について、【　】内に示した観点から見て、他と性質の異なるものを、それぞれ1～5の中から1つずつ選べ。

(1)【「～ないか」の意味】

1　もっとこっちに来ないか。　　　　2　一緒にテニスをしないか。

3　週末に映画でも見ないか。　　　　4　今晩焼肉を食べに行かないか。

5　疲れたから、そのベンチに座らないか。

(2)【「勧め・忠告」のモダリティ形式】

1　本を読むべきだ。　　　　　　　　2　本を読むものだ。

3　本を読むことだ。　　　　　　　　4　本を読んでもいい。

5　本を読んだらいい。

(3)【「～らしい」の機能】

1　傘がない。どこかに忘れたらしい。

2　微熱がある。風邪をひいたらしい。

3　自分の主張を通すなんて彼らしい。

4　服装からしてあの人が庭師さんらしい。

5　雨どいが外れているが、この間の台風で壊れたらしい。

問題2　次の(1)と(2)における【　】内の下線部は学習者による誤用を示す。これと異なる種類の誤用を、それぞれの1～4の中から1つずつ選べ。

(1)【あの女子高生、冬なのにミニスカートですよ。見るからに寒いそうです。】

1　実際に近くで見ると、思ったより難しいそうです。

2　急に雲が出てきました。今にも夕立が降るそうです。

3　玄関を開ける音がしました。子どもが帰ってきたそうです。

4　かわいがっていた犬が死んで、ご主人は寂しいそうです。

(2)【「なぜ日本語を勉強していますか。」「就職に有利になるからです。」】

1　「どうして宿題をやりませんでしたか。」「すみません。忘れていました。」

2　「体をどうしましたか。」「ちょっと疲れて休んでいます。」

3　「どうして黙っていましたか。」「皆が心配すると思ったからです。」

4　「なぜこの学校を選びましたか。」「友達がいたからです。」

168

問題3　次の文章を読み、下の問い（問1〜4）に答えよ。

　文は、A命題とモダリティという2つの側面から成り立っている。命題は、その文が伝える事柄的な内容を表し、Bモダリティはその文の内容に対する話し手の判断や聞き手に対する伝え方といった文の述べ方を表す。

　モダリティの分類には様々なものがあるが、日本語教育の現場では、それぞれの意味に沿って導入されるので、どのような状況でそれらの表現が使われるかということを理解していれば、あまり専門的な分類にこだわらなくてもいいだろう。

　構造面から見ると、日本語は命題レベルの要素が文の内側に、モダリティレベルの要素が文の外側に現れる傾向がある。命題における述語は、C語幹＋ヴォイス＋アスペクト＋テンスの順に現れるのが基本である。モダリティでは、D対事的モダリティ＋対人的モダリティの順番になるのが普通だ。

問1　文章中の下線部Aに関して、ほぼ同じ内容の組み合わせを次の1〜4の中から一つ選べ。

1　コトとムード　　　2　用言と体言　　　3　主題と解説　　　4　前提と含意

問2　文章中の下線部Bに関して、文としての形をとりながら、モダリティをもたないものがある。次の1〜4の下線部の文の中から最も適当なものを、一つ選べ。

1　私は絶対に自分の夢をあきらめない。太郎はきっぱりと言った。

2　いじめの実態を明らかにする。それが今この学校に求められていることだ。

3　努力は必ず報われる。苦しい時にいつも思い出される言葉だ。

4　あっ、変な動物が泳いでいる。川を見ていた子どもが叫んだ。

問3　文章中の下線部Cに関して、この要素をすべてもつものを、次の1〜4の中から一つ選べ。

1　鈴木さんは上司から突然台湾に出張させられた。

2　母親がコンビニでお菓子を子どもにせがまれていた。

3　家に帰ったら玄関に荷物が置いてあった。

4　父親は家族から喫煙を止めさせられた。

問4　文章中の下線部Dに関して、これに当てはまるものを、次の1〜4の中から一つ選べ。

1　旅行するために今からバイトをしようと思います。

2　ちょっと仕事を手伝ってくれませんか。

3　今年はインフルエンザが流行するそうだよ。

4　その入り口は入ってはいけないよ。

実力診断テスト　解答と解説

問題1

モダリティの問題は異なる意味の違いに敏感になることです。問題を解きながら、モダリティの表現に慣れていきましょう。

(1) **1**　1の「〜ないか」は聞き手に行動することを求めています。それ以外の2〜5は、話し手と聞き手が一緒に行動する勧誘の「〜ないか」です。

(2) **4**　4の「〜てもいい」は許可です。1の「〜べきだ」、2の「〜ものだ」、3の「〜ことだ」、5の「〜たらいい」はすべて聞き手への勧め・忠告を表しています。

(3) **3**　3の「〜らしい」は典型の意味です。自己主張の強い彼が自分の主張を通したのはいかにも彼らしいという意味です。それ以外はすべて推量になります。

問題2

モダリティの表現で学習者がよく間違えるのは、推量の「〜そうです」と説明の「〜んです」の使い方です。前者は接続の仕方による誤用、後者は使用状況における誤用が見られます。

(1) **3**　【　】の文は推量の「〜そうです」の接続に間違いがあります。形容詞の場合は語幹に、動詞の場合は連用形に、「〜そうです」が接続します。したがって、「寒いそうです→寒そうです」となります。問題文を見ると、1は、「難しいそうです→難しそうです」、2は、「降るそうです→降りそうです」、3は、「帰ってきたそうです→帰ってきたようです」、4は、「寂しいそうです→寂しそうです」となり、3だけが、接続でなくモダリティの種類の間違いになります。

(2) **2**　【　】の文は「勉強していますか→勉強しているんですか」となります。「なぜ／どうして」が使われる質問文では、「〜のだ」が原則として使われます。「〜のだ」を使わないと、何か問い詰めているような感じがします。学習者がうまく使えない表現です。1は、「やりませんでしたか→やらなかったんですか」、2は「体を」を取れば自然な文になります。「どうしましたか」でも「どうしたんですか」でも両方の使用が可能になります。3は、「黙っていましたか→黙っていたんですか」、4は、「選びましたか→選んだんですか」となります。したがって、2が答えとなります。

問題3

モダリティの問題では命題との関係で出題されることが多いといえます。モダリティの表現は命題をどのように扱うのかという観点で異なる用法になります。対事的、対人的といった見方も理解しておきましょう。

問1　1　コトとムード

「命題とモダリティ」は学者によって異なる言い方がされますが、「コトとムード」「言表事態と言表態度」などとも呼ばれます。

問2　2　いじめの実態を明らかにする。（→モダリティをもたない）

モダリティは基本的に文の最後に付き、言い切りの場合は断定／意志（φ）のモダリティが付きます。しかし、文中での節にはモダリティがありません。2の場合は、後に続く文の「それ」がその内容を受けているので、下線部の文は文中での節と同じ働きをしています。つまり、「いじめの実態を明らかにするのが今この学校に求められていることだ。」という文と同じになります。1は「私は絶対に夢をあきらめないφ。」という意志のモダリティ、3は、「努力は必ず報われるφ。」という断定のモダリティ、4は、「あっ、変な動物が泳いでいるφ。」という断定のモダリティの表現となります。

問3　2　せがまれていた（→「せがま－れ－てい－た」）

2にはヴォイス（受身の「〜れ」、アスペクト（動きの進行の「〜てい」）、テンス（過去の「〜た」）の表現が含まれています。1は、語幹と使役（ヴォイス）と受身（ヴォイス）とテンス「出張さ－せ－られ－た」になります。3は、語幹とアスペクトとテンス「置い－てあっ－た」になります。4は、語幹と使役（ヴォイス）と受身（ヴォイス）とテンス「止め－させ－られ－た」になります。

問4　3　今年はインフルエンザが流行する そうだ よ。

3の「〜そうだ」は伝聞で対事的、「〜よ」は聞き手への注意で対人的となります。1は「〜しよう」は意志、「〜と思います」は態度の表明で、両者とも対事的です。2は、「〜てくれませんか」は依頼で、対人的です。4は、「〜てはいけない」は不許可、「〜よ」は注意、で両者とも対人的になります。したがって、対事的と対人的の組み合わせは3だけになります。

できたかな？

第9章

複文

述語を2つ以上もつ文のことを複文と呼びます。第8章までは単文（述語が1つだけの文）における文法現象を見てきました。より複雑な内容を伝えるためには複文の構造の知識が必要になります。

複文を理解することは、日本語文の構造を正しく分析することにつながります。文の座りの悪さの原因が複文の誤った構造に潜んでいたということがよくあります。

検定試験では、複文に関する問題が非常に多く出題されています。この章では、複文の構造を理解する基本的な力と、様々な種類の複文を正確に分析できる目を養いましょう。

実力診断クイズ

皆さんは日本語の複文について
どれくらい知っているでしょうか。以下の問題に答えることで、
複文に関する基礎的な知識を確認することができます。
終わったら、解答を見て自己採点をしてください。

/ 10

1. 述語を1つもつ文を単文と呼び、2つ以上もつ文を複文と言います。以下の文は、
①単文でしょうか、②複文でしょうか。例にならって、その番号を入れてください。

(例)（　①　）机の上に本がある。（→述語「ある」が1つだけある）

⑴（　　　）私の趣味は音楽を聴くことです。
⑵（　　　）奥日光までは曲がりくねった坂道が続きます。
⑶（　　　）グアムではサイクリングしたり海水浴したりしました。
⑷（　　　）そこの芝生には入ってはいけません。
⑸（　　　）空がだんだん明るくなってきました。

2. 複文には①主従関係の複文（主節と従属節からなる）と②並列関係の複文（対等
な関係で節が並ぶ）があります。以下の複文は、どちらでしょうか。例にならって、
（　）の中に、その番号を入れてください。

(例)（　①　）去年買ったパソコンが壊れた。
　　　　　　　（→「去年買った」という従属節が主節の「パソコン」にかかっている）

⑴（　　　）コンビニに寄って、大学に行った。
⑵（　　　）この青年は才能があるし、努力家だ。
⑶（　　　）同窓会で幼なじみに会ったら、連絡先を交換します。
⑷（　　　）沖縄に旅行するためにバイトしています。
⑸（　　　）このアパートは部屋は暗いが、家賃は安い。

解答

1.

  (1)（ ② ）私の趣味は音楽を聴くことです。

  (2)（ ① ）奥日光までは曲がりくねった坂道が続きます。

  (3)（ ② ）グアムではサイクリングしたり海水浴したりしました。

  (4)（ ① ）そこの芝生には入ってはいけません。

  (5)（ ① ）空がだんだん明るくなってきました。

2.

  (1)（ ① ）コンビニに寄って、大学に行った。

  (2)（ ② ）この青年は才能があるし、努力家だ。

  (3)（ ① ）同窓会で幼なじみに会ったら、連絡先を交換します。

  (4)（ ① ）沖縄に旅行するためにバイトしています。

  (5)（ ② ）このアパートは部屋は暗いが、家賃は安い。

どうだったかな？

  1は、複文はどういうものなのかを問う問題です。

  複数の述語からできている複文といっても、単純に述語が2つあれば複文になるというものではありません。アスペクトやモダリティの表現には複数の述語から構成される複合語が多くありますが、1つの述語に数えられます。また、動詞や形容詞の連体形として機能する場合も、述語には数えられません。どのような構造が複文になるのか、しっかりと理解しましょう。

  2は、主従関係と並列関係の違いを問う問題です。

  多くの複文は、主節に従属節が付加する形の主従関係にありますが、対等な関係で複数の節が並ぶことがあります。従属節か並列節かによって、節に現れる文法カテゴリーの制約が異なってきます。従属度が高くなればなるほど、文法的制約も強くなると言えるでしょう。主節に対する従属度という観点から複文を考えることも重要です。

実力診断クイズ

第9章

175

1．複文の構造

　複文は、述語を１つだけもつ**単文**に対し、複数の述語をもつ文のことを言います。述語と格成分などのひとまとまりを**節**と呼び、複文には複数の節があることになります。文の中心となる節を**主節**、そうではない節を**従属節**と呼びます。従属節は文として不完全なものが多くあります。また、複数の節が対等に並ぶものは**並列節**と呼ばれます。

（1）節の種類

　従属節には名詞につながる**名詞修飾節**、「〜の」「〜こと」「〜と」などにつながる**補足節**、接続助詞などにつながる**副詞節**があります。

　１）**名詞修飾節**（名詞につながり、文の成分となる。）

　　雪が降った富士山は　とても　美しい。

　２）**補足節**（「〜の」「〜こと」「〜と」などにつながり、文の成分となる。）

　　世界旅行をすることが　山本さんの夢だ。

　３）**副詞節**（接続助詞などにつながり、文の成分となる。）

　　私は　熱があるので、会社を休みます。

複数の節が対等に並ぶ場合は、**並列節**になります。

　４）**並列節**（２つ以上の節が対等に並ぶ関係にある。）

　　イルカは哺乳類だが、サメは魚類だ。

（2）複文と間違えやすい単文

　以下の文は、複数の述語が使われていますが、すべて単文になります。アスペクトやモダリティの表現などでは、単純に述語の数だけで判断してはいけません。

　５）風が吹いている。（「〜ている」→アスペクト）

　６）風が吹いてほしい。（「〜てほしい」→モダリティ）

　７）風が吹けばいい。（「〜ばいい」→モダリティ）

　８）走っている犬を見た。（動詞のテイル形→連体修飾語）

　９）曲がりくねった道が続く。（動詞のタ形→連体修飾語）

　10）なつかしい思い出が走馬灯のように駆け巡った。（イ形容詞の連体形→連体修飾語）

 **Point** 複文の構造

(1)**単文**：述語を１つもつ文　**複文**：述語を２つ以上もつ文

(2)**節**：述語と格成分などのひとまとまり　複文には主節と従属節、並列節がある

(3)**主節**：中心となる節　**従属節**：名詞修飾節、補足節、副詞節　**並列節**：対等な節

基礎問題

次の下線部の節は、①名詞修飾節、②補足節、③副詞節、④並列節のどれか。例にならって、その番号を（　）に入れよ。

(例)（　①　）この間見た映画はおもしろかった。(→名詞「映画」につながる)

(1)（　　　）私は太郎が就職したことを聞いた。

(2)（　　　）山田さんは理系で、田中さんは文系だ。

(3)（　　　）弁当を作っておいたから、持っていってください。

(4)（　　　）花子は太郎にもらった花束がうれしかった。

【解答と解説】　複文の構造の基本的な問題です。(1)②（→「〜こと」につながる）、(2)④（→後の節と対等に並ぶ）、(3)③（→接続助詞「〜から」につながる）、(4)①（→名詞「花束」につながる）

実践問題

【　】内に示した観点から見て、他と性質の異なるものを、１〜５の中から１つ選べ。

【単文】

1　台風みたいに雨が降った。　　　　　2　友人に聞いた電話番号を忘れた。

3　飛び散ったガラスの破片があった。　4　待ち合わせには遅れないものだ。

5　この世から差別がなくなったらいい。

【解答と解説】　1は述語が１つで、3の「飛び散った」は連体修飾語、4の「〜ものだ」と5の「〜たらいい」はモダリティの表現なので、これらの文は単文です。2の「友人に聞いた」は「電話番号」につながる名詞修飾節（格成分＋述語）です。したがって、複文になるので、答えは2です。

２．名詞修飾節（構造による分類）

　名詞にかかる名詞修飾節には、構造的な違いから、名詞が修飾節の中に入ることができる**内の関係**と入ることのできない**外の関係**があります。外の関係は、さらに、名詞の内容を表す**内容補充節**と名詞の内容に関連する**付随名詞節**、修飾される名詞が相対名詞である**相対名詞節**の３つに分かれます。

（１）内の関係と外の関係
⑴**内の関係**（名詞を修飾節の中に格助詞を付けて入れることができる関係）

　　１）娘が父にあげたネクタイはピンク色だった。（→娘が父にネクタイをあげた）

　　２）友達と６年間学んだ小学校がなつかしい。（→友達と小学校で６年間学んだ）

⑵**外の関係**（名詞を修飾節の中に入れることができない関係）

　　３）花子は先生になるという夢を実現した。（→「夢」を修飾節の中に入れられない）

　　４）車が壊れた原因は不明だ。（→「原因」を修飾節の中に入れられない）

（２）「外の関係」の下位分類
⑴**内容補充節**（修飾節が名詞の内容を表す関係、「という」が付くことが多い）
　　５）会社が倒産するといううわさが流れた。（→修飾節が「うわさ」の内容）
　　６）原発を廃止すべきだという意見がある。（→修飾節が「意見」の内容）

⑵**付随名詞節**（修飾節が名詞の内容に関連する関係）
　　７）夫が浮気した結果、その夫婦は離婚した。（→修飾節が引き起こした「結果」）
　　８）大地震が起こる可能性は70％である。（→修飾節が生じる「可能性」）

⑶**相対名詞節**（相対名詞の時間や空間を特定する関係）
　　相対名詞とはそれだけでは具体的な時間や場所などがわからない名詞のことを言います。「直前」「直後」「前日」「当日」「翌日」「翌年」などの**時間の名詞**と、「上」「下」「前」「後」「横」「右」「左」「向こう」「近く」「遠く」などの**空間の名詞**があります。
　　９）健康診断を受ける当日は飲食が禁止だ。（「→当日」だけでは、いつかわからない）
　　10）犬が吠えている横で、飼主が困っていた。（→「横」だけでは、どこかわからない）

 **名詞修飾節（構造による分類）**

⑴**内の関係と外の関係**：名詞が修飾節の中に入るか入らないか
⑵**外の関係**：①内容補充節（名詞の内容を表す）、②付随名詞節（名詞の内容に関連する）、
　　　　　　　③相対名詞節（時間と空間の名詞を特定する）

基礎問題

次の名詞修飾節の構造は、①内の関係、②内容補充節、③付随名詞節、④相対名詞節
のどれか。例にならって、その番号を（　）の中に入れよ。

(例)（　③　）風が激しく吹く音（→激しく風が吹くことで生じた「音」）
　⑴（　　　）大雨警報が出た地域　　　⑵（　　　）家の窓から見える富士山
　⑶（　　　）学校を欠席した理由　　　⑷（　　　）車が 10 台衝突するという事故
　⑸（　　　）日本に帰国した翌日　　　⑹（　　　）待遇が悪いという不満

【解答と解説】　内容補充節と付随名詞節の違いに気をつけてください。⑴①（→地域で大雨
警報が出た）、⑵①（→家の窓から富士山が見える）、⑶③（→欠席したことについての「理
由」）、⑷②（→「車が 10 台衝突する」が「事故」の内容）、⑸④（→「翌日」は相対名詞）、
⑹②（→「待遇が悪い」が「不満」の内容）

実践問題

【　】内に示した観点から見て、他と性質の異なるものを、1〜5 の中から1つ選べ。

【内の関係・外の関係】
　　　1　小銭を入れる財布　　　2　さっき見た映画　　　3　昔遊んだ公園
　　　4　タバコを吸う権利　　　5　会社に遅刻した人

【解答と解説】　1は「小銭を<u>財布</u>に入れる」、2は「さっき<u>映画</u>を見た」、3は「昔<u>公園</u>で遊
んだ」、5は「<u>(その)　人</u>が会社に遅刻した」と言えます。4は「タバコを吸う」という「権
利」で、外の関係（内容補充節）です。したがって、答えは4です。

３．名詞修飾節（機能による分類）

　構造的な分類である「内と外の関係」に対し、機能的な分類として、修飾する名詞の内容を限定する**限定用法**と修飾する名詞の内容を限定しない**非限定用法**があります。

⑴限定用法

　一般的に普通名詞を修飾します。普通名詞は、ある類のすべての個体を表すため、修飾節で特定されるか、文脈がないと特定の個体をさすことができません。

　　１）？玉ねぎが腐っていた。（どの「玉ねぎ」か意味が不明）

　　　　→　八百屋で買った玉ねぎが腐っていた。（限定された「玉ねぎ」）

　　２）？時計が私のお気に入りだ。（どの「時計」か意味が不明）

　　　　→　父が成人式に買ってくれた時計が私のお気に入りだ。（限定された「時計」）

⑵非限定用法

　普通名詞に対し、固有名詞は指示対象が名詞単独で特定でき、意味が成立します。このような特定された名詞は修飾節によって名詞の内容を限定する必要がありません。

　　３）京都は観光客に人気がある。（「京都」だけで意味が成立）

　　　　→　日本の古都である京都は観光客に人気がある。（非限定用法）

　　４）田沢湖は日本で一番深い湖だ。（「田沢湖」だけで意味が成立）

　　　　→　秋田県にある田沢湖は日本で一番深い湖だ。（非限定用法）

◇**名詞修飾節における「～が」と「～の」の交替**◇

　名詞修飾節では、主語の「～が」を「～の」に替えることができます。ただし、主語と述語の間に語句が入ったり、「～という」でつながったりすると、不自然な文となります。

　　１）父が作ってくれた弁当はおいしかった。（→父の作ってくれた弁当）

　　　　→？父の一生懸命作ってくれた弁当はおいしかった。（間に語句が入る）

　　２）家に祖父がいた記憶はない。（→家に祖父のいた記憶）

　　　　→？家に祖父のいたという記憶はない。（「～という」でつながる）

 **Point** 名詞修飾節（機能による分類）

(1)限定用法（名詞の意味を限定する）と非限定用法（名詞の意味を限定しない）

(2)名詞修飾節における「〜が」と「〜の」と交替

基礎問題

次の下線部の名詞修飾節は、①限定用法、②非限定用法のどちらか。例にならって、その番号を（　）の中に入れよ。

(例)（　②　）<u>初めて登った</u>富士山は美しかった。（→「富士山」は固有名詞）

(1)（　　　）<u>冬の夜にライトアップされた</u>白川郷は幻想的だった。

(2)（　　　）<u>先生が読んでいた</u>本は難しい哲学書だった。

(3)（　　　）<u>アメリカとの激戦地だった</u>沖縄に今米軍基地がある。

(4)（　　　）<u>今後の営業方針を決める</u>会議が明日予定されている。

(5)（　　　）<u>大学名が印刷された</u>Ｔシャツを着ている。

【解答と解説】　普通名詞（限定用法）か固有名詞（非限定用法）かで考えます。
(1)②（→「白川郷」は固有名詞）、(2)①（→「本」は普通名詞）、(3)②（→「沖縄」は固有名詞）、
(4)①（→「会議」は普通名詞）、(5)①（→「Ｔシャツ」は普通名詞）

実践問題

【　】内に示した観点から見て、他と性質の異なるものを、１〜５の中から１つ選べ。

【名詞修飾節における「〜が」】

　　1　雨が降っている日　　　　　　2　セミが鳴いている林

　　3　友達がバイトしている居酒屋　4　恋人がくれた指輪

　　5　芸能人が毎日来るレストラン

【解答と解説】　１〜４の「〜が」は「〜の」に入れ替えることができます。５は、「〜が」と述語の間に「毎日」があるため、「〜が」を「〜の」に替えると不自然になります。したがって、答えは５です。

４．補足節（その１）

　文の成分を構成する従属節を**補足節**と言います。補足節には**名詞節**、**引用節**、**疑問節**があります。

（１）名詞節

　形式名詞である「〜の」「〜こと」「〜ところ」に付くことで、節全体が名詞化し、文の成分として機能します。これらの形式名詞がないと、文が成立しません。

　　１）ウグイスが鳴く<u>の</u>が聞こえた。（→×「ウグイスが鳴くが聞こえた。」）
　　２）私の趣味はギターを弾く<u>こと</u>です。（→×「私の趣味はギターを弾くです。」）
　　３）犯人が逃げる<u>ところ</u>を目撃した。（→×「犯人が逃げるを目撃した。」）

◇「〜の」と「〜こと」の使い分け◇

　「〜の」と「〜こと」の名詞節は、ほとんど同じように使うことができます。

　　・彼が犯人である<u>の／こと</u>は明らかだ。
　　・毎日テニスをする<u>の／こと</u>が私の健康法だ。

　このことから、初級では基本的に両方の使用が可能であるとし、「〜の」「〜こと」が使えないケースを例外として説明するといいでしょう。

(1)「〜の」が使えないケース
　①「〜は〜ことだ」という構文（名詞を受ける構文で、モダリティの表現ではない。）
　　・私の特技はどこでもすぐに<u>眠れること</u>（×の）だ。
　②「〜ことがある」「〜ことにする」「〜ことになる」「〜ことができる」という構文
　　・<u>ナイアガラの滝に行ったこと</u>（×の）がある。（経験）
　　・<u>今度引っ越すこと</u>（×の）にした／になった。（意志）
　　・<u>逆立ちして水を飲むこと</u>（×の）ができる。（可能）

(2)「〜こと」が使えないケース
　①知覚を表す動詞（「見る」「見える」「聞く」「聞こえる」「感じる」など）が述語の文
　　・<u>太郎がいるの</u>（×こと）を見た。　　・<u>建物が揺れるの</u>（×こと）を感じる。
　②「〜のは〜だ」という構文（→資料13「主題の提示」5　P.20参照）
　　・<u>宿題を忘れたの</u>（×こと）は次郎だ。　　・<u>太郎が見たの</u>（×こと）はＵＦＯだ。

 **Point** 補足節（その１）

(1)**名詞節**：「〜の」「〜こと」「〜ところ」

「〜の／〜こと」の使い分け　①「〜の」が使えない：「〜は〜ことだ」と「〜ことがある、〜ことにする、〜ことになる、〜ことができる」の構文　②「〜こと」が使えない：知覚の動詞が述語の文と「〜のは〜だ」の構文

基礎問題

次の補足節について、「〜の」と「〜こと」のどちらを入れるのがいいか。例にならって、これらの語句を以下の空欄に入れよ。

（例）山に雲がかかっている（　の　）が見える。（→知覚を表す動詞）

(1)車のエンジンが壊れたので、新車を買う（　　　）にした。

(2)先生に告げ口をした（　　　）は太郎だ。

(3)祖父の日課は朝起きて散歩してから新聞を読む（　　　）だ。

(4)犬がほえる（　　　）を聞いて、家の窓から外を見た。

【解答と解説】　文を名詞化するメカニズムを理解しましょう。(1)こと（→「〜ことにする」）、(2)の（→「〜のは〜だ」）、(3)こと（→「〜は〜ことだ」）、(4)の（→知覚を表す動詞）

実践問題

【　】内に示した観点から見て、他と性質の異なるものを、１〜５の中から１つ選べ。

【「の」の用法】

1　新聞を隅から隅まで読むのが祖父の日課だ。

2　バブル経済がはじけたのが長い不況の始まりだった。

3　行き当たりばったりで旅行するのはおもしろい。

4　外で誰かが言い合っているのが聞こえた。

5　子どもの頃から話をするのが苦手です。

【解答と解説】　１、２、３、５は「〜こと」でも言えます。４は知覚を表す動詞が述語であるため、「〜こと」が使えません。したがって、答えは４になります。

5．補足節（その２）

（2）引用節

「～と」「～よう（に）」につながる従属節で、述語の内容を具体的に表します。

⑴～と

　　1）彼は部長の提案に賛成すると言った。（→発言の内容）

　　2）政府は教育にもっとお金をかけるべきだと思う。（→思考の内容）

　　3）母からケチャップを買ってきてくれと頼まれた。（→依頼の内容）

⑵～よう（に）

　　4）今年は例年より雨が多いように思う。（→思考の内容）

　　5）先生が生徒に教室を掃除するように命じた。（→命令の内容）

　　6）今年が素晴らしい年になるようお祈りいたします。（→祈願の内容）

（3）疑問節

　疑問文を節として取り込んだもので、不確定な内容を「～か」「～かどうか」などによって表します。「～か～か」となったり、「～のか」となったりすることもあります。

　　7）何時からミーティングが始まるか、すぐに確認します。（→「～か」）

　　8）先生が来られるかどうか、わからない。（→「～かどうか」）

　　9）その骨董品を買うか買わないか、迷っている（→「～か～か」）

　　10）その容疑者が本当に犯人なのか、はなはだ疑問だ。（→「～のか」）

◇連体修飾と連用修飾◇

　複文を分析するためには、ある部分が他の部分にかかっていくという修飾関係を理解する必要があります。この関係には、名詞にかかる「**連体修飾**」と主に述語にかかる「**連用修飾**」があります。修飾する成分には語や句、節などがあります。補足節の名詞節は、「～の／こと／ところ」が実質的な意味をもつと、連体修飾（名詞修飾節）になります。

　1）連体修飾（名詞にかかる）

　　（例）荒れている海　なつかしい町　静かな村　父の時計　君がいるところ

　2）連用修飾（主に述語にかかる）

　　（例）ニャーと鳴く　赤く光る　静かに歩く　6時に起きる　冬になれば雪が降る

 **Point**

(1)**引用節**：「〜と」「〜よう（に）」　述語の内容を具体的に表す

(2)**疑問節**：「〜（の）か」「〜（の）かどうか」「〜か〜か」　不確定な内容を表す

(3)**連体修飾**（名詞にかかる関係）と**連用修飾**（述語にかかる関係）

基礎問題

次の下線部の従属節は、①引用節、②疑問節、③どちらでもない、のどれか。例にならって、その番号を（　）に入れよ。

（例）（　③　）実家に帰ると祖父のことを思い出す。（→接続助詞の「〜と」）

(1)（　　）太郎は成績を親に見せようか迷っていた。

(2)（　　）花子は先生に手伝いましょうかと申し出た。

(3)（　　）その詐欺師は銀行員のようにふるまった。

(4)（　　）遅刻の言い訳をすると先生は怒りだした。

【解答と解説】　引用節と疑問節とは異なる表現に気をつけてください。(1)②、(2)①、(3)③（→比喩表現の「〜ように」）、(4)③（→接続助詞の「〜と」）

実践問題

【　】内に示した観点から見て、他と性質の異なるものを、1〜5の中から1つ選べ。

【「〜ように」の用法】

1　大学に行くように説得した。　　2　本を返却するように伝えた。

3　早くやるようにせかした。　　　4　運動をするように勧めた。

5　なだめるように話した。

【解答と解説】　1〜4は引用節です。5は、話した内容ではなく、話す様子を表しています。したがって、答えは5になります。

6．副詞節（その１）

　主節の述語にかかっていく節のことをまとめて**副詞節**と呼びます。**連用修飾節**と呼ぶこともあります。主節に対してどのような関係にあるかによって、**条件節、原因・理由節、時間節、目的節、様態節**に分かれます。

（１）条件節

⑴順接条件節（〜と、〜ば、〜たら、〜なら）

　「〜と」は反復的な因果関係の文に使われます。前の事態が起こると、必ず後の事態が起こるという関係です。「〜ば」は一般的条件の文に使われます。前の事態に対して一般的に想定されることが表されます。「〜たら」は個別的条件の文に使われます。前の事態に対する個別の判断が表されます。一方、これらの３つと異なるのが「〜なら」です。話の現場で受け取った情報に対して、その場で判断、態度を表明する文です。

　　１）<u>４月になると</u>、新学期が始まる。（→前の事態が起こると、必ず後の事態が起こる）
　　２）<u>台風が来れば</u>、学校は休みだ。（→前の事態に対する一般的な予想）
　　３）<u>宝くじが当たったら</u>、世界旅行したい。（→前の事態に対する個別的な判断）
　　４）<u>新幹線で行くなら</u>、指定席を取る。（→話の情報に対する態度の表明）

　この４つの表現の中で、「〜たら」が一番広範囲な意味をもちます。１）と２）の例文は「４月になっ<u>たら</u>／台風が来<u>たら</u>」と言い換えることができるでしょう。４）の例文も説明のモダリティ「〜のだ」を加えると、「新幹線で行くんだっ<u>たら</u>」と言うことが可能になります。（→資料 23「順接条件節の比較」P.31参照）

　なお、「〜なら」には主題の表現やとりたて助詞の用法もあるので、再度確認をしてください。（→資料 17「主題の表現」P.22参照）

⑵逆接条件節（〜が、〜けれど、〜のに、〜ても）

　前の事態に対して予想される事態が実現しないことを表します。基本的な用法として、前の事態が事実的であるのが「〜が、〜けれど、〜のに」で、仮定的であるのが「〜ても」になります。

　　５）<u>大きな台風が来たが</u>、幸いにも被害は少なかった。
　　６）<u>塾に行ったけれど</u>、成績は上がらなかった。
　　７）<u>薬を飲んだのに</u>、熱が下がらない。
　　８）<u>いくら働いても</u>、東京では家を買えないだろう。

 **Point** 副詞節（その１）

(1)順接条件節：「～と（反復的な因果関係の文）」、「～ば（一般的条件の文）」、

「～たら（個別的条件の文）」、「～なら（情報に対する態度表明の文）」

(2)逆接条件節：「～が／～けれど／～のに（事実的）」、「～ても（仮定的）」

基礎問題

次の「～たら」の文は、①反復的因果関係文、②一般的条件文、③個別的条件文、④態度表明文のどれか。例にならって、その番号を（　）に入れよ。

(例)（　①　）冬になったら、雪が降ります。（←毎年繰り返される）

(1)（　　　）ええ！　あいつが行くんだったら、俺は行かない。

(2)（　　　）もし日本が負けたら、僕は坊主になります。

(3)（　　　）インフルエンザが流行したら、マスクする人が増えるでしょう。

(4)（　　　）朝起きたら、すぐに顔を洗います。

【解答と解説】　意味領域の広い「～たら」の理解を深めましょう。(1)④（→情報に対する態度表明＝「～なら」）、(2)③（→前の事態に対する個別的な判断）、(3)②（→前の事態に対する一般的な予想＝「～ば」）、(4)①（→繰り返しの事態＝「～と」）

実践問題

【　】内に示した観点から見て、他と性質の異なるものを、１～５の中から１つ選べ。

【「～ても」の用法】

1　父に言っても無駄だ。　　　　　2　たとえ台風が来ても出かけます。

3　なくしてもまた買えばいい。　　4　実家には歩いても行けます。

5　謝っても許してくれないだろう。

【解答と解説】　１、２、３、５は仮定的な逆接条件節です。４は手段を表す「歩いて」にとりたて助詞「～も」が付いた表現です。したがって、答えは４です。

7．副詞節（その２）

（2）原因・理由節（～から、～ので、～ために、～て）

　従属節が、主節の原因や理由となります。「～から」と「～ので」はほぼ同じ意味を表しますが、「～ので」のほうが丁寧な文で使われます。

　1）牛肉をもらった**から**、今日はすき焼きにしよう。

　2）すみません。電車が遅れた**ので**、遅刻しました。

　3）スピードを出し過ぎた**ために**、警察に捕まった。

　4）スマホを忘れ**て**、急いで家に戻った。

（3）時間節（～時（に）、～てから、～前（に）／後（に／で）、～間（に）、～うちに）

　従属節が、主節の事態が起きた時間を表します。

　5）浅草に行った**時に**、扇子を買った。

　6）食事をし**てから**、歯を磨いた。

　7）スポーツをする**前に**、柔軟体操をします。

　8）宿題をした**後に**、ゆっくりゲームを楽しんだ。

　9）食事の支度をする**間に**、お風呂に入ってください。

　10）赤ちゃんは、ミルクを飲んでいる**うちに**、眠ってしまった。

（4）目的節（～ために、～ように、～に）

　従属節が、主節の事態の目的を表します。従属節の事態が動作を表す時は「～ために」が、状態的な場合は「～ように」が使われます。「～に」は移動の目的を表します。

　11）海外旅行する**ために**、貯金している。

　12）英語が上手に話せる**ように**、英会話学校に通っている。

　13）友達を迎え**に**車で駅に向かった。

（5）様態節（～ように、～みたいに、～ほど、～ながら）

　従属節が、主節の事態のあり方を述べます。

　14）雨が降った**ように**、道路がぬれている。

　15）雪が降る**みたいに**、花びらが舞っている。

　16）頭から湯気を立てる**ほど**、怒っている。

　17）音楽を聴き**ながら**、勉強した。

 **Point** 　　　　　　副詞節（その２）

(1)原因・理由節：「～から」、「～ので」、「～ために」、「～て」

(2)時間節：「～時（に）」、「～てから」、「～前（に）／後（に／で）」、「～間（に）」、「～うちに」

(3)目的節：「～ために」「～ように」、「～に」

(4)様態節：「～ように」、「～みたいに」、「～ほど」、「～ながら」

基礎問題

次の下線部の従属節は、①原因・理由節、②時間節、③目的節、④様態節のどれか。
例にならって、その番号を（　）に入れよ。

(例) (　①　) 子どもが<u>大学に合格したので</u>、お祝いします。（←お祝いの理由）

(1) (　　　) <u>定期券を忘れて</u>、仕方なく切符を買った。

(2) (　　　) ヤムさんは<u>母国語で話しているかのように</u>、英語を話す。

(3) (　　　) <u>欠席が多かったために</u>、その授業の単位を落としてしまった。

(4) (　　　) <u>日が暮れないうちに</u>、山を下ります。

(5) (　　　) <u>ぬれた服が早く乾くように</u>、温風を当てた。

【解答と解説】　同じ表現での異なる用法に気をつけてください。(1)①（→「切符を買った」
理由）、(2)④（→「英語を話す」様子）、(3)①（→「単位を落とした」原因）、(4)②（→限ら
れた期間内）、(5)③（→「温風を当てた」目的）

実践問題

【　】内に示した観点から見て、他と性質の異なるものを、１〜５の中から１つ選べ。

【「～ために」の用法】

1　両親に<u>会うために</u>帰省した。　　　2　<u>事故が起きたために</u>電車が遅れた。

3　<u>準備するために</u>早めに行った。　　　4　<u>留学するために</u>語学学校に通った。

5　<u>環境を守るために</u>太陽光発電にする。

【解答と解説】　「～ために」の問題が過去に出題されています。１、３、４、５は目的を、
２は原因を表しています。したがって、答えは２になります。

8．並列節

　2つの節が対等な関係で並ぶもので、テ形、連用形、「～が」、「～たり」、「～し」などを**並列節**と呼びます。

1）父親が陶器を**焼いて**、息子がそれを売る。（テ形）
2）姉は買い物に**出かけ**、妹は塾へ向かった。（連用形）
3）その会社は、<u>給料はいい**が**</u>、ノルマがきつい。（対比の「～が」）
4）休みの日は、<u>掃除をし**たり**</u>、<u>買い物をし**たり**</u>する。（～たり）
5）彼は、<u>頭がいい**し**</u>、スポーツも万能だ。（～し）

◇テ形◇

　並列節の中でも、テ形による文と文の接続には様々な用法がありますので、以下に紹介します。なお、並列節は(1)と(2)の用法だけで、残りはすべて副詞節になります。

	用法	例文
並列節	(1)並列（＝そして）	彼女は、<u>明るくて</u>、素直だ。
	(2)対比（＝が）	伊豆は、<u>夏は涼しくて</u>、冬は暖かい。
副詞節	(3)原因・理由（＝ので／から）	風邪を<u>ひいて</u>、会社を休んだ。
	(4)付帯状況（＝ながら）	子どもと手を<u>つないで</u>、歩いた。
	(5)継起（＝てから）	服を<u>洗って</u>、乾燥機にかけた。
	(6)手段・方法（＝で／によって）	鉛筆を<u>使って</u>、デッサンをした。
	(7)逆接（＝のに）	<u>聞こえていて</u>、知らないふりをする。
	(8)仮定（＝たら）	駅まで<u>歩いて</u>、5分だ。

　テ形の否定は、動詞は「～ずに」「～ないで」「～なくて」の3つの形式がありますが、イ形容詞・ナ形容詞・名詞述語は、「～なくて」だけになります。「～ずに」はやや書き言葉的です。これらの表現で気をつけなければならないのは以下の用法です。

①「付帯状況と継起」の用法は、「～ないで」「～ずに」を使う
　・話を（しないで／せずに／？しなくて）、まじめに聞いてください。
　・手を（洗わないで／洗わずに／？洗わなくて）、ご飯を食べた。

②「原因・理由」の用法は「～なくて」を使う
　・なかなかバスが（？来ないで／？来ずに／来なくて）、イライラした。

 **Point**   並列節

(1)**並列節**：テ形、連用形、対比の「～が」、「～たり」、「～し」など
(2)**テ形の用法**：①並列、②対比、③原因・理由、④付帯状況、⑤継起、⑥手段・方法、
　　　　　　　　⑦逆接、⑧仮定
(3)**テ形の否定**：「～ずに」「～ないで」「～なくて」

基礎問題 ✏

例にならって、次の下線部の従属節について、並列節には〇を、そうでなければ×を
（　）に入れよ。

（例）（　〇　）夏休みは<u>バイトをしたり</u>、旅行したりした。（→「～たり」）
（1）（　　）<u>自転車はパンクするし</u>、財布も落とした。
（2）（　　）<u>朝起きて</u>、シャワーを浴びた。
（3）（　　）授業中<u>先生に突然さされ</u>、慌ててしまった。
（4）（　　）<u>田舎は静かだが</u>、都会はうるさい。

【解答と解説】　同じ表現でも並列節とそうではない節があります。(1)〇（→「パンクする」
と「財布を落とす」の並列）、(2)×（→継起の意味の副詞節）、(3)×（→原因・理由の副詞節）、
(4)〇（→田舎と都会の対比）

実践問題

【　】内に示した観点から見て、他と性質の異なるものを、1～5の中から1つ選べ。

【テ形の種類】

1　酒を飲みすぎ<u>て</u>酔っ払った。　　　2　映画に感動し<u>て</u>涙が出た。
3　漫才に腹を抱え<u>て</u>笑った。　　　　4　子どもが騒い<u>で</u>うるさかった。
5　時間がなく<u>て</u>電話できなかった。

【解答と解説】　3だけが付帯状況で、それ以外は、原因・理由の用法になります。したがっ
て、答えは3です。

8. 並列節

第9章

191

9．複文の制約

　複文における従属節の述語は基本的に普通形になります。主題「〜は」は使える場合と使えない場合があります。以下は、学習者がよく間違えるポイントでもあります。

（1）名詞修飾節
　名詞修飾節には丁寧形や主題の「〜は」は現れません。ただし、内容補充節には主題の「〜は」が現れることがあります。

　　1）<u>私が（×は）大学で日本語を教える（×ます）</u>ジェフは英国人です。
　　2）<u>医者は金持ちだという</u>思い込みを持っている人が多い。（内容補充節）

（2）補足節
　名詞節には述語の丁寧形や主題「〜は」は現れません。引用節は発言された言葉をそのまま伝える**直接引用**と発言された内容を話者の言葉で言い換える**間接引用**があります。直接引用では発言内容がカギ括弧（「　」）で示され独立した文として表されるので、文法的制約はありません。これに対し、間接引用の述語は普通形になりますが、主題「〜は」を使うことができます。疑問節も普通形で「〜は」を使うことができます。

　　3）先生に<u>「僕は英国に留学したいです」</u>と話した。（直接引用 − 制約なし）
　　4）先生に<u>僕は英国に留学したい（×です）</u>と話した。（間接引用 − 普通形・主題）
　　5）<u>今度の試験はいつあるか（×りますか）</u>、先生に聞いた。（疑問節 − 普通形・主題）

（3）副詞節
　副詞節の多くは普通形が使われ、主題「〜は」は現れません。主節への従属度の高い様態節の「〜ながら」や目的節の「〜ために」では、テンスやモダリティも現れません。

　　6）<u>テレビを見（×る／た）</u>ながら、食事した。（テンスは現れない）
　　　<u>車を買う（×いたい）</u>ために、アルバイトをした。（モダリティは現れない）

　反対に、主節への従属度が低い従属節（原因・理由節の「〜から」と逆接条件節の「〜けれど」「〜が」など）では、述語の形や主題「〜は」の制約はなくなります。

　　7）<u>私の父はブラジル人です</u>から、私もポルトガル語が話せます。（丁寧形と主題）
　　8）<u>太郎は試験に落ちました</u>が、両親はがっかりしていません。（丁寧形と主題）

（→資料 24「複文における従属節の制約」P.31参照）

 **複文の制約**

従属節は、基本的に述語が普通形で、主題が現れない。

(1)**普通形で主題が使える**：内容補充節、間接引用の節、疑問節

(2)**制約がない**：直接引用の節、副詞節「〜から」「〜けれど」「〜が」

(3)**普通形でテンス・モダリティが使えない**：副詞節「〜ながら」「〜ために」

基礎問題

次の複文の従属節には間違いがある。例にならって、誤用の語句に下線を引いて、（　）に正しい語句を入れよ。

(例)（　先生が　）<u>先生は</u>教室で話す声が聞こえます。

(1)（　　　　　　　） その喫茶店の窓から見えます景色は素晴らしいです。

(2)（　　　　　　　） 田中さんは退職後にそば屋を開きたいですと言いました。

(3)（　　　　　　　） パティシエになりたいために、ケーキ屋で働いています。

(4)（　　　　　　　） ドッキリの企画に心臓は飛び出るほど驚きました。

【解答と解説】　従属節の制約の確認の問題です。(1)<u>見えます</u>（見える）、(2)<u>開きたいです</u>（開きたい）、(3)<u>なりたい</u>（なる）(4)<u>心臓は</u>（心臓が）

実践問題

【　】内に示した観点から見て、他と性質の異なるものを、1〜5の中から1つ選べ。

【副詞節における主題の誤用】

 1 <u>私は</u>大学に合格した時、両親がとても喜びました。

 2 <u>私は</u>弟に頼んでも、言うことを聞いてくれません。

 3 <u>私は</u>もう少し注意していたら、子どもはケガをしなかったでしょう。

 4 <u>私は</u>遅く帰ると、父がいつも怒ります。

 5 <u>私は</u>早起きが苦手なんですから、夫が朝食を作ります。

【解答と解説】　1〜4は「〜は」→「〜が」の誤用です。5は「〜なんです」→「〜です」の間違いです。したがって、答えは5です。

もう一度！

第9章のまとめ

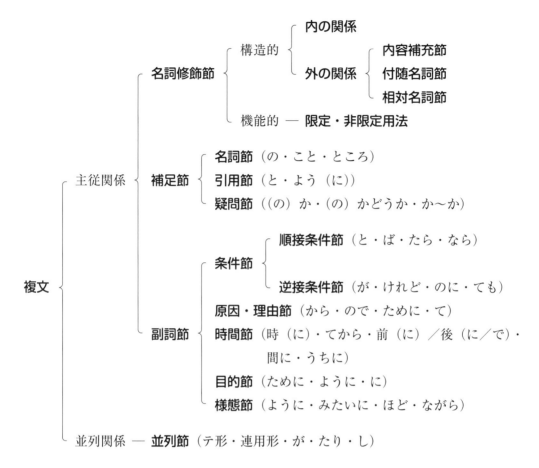

- 複文
  - 主従関係
    - 名詞修飾節
      - 構造的
        - 内の関係
        - 外の関係
          - 内容補充節
          - 付随名詞節
          - 相対名詞節
      - 機能的 ― 限定・非限定用法
    - 補足節
      - 名詞節（の・こと・ところ）
      - 引用節（と・よう（に））
      - 疑問節（（の）か・（の）かどうか・か〜か）
    - 副詞節
      - 条件節
        - 順接条件節（と・ば・たら・なら）
        - 逆接条件節（が・けれど・のに・ても）
      - 原因・理由節（から・ので・ために・て）
      - 時間節（時（に）・てから・前（に）／後（に／で）・間に・うちに）
      - 目的節（ために・ように・に）
      - 様態節（ように・みたいに・ほど・ながら）
  - 並列関係 ― 並列節（テ形・連用形・が・たり・し）

練習問題

次の下線を引いた節について、①名詞修飾節、②補足節、③副詞節、④並列節、の中から、当てはまるものを選んで、その番号を入れなさい。

(1)（　　　）<u>北半球では大洪水が起こり</u>、南半球では大干ばつが発生した。

(2)（　　　）<u>日本語教師になるために</u>、養成講座に通った。

(3)（　　　）<u>誰が最初に発表するか</u>、ジャンケンで決めよう。

(4)（　　　）<u>人々が政治に無関心になった</u>理由は、国が豊かになったからだ。

(5)（　　　）<u>あなたが住んでいる</u>近くにパン屋さんがありますか。

(6)（　　　）警察官は<u>犯人が店から逃走する</u>ところを取り押さえた。

(7)（　　　）その若い人は、<u>スマートフォンをいじりながら</u>、歩いている。

(8)（　　　）<u>英国の首都はロンドンで</u>、ドイツの首都はベルリンだ。

解答と解説

　複文の構造は複雑なので、何度も確認しながら、頭の中で整理するようにしてください。まずは、大きく従属関係と並列関係に分け、そのうえで、従属節は、名詞にかかる名詞修飾節、名詞化などの補足節、述語にかかる副詞節に分類します。対等な関係で並ぶ節は並列節になります。この問題で、どのような種類の複文なのか分析できる目を養ってください。

⑴ ④　<u>北半球では大洪水が起こり</u>、南半球では大干ばつが発生した。

　北半球と南半球での出来事を、連用形で対比しています。前節と後節が対等な関係で並んでいます。

⑵ ③　<u>日本語教師になるために</u>、養成講座に通った。

　目的を表す節が主節の述語にかかっています。

⑶ ②　<u>誰が最初に発表するか</u>、ジャンケンで決めよう。

　疑問文がそのまま節になり、文の成分として機能しています。

⑷ ①　<u>人々が政治に無関心になった</u>理由は、国が豊かになったからだ。

　「理由」という名詞にかかる名詞修飾節です。ちなみに、外の関係で、修飾節は「理由」に関連する「付随名詞節」です。

⑸ ①　<u>あなたが住んでいる</u>近くにパン屋さんがありますか。

　「近く」は「近い」という形容詞の連用形で、名詞として機能します。したがって、ここは名詞修飾節になります。この「近く」は自分の近くという意味ではないので、外の関係になり、相対名詞節になります。

⑹ ②　警察官は<u>犯人が店から逃走する</u>ところを取り押さえた。

　「〜ところ」で従属節である「犯人が店から逃走する」が名詞化され、文の成分（ここでは目的語）として機能しています。

⑺ ③　その若い人は、<u>スマートフォンをいじりながら</u>、歩いている。

　「スマートフォンをいじりながら」は主節の「歩いている」にかかっています。述語の様子を表す副詞節（様態節）になります。

⑻ ④　<u>英国の首都はロンドンで</u>、ドイツの首都はベルリンだ。

　「英国」と「ドイツ」の首都をテ形でつなげて、対比しています。2つの節が対等な関係にあります。

なるほど！

実力診断テスト

問題1 次の(1)〜(3)について、【 】内に示した観点から見て、他と性質の異なるものを、それぞれ1〜5の中から1つずつ選べ。

(1)【「〜という」の意味】

1　田舎で暮らしたいという気持ち　　　2　校則が厳しいという不満

3　電車が遅れて遅刻したという言い訳　4　源氏が由来だという名前

5　パーティが騒がしいという苦情

(2)【テ形】

1　こちらを向いてにらんでいる。　　　2　暑いのでエアコンをつけて寝た。

3　好きな音楽を流して勉強した。　　　4　風呂に入ってパジャマに着替えた。

5　優しい顔をして眠っている。

(3)【「〜ので」節の前件と後件の関係】

1　誰も賛成しないので提案を取り下げた。　2　食べたいというので買ってきた。

3　子どもが泣くのでお菓子をあげた。　　　4　友達が来たのでお茶を出そう。

5　氷が張っているので零下になったのだろう。

問題2 次の(1)と(2)における【 】内の下線部は学習者による誤用を示す。これと異なる種類の誤用を、それぞれの1〜4の中から1つずつ選べ。

(1)【家に着くと、連絡をください。】

1　アパートが見つかると、母に最初に住所を教えます。

2　あなたが行くと、私もぜひ一緒に行きたい。

3　大学に合格すると、マンション暮らしを始めるつもりだ。

4　赤ちゃんが生まれると、どんな名前にしようか。

(2)【大学では環境問題をどうしますかについて研究したいです。】

1　私たちは一日にどれくらいスマホを使いますかを調査しました。

2　財政赤字の原因はどこにありますかを明らかにすべきです。

3　その選択は本当に正しいのですか、何度も考えました。

4　自己紹介であなたは何か趣味をもちますかと聞かれました。

問題３ 次の文章を読み、下の問い（問１〜４）に答えよ。

　複文には、主節に従属する節として、_A名詞修飾節、補足節、副詞節がある。また、主節とは従属関係のない並列節がある。

　従属節は述語を１つもつもので、単文に似ているが、単文とは異なる特徴がいくつかある。それは主節に対する従属度に関係している。従属度の高い従属節は_B文としては不完全で、テンスやモダリティがなく、主節のテンスやモダリティに依存する関係にある。従属度の中程度の従属節は形としては文に近くなるが、_C主題の「〜は」や丁寧形を使えないものが多い。従属度の低い従属節は主節とは独立した文法的要素をもつことができる。主題の「〜は」や丁寧形やモダリティも現れる。

　_D並列節は独立した文が２つ並んでいると考えることができるが、引用節における直接引用もまた、独立した文と考えることができるだろう。

問１ 文章中の下線部Ａに関して、次の１〜４の中から外の関係の名詞修飾節を一つ選べ。

1　車とオートバイがぶつかった事故 　　　2　偶然に目撃した事故

3　居眠り運転で起こした事故 　　　　　　4　足を骨折した事故

問２ 文章中の下線部Ｂに関して、次の１〜４の文の中から最も当てはまるものを、一つ選べ。

1　<u>露天風呂につかりながら</u>、日本酒を飲みたい。

2　<u>雨が降りそうなので</u>、傘を持っていきなさい。

3　<u>君が図書館で話していた</u>人は誰ですか。

4　<u>どれくらいのスピードで脱炭素化が進むか</u>、注目しましょう。

問３ 文章中の下線部Ｃの主題の「〜は」と丁寧形を使えない従属節について、次の１〜４の中から最も適当なものを、一つ選べ。

1　直接引用における補足節 　　　　　　2　名詞修飾節

3　原因・理由を表す副詞節「〜から」 　4　逆接条件節を表す副詞節「〜が」

問４ 文章中の下線部Ｄの並列節に関して、これに当てはまらないものを、次の１〜４の中から一つ選べ。

1　田中さんは賛成しましたが、私は反対しました。

2　箱根では、温泉に入ったり、観光をしたりしました。

3　校長先生は笑って、登校する生徒に挨拶しました。

4　由香さんは化粧がうまいし、服装のセンスもいい。

実力診断テスト　解答と解説

問題1

　検定試験では名詞修飾節や前件と後件の意味関係を問う問題が数多く出題されています。(1)は名詞修飾節、(2)と(3)は前件と後件の関係の問題です。

(1)4　1、2、3、5は内容補充節に使われる「〜という」です。名詞の内容を修飾節が説明する関係において、「〜という」が介在します。4の「〜という」は伝聞を表しています。「源氏が由来だ」と言われる「名前」という意味です。

(2)4　1、2、3、5は付帯状況のテ形です。「〜ながら」で言い換えられます。4は継起のテ形で、「〜てから」で言い換えられます。2も「〜てから」で言い換えが可能ですが、付帯状況でも使えるため、答えは4になります。

(3)5　1〜4は前件の事態を理由に、後件の動作を導いています。5は、前件の事態を根拠（または理由）に、話者の判断を示しています。ポイントは、後件が動作ではなく、判断であるという点です。

問題2

　複文の構造に関する学習者の誤用は非常に多くあります。ここでは、順接条件節の間違いと従属節の中で丁寧形を使ってしまう誤用に焦点を当てています。

(1)2　【　】の文は「〜たら」を使うべきところで、「〜と」を使っている誤用です。「〜と」は反復因果関係に使われ、ここでは、個別的な条件文である「〜たら」を使います。そうすると、2以外は、1「アパートが見つかったら」、3「大学に合格したら」、4「赤ちゃんが生まれたら」と直すことができます。2は「あなたが行くなら」という態度表明文になります。

(2)4　【　】の文は疑問節で丁寧形を使う誤用で、正しくは「どうしますか」を「どうするか」にしなければなりません。1〜3の疑問節では下線部の丁寧形を普通形に修正すれば正しい文になります。1「（スマホを）使うか」、2「（どこに）あるか」、3「（本当に）正しいのか」となります。4は疑問節ではなく、引用節です。修正の仕方には2通りあり、間接引用では「自己紹介であなたは何か趣味をもっているかと聞かれました」、直接引用では、「自己紹介で『あなたは何か趣味をもっていますか』と聞かれました」とします。引用節では、丁寧形も普通形も使うことができ、この文の誤用は「もっている」とすべきところを「もつ」で表しているところです。したがって、4は、引用節における「もつ」という表現の誤用であると言えます。

問題3

　複文は、品詞分類と並んで検定試験によく出題されている文法項目です。すべての項目からまんべんなく出題されているので、偏りのない理解に努めてください。この問題では、主節に対する従属度の観点から、従属節の特徴を説明しています。

問1　1　車とオートバイがぶつかった事故

　1は名詞である「事故」が修飾節の中に入らない「外の関係」です。名詞の内容を修飾節が説明する内容補充節です。それ以外は「内の関係」で、2「偶然に事故を目撃した」、3「居眠り運転で事故を起こした」、4「事故で足を骨折した」と言えます。

問2　1　露天風呂につかりながら、日本酒を飲みたい。

　この修飾節にはテンスもモダリティもなく、主節に依存しています。わかりやすくすると、「露天風呂につかりたい」＋「日本酒を飲みたい」が1つになっていると考えることができます。つまり、主節の「～たい」はテンス（現在）とモダリティ（願望）を表し、修飾節のテンスとモダリティを兼ねていると言えます。2～4の修飾節では、2の「～そう」は推量のモダリティ、3の「話していた」は過去のテンス、4の「進む」は未来のテンスが使われています。

問3　2　名詞修飾節

　従属節の多くは中程度の依存度で、主題や丁寧形が使えません。名詞修飾節が当てはまります。1の直接引用には制限はありません。3の「～から」と4の「～が」も主節への依存度が低く、主題や丁寧形が使えます。「私は高齢者ですから、補助が必要です」「雨は降ってませんでしたが、傘を持ってきました」など。

問4　3　校長先生は笑って、登校する生徒に挨拶しました。

　この文は付帯状況になるので、並列節ではありません。副詞節になります。「笑いながら」という意味です。1は対比の「～が」、2は並列の「～たり」、4は並列の「～し」の表現です。したがって、答えは3になります。

第10章

談話、肯否、縮約形、敬語

第10章では、まず、文の集合体である談話について考えます。文は単独で存在することはほとんどないため、その文の意味を正しく理解するためには、会話が行われる状況や前後の文脈との関係が重要な要素となります。

さらに、第9章までに触れなかった肯否や縮約形、敬語も扱います。これらの項目は、談話とも関係があり、検定試験にも出題されています。しっかりと理解を深めましょう。

談話などの文法事項は、検定試験の文章問題の中でその多くが出題されています。実際にコミュニケーションするうえでの重要な要素となり、特に、中級以上の学習者に教える時に必要な知識となります。

実力診断クイズ

皆さんは日本語の談話や肯否、縮約形、敬語について
どれくらい知っているでしょうか。以下の問題に答えることで、
これらの基礎的な知識を確認することができます。
終わったら、解答を見て自己採点をしてください。

```
        /
       / 10
```

1. 以下の文は、日本語の談話と肯否、縮約形について述べた文です。例にならって、正しい文には○を、間違っている文には×を付けなさい。

（例）（　×　）否定の形が2つ重なる二重否定文は強い否定を表す。（→肯定）

　(1)（　　）「やりたくてやっているわけではない」の否定の焦点（否定されている部分）
　　　　　　は「やっている」である。

　(2)（　　）相手なしにひとりでものを言う「ひとり言」は談話ではない。

　(3)（　　）縮約形は、おもに話し言葉で使われる形式である。

　(4)（　　）「しか」は否定形と呼応し、限定的な肯定を表す。

　(5)（　　）「こんにちは」という挨拶は談話における応答表現である。

2. 以下の下線部の敬語表現は、①尊敬語、②謙譲語Ⅰ、③謙譲語Ⅱ（丁重語）、④丁寧語、⑤美化語、の中のどれでしょうか。例にならって番号を入れてください。

（例）（　①　）今日はご主人は<u>いらっしゃらない</u>ですね。

　(1)（　　）私が部下と一緒に<u>伺い</u>ます。

　(2)（　　）お父さん、そこにある<u>お塩</u>、取ってくれない？

　(3)（　　）私は山田と<u>申し</u>ます。

　(4)（　　）こちらがお預かりした書類<u>でございます</u>。

　(5)（　　）学長ご一行が今<u>ご到着になり</u>ました。

解答

- -

1.

(1) （　×　）「やりたくてやっているわけではない」の否定の焦点（否定されている
部分）は「やっている」である。

(2) （　×　）相手なしにひとりでものを言う「ひとり言」は談話ではない。

(3) （　○　）縮約形は、おもに話し言葉で使われる形式である。

(4) （　○　）「しか」は否定形と呼応し、限定的な肯定を表す。

(5) （　×　）「こんにちは」という挨拶は談話における応答表現である。

2.

(1) （　②　）私が部下と一緒に<u>伺い</u>ます。

(2) （　⑤　）お父さん、そこにある<u>お塩</u>、取ってくれない？

(3) （　③　）私は山田と<u>申し</u>ます。

(4) （　④　）こちらがお預かりした書類<u>でございます</u>。

(5) （　①　）学長ご一行が今<u>ご到着になり</u>ました。

1 は、談話と肯否、縮約形に関する基本的な問題です。

　談話や肯否、縮約形に関する問題が出題されています。コミュニケーションに必要な談話能力は中級以上になってから、学習者にとって重要な要素となります。また、肯否の表現と縮約形は初級からも教えられますが、中級、上級になるにつれ、その難度が上がります。談話の中で実践的な使い方を学習していくので、談話とともにこれらの基本的な知識を養いましょう。

2 は、敬語表現の知識を問う問題です。

　検定試験の中でも繰り返し出題されている項目の1つが敬語表現です。それだけに、最重要項目の1つと言っていいでしょう。日本語母語話者でも苦手意識をもつ人が多くいます。試験に合格するためには、敬語の5分類の知識は必ず身につけなければなりません。一般形や特定形など、多くの形式があるので、体系的に頭の中に整理しておきましょう。

1．談話

　談話とは複数の文が集まったものをいい、話し言葉と書き言葉によるものがあります。談話の種類としては**対話**（会話、チャットなど）、**モノローグ**（講演、報道文など）、**独話**（ひとり言、日記など）があります。談話は通常**文脈**（談話が行われている状況や場所の理解に必要な情報）を伴い、ある**話題**（または**意図**）を中心に、展開していきます。

　1）〔1週間雨が降りつづいた翌日のテニスコートで〕
　　Ａ「やっと晴れたね。」
　　Ｂ「うん、ほんとだね。今日は思いっきりテニスをやるぞ。」

　上の例では、「雨のせいで長い間テニスができなかった」という**文脈**において、「テニスをすること」が**話題**となり、ＡとＢとの間で短い談話が成立しています。また、「久しぶりにテニスを楽しむ」という**意図**も認めることができます。さらに、この談話では、Ｂの「うん、ほんとだね。」という文が、Ａの「やっと晴れたね」という発話を受けて発せられています。このような文のつながりを**結束性**と呼びます。

　このように、談話は、文脈のもと、話題、意図、結束性によってまとまります。その中で、結束性は文法的な言語要素と関係しているため、重要なものを以下に挙げます。

（1）指示
　指示代名詞や人称代名詞などによって文がつながります。

　2）〔新聞記事〕昨夜静岡市の民家で火事があった。その火事で2名が死亡した。

（2）接続表現
　接続詞などによって文がつながります。

　3）〔日記〕現金を持っていなかった。そこで、コンビニに行ってお金を下ろした。
　　　　　　それから、買い物した。

（3）間投表現・応答表現
　間投表現は、話し手の呼びかけや挨拶、相手を意識しない感情の表現などです。**応答表現**は、聞き手の反応で、あいづちや、話し手に対する受けこたえです。

　4）Ａ「こんにちは！」　Ｂ「あらっ。吉田さん。」（間投表現）
　5）Ａ「これ、やっといてね。」　Ｂ「うん、わかったよ。」（応答表現）

（→資料25「談話（1）談話の種類（2）間投表現と応答表現」P.32参照）

 **Point** 談話

(1)**談話**：文の集合体で、話し言葉と書き言葉によるものがある

(2)**談話の種類**：対話、モノローグ、独話がある

(3)**談話のまとまり**：文脈のもと話題や意図、結束性によってまとまる

(4)**結束性**：指示、接続表現、間投表現・応答表現などによってつながる

基礎問題

次の文は「談話」について述べたものである。例にならって、正しいものには〇を、間違っているものには×を付けなさい。

(例)（ 〇 ）文芸作品などに含まれるモノローグは談話である。

(1)（　　）私たちが読む新聞記事は談話である。

(2)（　　）先生が一方的に話すだけの講義は談話でない。

(3)（　　）談話にとって文脈はあまり重要ではない。

(4)（　　）話題は談話にまとまりを与える役目がある。

【解答と解説】　談話についての基礎的な問題です。(1)〇、(2)×（→モノローグも談話である）、(3)×（→談話には通常文脈が必要である）、(4)〇

実践問題

【　】内に示した観点から見て、他と性質の異なるものを、1〜5の中から1つ選べ。

【談話における間投表現】

　　1　そうなんだ、へえー。　　　2　こんにちは。

　　3　ああ、疲れた。　　　　　　4　おーい、聞こえるか。

　　5　しまった。間違えた。

【解答と解説】　1は相手の話の内容に対する反応なので、応答表現です。2〜5は間投表現で、2は挨拶、3は相手を意識しない感情の表現、4は呼びかけ、5はひとり言です。したがって、答えは1になります。

２．肯否（肯定と否定）

　肯定は事態の成立を、**否定**は事態の不成立を表します。日本語では、肯定と否定の形は述語によって表されます。述語に「〜ない（です）」「〜ません」を付けることで、否定形になります。このことから、肯定形は**無標**（普通の形）、否定形は**有標**（特別な形）となります。（→資料 26「肯定形と否定形の対応」P.32参照）

　肯定と否定の形は「見る－見ない」などの対応をもちますが、「ある－×あらない（→ない）」、「失礼する－×失礼しない」「知っている－×知っていない（→知らない）」など対応しない例もあるので注意してください。検定試験では、肯定に対する否定の表現について出題されているので、以下に重要な項目を説明します。

（１）スコープとフォーカス
　否定の働きが及ぶ範囲を**スコープ**（範囲－下線部）、特に否定される部分を**フォーカス**（焦点－丸の部分）と言います。なお、主題はスコープには入りません。

　１）東京に(遊びで)行ったのではない。（東京には行ったが、「遊びで」ではない）
　２）太郎は(給料がいいから)この会社で働いているわけではない。（この会社で働いてはいるが、その理由は「給料がいいから」ではない）

（２）全部否定と部分否定
　全数量を表す語が否定文に含まれる場合、**全部否定**と**部分否定**があります。

　３）全員賛成しなかった。（全部否定）／全員賛成したわけではない。（部分否定）

（３）二重否定
　否定の形が２つ重なると、意味としては肯定に近くなります。

　４）食べないわけではない。（≒食べる）／できなくはない。（≒できる）

（４）否定と呼応する表現
　「めったに」「少しも」「必ずしも」「ろくに」「誰も」など、「〜ない」と呼応することで、様々な否定的な意味を表しますが、「しか」だけは限定的な肯定を表します。

　５）雨が12月から全然降っていない。（副詞による強い否定）
　６）彼女は彼のことをあながち嫌いではないようだ。（話者の判断が伴う否定）
　７）仕事が忙しくて、どこにも行けなかった。（疑問語による強い否定）
　８）ジュースを半分しか飲めなかった。（半分は飲んだ－限定的な肯定）

 **Point**　　　肯否

(1)肯否の肯定形は無標、否定形は有標　(2)スコープ（範囲）とフォーカス（焦点）
(3)全部否定と部分否定　(4)二重否定　(5)否定と呼応する表現

基礎問題

例にならって、次の否定文について、スコープに下線を引き、フォーカスを〇で囲み
なさい。

(例) ㊀親切心で㊀彼を会社に雇ったわけではない。
　(1) エンジニアになるために工学部に入ったのではない。
　(2) わざと間違えたわけじゃない。
　(3) 人間は1人で生きているんじゃない。
　(4) 山田さんは祝勝会に喜んでは参加しなかった。

【解答と解説】　否定の基本的な問題です。(1)エンジニアになるために工学部に入った、
(2)わざと間違えた、(3)1人で生きている、(4)祝勝会に喜んでは参加し
(3)の「人間は」や(4)の「山田さんは」などの主題はスコープに入りません。

実践問題

【　】内に示した観点から見て、他と性質の異なるものを、1〜5の中から1つ選べ。

【否定形】
　　1　授業がつまらない。　　　　　2　映画がおもしろくない。
　　3　子どもが野菜を食べない。　　4　裁判では争わない。
　　5　学生が熱心じゃない。

【解答と解説】　肯定形をもたない「〜ない」の形式が過去に出題されています。1だけが対
応する肯定形をもちません。2は「おもしろい」、3は「食べる」、4は「争う」、5は「熱
心だ／である」が肯定形です。したがって、答えは1です。

３．縮約形

　話し言葉の文体の特徴の１つが**縮約形**です。日本語教育においても学習初期の早い段階から教えられるものがあります。検定試験には、同じ形でありながら、縮約される前の形が異なるものを問う問題が出ています。ここでは紛らわしい縮約形をまとめておきます。（→資料27「縮約形」P.33参照）

（１）撥音化（ん）

- ・春になると花粉症になる<u>ん</u>です。（→「の」　説明のモダリティ「～のだ」）
- ・そりゃ、たいしたも<u>ん</u>だ。（→「の」　詠嘆のモダリティ「～ものだ」）
- ・それはとても古いも<u>ん</u>です。（→「の」　名詞の「もの」）
- ・授業が全然わか<u>ん</u>ない。（→「ら」）
- ・逃げ<u>ん</u>のが速いなあ／どうやって調べ<u>ん</u>の？（→「る」）
- ・全然やる気<u>ん</u>ならない／ほんと、な<u>ん</u>もないね。（→「に」）
- ・あそこで遊ん<u>で</u><u>ん</u>の、誰？（→「～いる」）

（２）じゃ

- ・彼は日本人<u>じゃ</u>ありません。（→「では」　否定の「～ではありません」）
- ・<u>じゃ</u>、帰るよ。（→接続詞「では」）
- ・この川で泳い<u>じゃ</u>いけません。（→テ形＋は「～では」）
- （cf.）そんなこと、やっ<u>ちゃ</u>いけない。（→テ形＋は「～ては」）

（３）って

- ・つまり、もっと勉強しろ<u>って</u>ことだ。（→言い換えの「～という」）
- ・島田春夫<u>って</u>人を知っていますか。（→「～と呼ばれる」の意味の「～という」）
- ・国連<u>って</u>、国際連合のことですよ。（→主題の「～というのは」）
- （cf.）親にもっと勉強しろ<u>って</u>言われた。(→引用の「‐と」で、縮約形ではない)

（４）りゃ

- ・気にしないで、や<u>りゃ</u>いいよ。（→仮定の「やれば」）
- ・あの人はそんなことで怒<u>りゃ</u>しないよ。（→「怒りは」）

（５）てない

- ・朝から何も食べ<u>てない</u>。（→「～ていない」の縮約形）
- （cf.）机の上に新聞が置い<u>てない</u>。（→「～てある」の否定形で、縮約形ではない）

Point   縮約形

紛らわしい縮約形：(1)撥音化の「ん」、(2)「じゃ」、(3)「って」、(4)「りゃ」、(5)「てない」
など

基礎問題

次の下線部は縮約形である。縮約されていない元の形を、例にならって、（　）の中
に入れよ。

(例)　（　ては　）そのケーキは食べ<u>ちゃ</u>だめだよ。

(1)（　　　　）ふざけ<u>ん</u>なよ。　　(2)（　　　　）ゴミが全然落ち<u>てない</u>。

(3)（　　　　）わか<u>りゃ</u>いいよ。　　(4)（　　　　）ダメもとでもやってみる<u>もんだ</u>。

(5)（　　　　）<u>じゃ</u>帰ります。　　(6)（　　　　）よく食べ<u>るって</u>ことは健康にいい。

(7)（　　　　）知って<u>ん</u>なら言え！　(8)（　　　　）医者<u>って</u>、大変な仕事です。

(9)（　　　　）これでいい<u>んだ</u>。　　(10)（　　　　）誰にもしゃべ<u>ん</u>ないで。

【解答と解説】　縮約形の元の形を考える問題です。(1)る、(2)ていない、(3)れば、(4)ものだ、
(5)では、(6)という、(7)いる／いるの、(8)というのは、(9)のだ、(10)ら

実践問題

【　】内に示した観点から見て、他と性質の異なるものを、1～5の中から1つ選べ。

【「～てない」の種類】
　　1　まだ資料を読ん<u>でない</u>。　　　2　電柱にポスターが貼っ<u>てない</u>。
　　3　部屋の中が汚れ<u>てない</u>。　　　4　風が全然吹い<u>てない</u>。
　　5　朝からご飯を食べ<u>てない</u>。

【解答と解説】　2は「貼ってある」の否定形「貼ってない」。1、3～5は「読んでいない」、
「汚れ<u>ていない</u>」、「吹い<u>ていない</u>」、「食べ<u>ていない</u>」の縮約形です。したがって、答えは2
になります。

4．敬語

　談話を形づくる言語的要素の１つに文体も含まれ、その意味で敬語も重要な要素となります。敬語は、以下の５種類に分類され、**一般形**と**特定形**があります。（→資料28「敬語の表現」P.34参照）

（1）尊敬語（「お／ご～になる」「～れる／られる」など）
　相手の行為などについて、相手を立てて述べる形式です。
　・この本は先生が<u>お書きになった</u>。　　・学長が来月海外に<u>行かれる</u>。

（2）謙譲語Ⅰ（「お／ご～する」「お／ご～いただく」など）
　自分側から相手に向かう行為などについて、それが向かう人を立てて述べる形式です。
　・その件は私から先生に<u>お伝えしました</u>。　　・私が<u>ご案内申し上げます</u>。
　・<u>教えていただき</u>、感謝します。（「いただく」という行為が相手に向けて述べられている）

（3）謙譲語Ⅱ（丁重語）（「～いたす」など）
　自分の行為などを聞き手に対して、丁重に述べる形式です。
　・どうぞよろしくお願い<u>いたします</u>。　　・私は中国から<u>参りました</u>。

（4）丁寧語（「～ます」「～です」「～（で）ございます」など）
　聞き手に対して、丁寧に述べる形式です。
　・学校に行き<u>ます</u>。　　・季節は秋<u>です</u>。　　・こちらは息子<u>でございます</u>。

（5）美化語（「お～」「ご～」）
　ものごとを美化して述べる形式です。
　・<u>お</u>醤油を取ってください。　　・<u>お</u>金が足りません。　　・<u>ご</u>祝儀をはずむ。

◇間違いとは言えない二重の敬語◇
　同じ種類の敬語が重ねて使われる表現を**二重敬語**と呼び、一般的に不適切になりますが、以下の例は必ずしも間違いとは言えないものです。

　・お召し上がりになる／お見えになる（習慣化された二重の尊敬語）
　・お伺いする／お伺いいたす／お伺い申し上げる（習慣化された二重の謙譲語）
　（cf.）お読みになっ<u>て</u>いらっしゃる（「～て」による敬語の連結は二重敬語ではない）

 **敬語**

(1)**敬語の種類**：尊敬語、謙譲語Ⅰ、謙譲語Ⅱ（丁重語）、丁寧語、美化語

(2)**間違いとは言えない二重の敬語**：お召し上がりになる／お見えになる／お伺いする／お伺いいたす／お伺い申し上げる、お読みになっていらっしゃる

基礎問題

次の下線部は、①尊敬語、②謙譲語Ⅰ、③謙譲語Ⅱのどれか。例にならって、その番号を（　）に入れよ。

（例）（　①　）先生が<u>お話しくださった</u>。（→「お〜くださる」）

(1)（　　）社長のお母様が<u>お亡くなりになった</u>。

(2)（　　）先生に<u>ご指導いただいた</u>。

(3)（　　）私は明日、北海道へ<u>参ります</u>。

(4)（　　）私が先生の部屋に<u>伺います</u>。

(5)（　　）それはまったく<u>存じません</u>でした。

【解答と解説】　敬語の基本的な問題です。(1)①（→「お〜になる」）、(2)②（→「ご〜いただく」）、(3)③（→「行く」）、(4)②（→「訪ねる」）、(5)③（→「知らない」）

実践問題

【　】内に示した観点から見て、他と性質の異なるものを、1〜5の中から1つ選べ。

【許容される敬語の表現】

1　お書きになってくださる　　2　お伺い申し上げる

3　お召し上がりになる　　　　4　お伺いする

5　お帰りになられる

【解答と解説】　1は、「〜て」で結ばれる敬語の連結です。2、3、4は、習慣として許容される二重敬語です。5は「お〜になる」と「〜られる」の敬語が重なる二重敬語で、許容されません。したがって、答えは5です。

第 10 章のまとめ

1．談話

(1)談話は文の集合体で、話し言葉と書き言葉によるものがある。

(2)談話の種類には、対話、モノローグ、独話がある。

(3)談話は、ある文脈のもと、話題や意図、結束性によってまとまる。

(4)結束性は指示、接続表現、間投表現・応答表現などの文法的な言語要素と関係する。

2．肯否

肯定形は無標、否定形は有標。(1)スコープ（範囲）とフォーカス（焦点）、(2)全部否定と部分否定、(3)二重否定、(4)否定と呼応する表現

3．縮約形

紛らわしい縮約形には、(1)撥音化の「ん」、(2)「じゃ」、(3)「って」、(4)「りゃ」、(5)「てない」などがある。

4．敬語

(1)尊敬語、謙譲語Ⅰ、謙譲語Ⅱ（丁重語）、丁寧語、美化語

(2)間違いとは言えない二重の敬語：お召し上がりになる、お見えになる、お伺いする、お伺いいたす、お伺い申し上げる、「〜て」による敬語の連結

練習問題

次の文について、正しいものには〇を、正しくないものには×を付けなさい。

(1)（　　　　）「まじめに勉強しなかった」の否定の焦点は「まじめに」である。

(2)（　　　　）「知っている」の否定形は、「知っていない」である。

(3)（　　　　）二重否定の構文は否定ではなく肯定の意味に近い。

(4)（　　　　）応答表現の「いいえ」は、否定文にも肯定文にも使える。

(5)（　　　　）日記は自分以外の読み手が想定されていないので、談話ではない。

(6)（　　　　）店員が言う「いらっしゃいませ」は談話における応答表現である。

(7)（　　　　）「困ってしまう」の縮約形には「困っちゃう」と「困っちまう」がある。

(8)（　　　　）「お休みになっていらっしゃる」は二重敬語なので誤用である。

(9)（　　　　）「伺います」は謙譲語Ⅱ、「参ります」は謙譲語Ⅰである。

(10)（　　　　）「お見えになる」は二重敬語だが、一般的に使うことが許容される。

解答と解説

- -

　学習者が初級から中級になるにつけ、単なる言語的な文の組み立てから談話における実践的な発話の必要性が増します。ここでは、談話の基本的な考え方とそれに関係する肯否や縮約形、敬語の知識を確認します。

⑴　○　「まじめに勉強しなかった」の否定の焦点は「まじめに」である。

　否定のスコープ（範囲）は「まじめに勉強し」であり、その焦点は「まじめに」です。

⑵　×　「知っている」の否定形は、「知っていない」である。

　通常「〜ている−〜ていない」という対立になりますが、「知っている」は「知らない」となります。

⑶　○　二重否定の構文は否定ではなく肯定の意味に近い。

　二重否定は否定の否定であることから、肯定の意味になるのが普通です。

⑷　○　応答表現の「いいえ」は、否定文にも肯定文にも使える。

　「いいえ」は通常否定文とともに使われます（→「学校に行きますか」「いいえ、行きません」）が、否定の事態の成立を確認する疑問文に対しては、肯定文として使えます（→「もう食べませんか」「いいえ、食べます」）。

⑸　×　日記は自分以外の読み手が想定されていないので、談話ではない。

　複数の文の集合が談話であり、読み手が期待されていない日記も談話として認めることができます。

⑹　×　店員が言う「いらっしゃいませ」は談話における応答表現である。

　応答表現は対話の相手の発話内容に反応するものです。「いらっしゃいませ」は一方的に相手に伝える表現であるため、間投表現になります。

⑺　○　「困ってしまう」の縮約形には「困っちゃう」と「困っちまう」がある。

　「〜てしまう」の縮約形は「〜ちゃう」と「〜ちまう」です。

⑻　×　「お休みになっていらっしゃる」は二重敬語なので誤用である。

　「〜て」による敬語の連結は二重敬語ではありません。

⑼　×　「伺います」は謙譲語Ⅱ、「参ります」は謙譲語Ⅰである。

　「伺います」は謙譲語Ⅰ、「参ります」は謙譲語Ⅱとなります。

⑽　○　「お見えになる」は二重敬語だが、一般的に使うことが許容される。

　習慣化された二重の尊敬語です。なお、「お出でになる」「ご覧になる」「お召しになる」などは形が似ていますが、二重敬語ではなく、一語の尊敬語です。

なるほど！

実力診断テスト

問題1 次の(1)〜(3)について、【 】内に示した観点から見て、他と性質の異なるものを、それぞれ1〜5の中から一つずつ選べ。

(1)【縮約形】

1 <u>じゃ</u>また今度ね。

2 飲ん<u>じゃ</u>いけない。

3 廊下で転ん<u>じゃ</u>った。

4 それ<u>じゃ</u>だめだよ。

5 静岡<u>じゃ</u>雪はほとんど降らない。

(2)【「ご」の用法】

1 息子さんはなんと<u>ご</u>立派なことか。

2 先生の<u>ご</u>著書は素晴らしいですね。

3 100点を取ったら<u>ご</u>褒美をあげよう。

4 奥様は<u>ご</u>出席なさいますか。

5 財務大臣は山梨の<u>ご</u>出身ですか。

(3)【二重否定】

1 悩みの<u>ない</u>人は<u>いない</u>。

2 反対する人が<u>いなく</u>は<u>ない</u>。

3 ほしく<u>ない</u>わけでは<u>ない</u>。

4 行か<u>ない</u>ということじゃ<u>ない</u>。

5 やりたく<u>ない</u>ん<u>じゃない</u>。

問題2 次の(1)と(2)における【 】内の下線部は学習者による誤用を示す。これと異なる種類の誤用を、それぞれの1〜4の中から一つずつ選べ。

(1)【私は新聞を<u>お読みし</u>ません。】

1 1人でケーキを<u>お作りして</u>、食べました。

2 銀行へ<u>伺って</u>、お金を下ろすことにしました。

3 休みの日は家で映画を<u>拝見していました</u>。

4 しばらく<u>お待ちして</u>ください。

(2)【店に入った時に「いらっしゃいませ。」と言われ、<u>「こんにちは。」</u>】

1 店員から「何かお探しですか。」と言われ、<u>「はい、ちょっと見てるだけです。」</u>

2 飲食店のバイトで、お客さんが食事前に「いただきます」と言ったので、<u>「どうぞ。」</u>

3 店を出たら、「ありがとうございます。またお越しください。」と言われたので、<u>「わかりました。」</u>

4 レストランで店員が注文した食べ物を運んできて「お待たせしました。」と言ったので、「大丈夫、そんなに<u>待ってません。」</u>

問題3 次の文章を読み、下の問い（問1～4）に答えよ。

談話は複数の文が集まり、文よりも大きい単位として、私たちの言語活動を支えている。談話には、話し言葉と A書き言葉によるものがあり、その種類としては、日常会話や雑談などの対話、講演や講義などのモノローグ、ひとり言などの独話がある。

談話の理解に不可欠なものとして文脈を挙げることができる。文脈という情報を抜きにしたやりとりは意味不明となり、B談話が成立しないことがある。聞き手や読み手は必要に応じて文脈を参照しつつ、談話での理解を深めていく。

談話は会話におけるコミュニケーション活動を意味することが多い。その場合、話題や C意図が談話にまとまりを与える役割を担う。さらに、談話をまとめるものとして、結束性がある。結束性を形づくる言語的要素には指示や接続表現、D間投表現・応答表現、語順、文法カテゴリー、文体やジャンルなどがある。

問1 文章中の下線部Aに関して、次の1～4の中から書き言葉による独話を一つ選べ。

1 チャット　　　　2 日記　　　　　3 文学作品　　　4 新聞記事

問2 文章中の下線部Bに関して、最も当てはまる例を、次の1～4の中から一つ選べ。

1 〔手のひらに飴をのせて〕「これ食べない？」「ありがとう。でもいらない。」
2 〔電話で〕「昼ご飯をどこかで食べない？」「いいよ、この店はどうだい？」
3 〔喫茶店で〕「いい香りがするね。」「本当、ここのコーヒーは最高だね。」
4 〔ケーキ屋で〕「どれがおいしいかな？」「こちらのショコラがお勧めです。」

問3 文章中の下線部Cに関して、当てはまらない会話を、次の1～4の中から一つ選べ。

1 A：この部屋は暑いなあ。　B：冷房をつけるよ。
2 A：今度の日曜日は暇だなあ。　B：映画でも見たいね。
3 A：ペン、持ってますか。　B：これ、使ってもいいよ。
4 A：日差しが強いなあ。　B：鳥が鳴いてるね。

問4 文章中の下線部Dに関して、間違っている記述を、次の1～4の中から一つ選べ。

1 見知らぬ人に「すみません」と呼びかけるのは間投表現である。
2 思わず口から出た「しまった」というつぶやきは間投表現である。
3 相手の話に対して「うん、うん」とうなずくのは応答表現である。
4 「おはようございます」などの挨拶は応答表現である。

実力診断テスト　解答と解説

問題1

縮約形、敬語、肯否に関する問題は何度も出題されています。確実に点を取れるようにしましょう。

(1)**3**　3だけが、「転んでしまった」の縮約形です。それ以外は、1「ではまた」2「飲んでは」、4「それでは」、5「静岡では」と、「では」の縮約形です。このように、縮約形の問題では、元の形に戻して考えるのがポイントです。

(2)**3**　3だけが美化語で、他は尊敬語です。「ご」は尊敬語、謙譲語、美化語の中で使われます。したがって、どの種類の敬語が使われているか理解するのがポイントとなります。1は相手の息子の様子に「ご」を使い、相手を立てているので尊敬語、2は「先生のご著書」なので尊敬語、3は褒美は目下の人にあげるものなので尊敬や謙譲の「ご」はつかない、4は「ご〜なさる」という尊敬語、5は財務大臣を立てて述べているので、尊敬語になります。

(3)**1**　1だけが肯定と同じ意味になります。つまり、「人は悩みをもつ」と言えます。2〜5は肯定文に近い意味ですが、完全な肯定というわけではありません。2は「反対する人が少しいる」、3は「少しはほしい気持ちがある」、4は「積極的に行くというわけではない」、5は「やりたいけれどやれない理由がある」など、特殊な意味が加わった肯定となっています。

問題2

中級以上の学習者によく見られる誤用です。正しくコミュニケーションを取るためには、適切な談話能力が求められます。

(1)**4**　相手に向かうものではない自分の行為に謙譲語Ⅰを使っている誤用です。ここでは、謙譲語Ⅰではない「です／ます」体で、「読みません」という言い方が自然です。選択肢は、1は「お作りして」→「作って」、2は「伺って」→「行って」、3は「拝見していました」→「見ていました」と、謙譲語Ⅰではない形に変えます。4は自分の行為ではなく相手の行為なので、「お待ちになってください／お待ちください」と尊敬語に直します。したがって、答えは4になります。

(2)**1**　【　】の文は応答する必要のない場面で応答している誤用です。この観点から選択肢を見ると、1は肯否の間違いで、「いいえ、ちょっと見てるだけです」とすべき間違いです。2〜4の表現では、いずれも応答をする必要がありません。

問題3

検定試験では談話に関連した設問が多く出題されています。文法的に正しくても、談話の中で適切に使われないと、不自然な表現になります。中上級の学習者に対しては、談話における日本語の指導が必要になります。

問1　2　日記

談話の種類には対話（相互交流）とモノローグ（一方通行）、独話（自分だけ）があります。この観点から設問を見ると、「日記」は、自分以外の読み手が想定されない独話になります。1「チャット」は互いの交流がある対話、3「文学作品」と4「新聞記事」は誰かに読まれることが期待されるモノローグとなります。

問2　2　〔電話で〕「昼ご飯をどこかで食べない？」「いいよ、この店はどうだい？」

文脈は談話が成立するために必要な情報で、特に発話の現場にいないと指示表現は機能しません。すべての設問で、指示代名詞の「こ」が使われていますが、1は「手のひらの上にある飴」、3は「今いる喫茶店」、4は「ケーキ屋のショーウインドウの中にあるショコラ」の意味であることは現場の状況から明白です。これに対して、電話で「この店」が指示されても相手の状況がわからないため、理解不能になり、談話が成立しません。

問3　4　A：日差しが強いなあ。　　B：鳥が鳴いてるね。

1～3はAの発言の意図によって文がつながっています。1は「部屋の暑さをなんとかしてほしい」、2は「日曜日に何かしたい」、3は「ペンを使いたい」というAの意図を理解してのBの発話となっています。これに対して、4ではそのような意図は感じられず、意図による関連性はないと言えます。談話として成立するとしたら、自然の中にいるという文脈において、文がつながっていると考えることができます。

問4　4　「おはようございます」などの挨拶は応答表現である。

1の「すみません」は話し手の呼びかけ、2の「しまった」は相手を意識しない感情の表現ですから、間投表現です。3の「うん、うん」は聞き手の発話に対する反応ですので、応答表現です。4の「おはようございます」は、話し手の聞き手に対する挨拶なので、間投表現です。したがって、4が間違いになります。

参考文献

会田貞夫・中野博之・中村幸弘（編著）（2011）『改訂新版 学校で教えてきている 現代日本語の文法』右文書院

財団法人日本国際教育協会（1992）『平成3年度 日本語教育能力検定試験 試験問題』凡人社

財団法人日本国際教育協会（1993）『平成4年度 日本語教育能力検定試験 試験問題』凡人社

財団法人日本国際教育協会（1995）『平成6年度 日本語教育能力検定試験 試験問題』凡人社

財団法人日本国際教育協会（1996）『平成7年度 日本語教育能力検定試験 試験問題』凡人社

財団法人日本国際教育協会（1998）『平成9年度 日本語教育能力検定試験 試験問題』桐原ユニ

財団法人日本国際教育協会（1999）『平成10年度 日本語教育能力検定試験 試験問題』桐原ユニ

財団法人日本国際教育協会（2000）『平成11年度 日本語教育能力検定試験 試験問題』桐原書店

財団法人日本国際教育協会（2001）『平成12年度 日本語教育能力検定試験 試験問題』桐原書店

財団法人日本国際教育協会（2003）『平成14年度 日本語教育能力検定試験 試験問題』桐原書店

財団法人日本国際教育協会（2004）『平成15年度 日本語教育能力検定試験 試験問題』桐原書店

財団法人日本国際教育支援協会（2005）『平成16年度 日本語教育能力検定試験 試験問題』凡人社

財団法人日本国際教育支援協会（2006）『平成17年度 日本語教育能力検定試験 試験問題』凡人社

財団法人日本国際教育支援協会（2007）『平成18年度 日本語教育能力検定試験 試験問題』凡人社

財団法人日本国際教育支援協会（2008）『平成19年度 日本語教育能力検定試験 試験問題』凡人社

財団法人日本国際教育支援協会（2009）『平成20年度 日本語教育能力検定試験 試験問題』凡人社

財団法人日本国際教育支援協会（2010）『平成21年度 日本語教育能力検定試験 試験問題』凡人社

財団法人日本国際教育支援協会（2011）『平成22年度 日本語教育能力検定試験 試験問題』凡人社

公益財団法人日本国際教育支援協会（2012）『平成23年度 日本語教育能力検定試験 試験問題』凡人社

公益財団法人日本国際教育支援協会（2013）『平成24年度 日本語教育能力検定試験 試験問題』凡人社

公益財団法人日本国際教育支援協会（2014）『平成25年度 日本語教育能力検定試験 試験問題』凡人社

公益財団法人日本国際教育支援協会（2015）『平成26年度 日本語教育能力検定試験 試験問題』凡人社

公益財団法人日本国際教育支援協会（2016）『平成27年度 日本語教育能力検定試験 試験問題』凡人社

公益財団法人日本国際教育支援協会（2017）『平成28年度 日本語教育能力検定試験 試験問題』凡人社

公益財団法人日本国際教育支援協会（2018）『平成29年度 日本語教育能力検定試験 試験問題』凡人社

公益財団法人日本国際教育支援協会（2019）『平成30年度 日本語教育能力検定試験 試験問題』凡人社

公益財団法人日本国際教育支援協会（2020）『令和元年度 日本語教育能力検定試験 試験問題』凡人社

公益財団法人日本国際教育支援協会（2021）『令和2年度 日本語教育能力検定試験 試験問題』凡人社

公益財団法人日本国際教育支援協会（2022）『令和3年度 日本語教育能力検定試験 試験問題』凡人社

公益財団法人日本国際教育支援協会（2023）『令和4年度 日本語教育能力検定試験 試験問題』凡人社

白井諭・池原悟・横尾昭男・木村淳子（1995）「階層的認識構造に着目した日本語従属節間の係り
　　受け解析の方法とその精度」『情報処理学会論文誌』Vol.36　No.10、P.2353-2361、情報処理学会
中学教育研究会（2012）『中学／国文法まとめノート』増進堂・受験研究社
日本語記述文法研究会（編）（2010）『現代日本語文法1』くろしお出版
日本語記述文法研究会（編）（2009）『現代日本語文法2』くろしお出版
日本語記述文法研究会（編）（2007）『現代日本語文法3』くろしお出版
日本語記述文法研究会（編）（2003）『現代日本語文法4』くろしお出版
日本語記述文法研究会（編）（2009）『現代日本語文法5』くろしお出版
日本語記述文法研究会（編）（2008）『現代日本語文法6』くろしお出版
日本語記述文法研究会（編）（2009）『現代日本語文法7』くろしお出版
日本語文法学会（編）（2014）『日本語文法事典』大修館書店
林巨樹・池上秋彦・安藤千鶴子（編）（2004）『日本語文法がわかる事典』東京堂出版
原沢伊都夫（2010）『考えて、解いて、学ぶ　日本語教育の文法』スリーエーネットワーク
堀口純子（1989）「話しことばにおける縮約形と日本語教育への応用」『文藝言語研究・言語篇』15
　　巻、P.99-121、筑波大学文芸・言語学系
松岡弘（監修）庵功雄・高梨信乃・中西久実子・山田敏弘（2000）『初級を教える人のための日本
　　語文法ハンドブック』スリーエーネットワーク

索引

著者
原沢伊都夫（はらさわ　いつお）
　　静岡大学名誉教授

イラスト
山口晴代（P.16、P.82、別冊 P.15）

装丁・本文デザイン
宮坂佳枝

日本語教師をめざす人のための
スモールステップで学ぶ　文法

2023 年 10 月 17 日　初版第 1 刷発行
2024 年 7 月 23 日　第 2 刷 発 行

著　者　　原沢伊都夫
発行者　　藤嵜政子
発　行　　株式会社スリーエーネットワーク
　　　　　〒102-0083　東京都千代田区麹町 3 丁目 4 番
　　　　　　　　　　　トラスティ麹町ビル 2 F
　　　　　電話　営業　03（5275）2722
　　　　　　　　編集　03（5275）2725
　　　　　https://www.3anet.co.jp/
印　刷　　三美印刷株式会社

日本語教師を
めざす人のための

スモールステップで学ぶ
文法

別冊

資料

スリーエーネットワーク

目次

１．述語の活用表（学校文法）

（1）五段活用動詞

（例）	語幹	未然形 −ナイ −ウ −レル −ズ	連用形 −マス −タ −テ	終止形 −。	連体形 −トキ −ノ（デ）	仮定形 −バ	命令形 −。	その他の動詞例	音便形
ワ・ア行（会う）	あ	わ、お	い、っ	う	う	え	え	思う、言う、買う	促音便
タ行（勝つ）	か	た、と	ち、っ	つ	つ	て	て	打つ、立つ、待つ	
ラ行（切る）	き	ら、ろ	り、っ	る	る	れ	れ	取る、やる、走る	
ナ行（死ぬ）	し	な、の	に、ん	ぬ	ぬ	ね	ね	なし(1)	撥音便
バ行（呼ぶ）	よ	ば、ぼ	び、ん	ぶ	ぶ	べ	べ	遊ぶ、学ぶ、転ぶ	
マ行（飲む）	の	ま、も	み、ん	む	む	め	め	読む、休む、住む	
カ行（聞く）(2)	き	か、こ	き、い	く	く	け	け	歩く、咲く、引く	イ音便
ガ行（脱ぐ）	ぬ	が、ご	ぎ、い	ぐ	ぐ	げ	げ	泳ぐ、漕ぐ、騒ぐ	
サ行（押す）	お	さ、そ	し	す	す	せ	せ	貸す、消す、干す	なし(3)

(1)現代語のナ行の活用は「死ぬ」だけである。
(2)カ行の活用はイ音便になるが、「行く」だけは例外で、促音便になる。
(3)サ行の活用は音便形をもたない。

（2）上一段活用動詞・下一段活用動詞・カ行変格活用動詞・サ行変格活用動詞

活用の種類	（例）	語幹(1)	未然形 −ナイ、−ヨウ −（ラ）レル −ズ	連用形 −マス −タ −テ	終止形 −。	連体形 −トキ −ノ（デ）	仮定形 −バ	命令形 −。	その他の動詞例
上一段	生きる	い	き	き	きる	きる	きれ	きろ、きよ	起きる しみる 着る 見る
	いる	○	い	い	いる	いる	いれ	いろ、いよ	
下一段	消える	き	え	え	える	える	えれ	えろ、えよ	見える 食べる 出る 得る
	寝る	○	ね	ね	ねる	ねる	ねれ	ねろ、ねよ	
カ変	来る	○	こ	き	くる	くる	くれ	こい	なし
サ変(2)	する(3)	○	さ、し、せ	し	する	する	すれ	せよ、しろ	分析する 連絡する

(1)語幹が○で表されるものは、語幹と活用語尾の区別がないものとされる。
(2)サ変の未然形は、「される」、「しない」、「せず」となる。
(3)サ変は基本的には「する」の一語だが、「旅する／勉強する／ドライブする／愛する／ワクワクする」
　　などの「～する」も同じ活用になる。

（３）形容詞・形容動詞（名詞＋断定の助動詞）

活用の品詞	（例）	語幹	未然形 ―ウ	連用形 ―タ ―ナイ⑴ ―ナル	終止形 ―。	連体形 ―トキ ―ノデ	仮定形 ―バ	命令形 （なし）
形容詞	美しい⑵	うつくし	かろ⑶	かっ、く	い	い	けれ	―
形容動詞	穏やかだ	おだやか	だろ	だっ、で⑷ に	だ	な	なら	―
	穏やかです⑸		でしょ	でし	です	です	―	―
名詞＋断定の助動詞⑹	学生＋だ	（学生）	だろ	だっ、で	だ	（な）⑺	なら	―
	学生＋です		でしょ	でし	です	（です）	―	―

⑴「―ナイ」は形容詞と形容動詞の活用表では「連用形」になるが、動詞の活用表では「未然形」である。これは、形容詞と形容動詞に接続する「―ナイ」は補助形容詞（形式形容詞）、動詞に接続する「―ナイ」は助動詞とされるためである。
⑵形容詞の丁寧な言い方は、丁寧の断定の助動詞「～です」を終止形に付けて表す。
⑶形容詞の「未然形（高かろう）」は、現在ではほとんど使われないが、形としては残っている。
⑷形容動詞の連用形「～で」＋「～ない」は、間に「～は」を入れて「～ではない」となることが多い。「～じゃない」は「～ではない」の口語的な表現である。
⑸形容動詞の丁寧の活用を認めない立場もある。その場合、語幹に丁寧の断定の助動詞「～です」が付くとされる。
⑹「名詞＋断定の助動詞」で名詞述語（→別冊 P.14）を形成し、その活用が形容動詞と似ているため、参考に入れてある。ただし、連用形の「―ナル」に接続する形は「学生になる」と言えるが、この場合の「に」は助詞になるため、活用形には含まれない。
⑺連体形の「～な」は「～ので」や「～のに」に接続する時に現れる。

（４）感情形容詞の例

形容詞	痛い、うらやましい、うれしい、惜しい、悲しい、かゆい、くすぐったい、苦しい、悔しい、煙い、煙たい、恋しい、心細い、寂しい、寒い、涼しい、切ない、楽しい、だるい、つまらない、情けない、なつかしい、憎い、憎らしい、眠い、眠たい、恥ずかしい、ほしい、待ち遠しい、まぶしい、面倒くさい
形容動詞	嫌だ、感無量だ、嫌いだ、心配だ、好きだ、残念だ、退屈だ、楽しみだ、得意だ、苦手だ、不安だ、不服だ、不満だ、平気だ

2.「こそあど」の体系

		「こ」系列	「そ」系列	「あ」系列	「ど」系列
指示代名詞	事物 場所 方角 方角	これ ここ こちら こっち	それ そこ そちら そっち	あれ あそこ あちら あっち	どれ どこ どちら どっち
人称代名詞		こいつ	そいつ	あいつ	どいつ
連体詞		この	その	あの	どの
形容動詞		こんな	そんな	あんな	どんな
副詞		こう	そう	ああ	どう

＊「こそあど」の体系の中で、事物・場所・方角に関する名詞的用法が指示代名詞、人物に関する名詞的用法が人称代名詞、になる。さらに、その他の文法的な働きによって、連体詞、形容動詞、副詞に分類される。

＊日本語文法では、指示表現として一括して扱う。また、「ど」系列の語と疑問を表す語（「いつ」「どこ」「なに」「なぜ」など）をまとめて、疑問語と呼ぶ。

＜現場指示＞

①話し手と聞き手が対立する領域　　　　②話し手と聞き手が対立しない領域

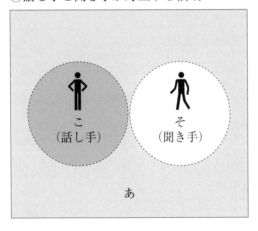 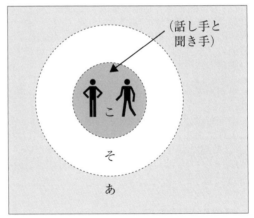

＜文脈指示＞

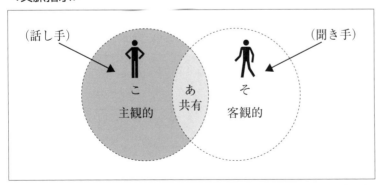

＊話し手との関連性が強いものを「主観的」、話し手との関連性が低いものを「客観的」という表現で表している。

4

3．助動詞

	語	用法・意味	用　　例
1	れる／られる	受身	太郎が次郎になぐられる。
		尊敬	先生が祝辞を述べられる。
		可能	彼は生肉を食べられる。
		自発	こんな状態だと、将来が案じられる。
2	せる／させる	使役	子どもに牛乳を買いに行かせる。
3	たい	願望	私はディズニーランドに行きたい。
	たがる		子どもがディズニーランドに行きたがる。
4	ない	否定	子どもが野菜を全然食べない。
	ぬ（ん）		明日は学校へ行きません。
5	まい	否定の推量	そんなことはもう起こるまい。
		否定の意志	二度とそんなことはやるまい。
6	た（だ）	過去	熱心に勉強した。／本を読んだ。
		完了	勉強した／本を読んだ後に、テレビを見よう。
7	らしい	推量	次郎が来たらしい。
8	ようだ	比況（たとえ）	花びらが舞って、雪が降っているようだ。
	みたいだ		花びらが舞って、雪が降っているみたいだ。
9	そうだ	様態	あの人はいかにも気が短そうだ。
		伝聞	彼の息子がT大に合格したそうだ。
10	だ	断定	明日は運動会だ。
	です	丁寧な断定	明日は運動会です。
11	ます	丁寧	私が行きます。
12	う／よう	意志、勧誘	皆でこれをやろう。

＊日本語文法では、網掛けの表現は接辞として扱われる。助動詞としては、7から10の表現に加え、「～だろう／はずだ／ちがいない／のだ／わけだ／べきだ」などを含める立場である。

＜活用の分類＞

動詞型	形容詞型	形容動詞型	特殊型	無活用型
れる／られる せる／させる、たがる	ない、たい らしい	そうだ（様態）、ようだ みたいだ、だ	ます、です た、ぬ	う／よう まい

＊無活用型の助動詞については助動詞と認定することに諸説がある。

４．助詞

（１）格助詞

語	用法・意味	用 例
が	主語、対象	花子が来た。／水が飲みたい。
の	連体修飾、主語、対象、名詞の代用など	桜の花が咲いた。／秋風の吹くころでした。
を	対象、動作の場所、起点など	太郎がラーメンを食べる。
に	時、結果、場所、帰着点、目的など	父が５時に帰宅する。／信号が赤になる。
へ	方向、帰着の場所、相手など	パリへ向かう。／ここへ来なさい。
と	相手、結果、断定、引用、並立など	友人と出かける。／息子が学者となった。
から	起点、主語、材料など	その日から寒くなった。／私から言います。
より	比較、材料・原料、限定など	春より秋がいい。／酒は米より作る。
で	場所、時、手段・方法、原因・理由など	九州で育った。／学校まで５分で行ける。
や	並立など	大人や子どもがたくさん集まった。

＊日本語文法では「～の」と「～や」（網掛け）は含まず、「～まで」を入れた９つの形式となる。「～の」は連体助詞、「～や」は並列助詞に分類される。

（２）副助詞

語	用法・意味	用 例
は	主題、対比	サラさんはタイ人だ。／お酒は飲めない。
も	追加、列挙など	来週も試験がある。／今日も明日も忙しい。
こそ	強調	あの人こそ、本当のことを言わない。
さえ	極端な例示など	母親にさえ、黙っていた。
でも	極端な例示など	君と一緒に走るのは犬でも嫌がる。
まで	極端な例示など	そんなことまでできないのか。
しか	限定（否定と呼応）	その秘密は妻しか知らない。
ばかり	限定、程度など	肉ばかり食べている。／３０分ばかり待っていた。
だけ	限定、程度など	それだけ言えば十分だ。／少しだけ待ってください。
ほど	程度など	２時間ほどで頂上に着いた。
くらい	程度など	２０回くらいなら、懸垂ができる。
など	例示など	今日は掃除や洗濯などで忙しい。
きり	限定	一度会ったきり、二度と話をすることはなかった。
なり	例示	電話するなりメールするなりしたらどうか。
やら	不確実、並立など	何を始めるやら全然知らなかった。
か	不確実、並立など	式に出席するかしないか、まだ決めてません。

＊「～は／も／こそ／さえ／でも／しか」を「係助詞」と呼ぶことがある。
＊日本語文法では、「～ほど／きり／なり／やら／か」（網掛け）を含まず、「～なら／なんか／なんて」などを入れて、「とりたて助詞」と呼ぶ。

（3）接続助詞

語	用法・意味	用　　例
ば	仮定、順接など	休講になれ<u>ば</u>、学生が喜ぶ。
と	順接など	冬になる<u>と</u>、雪が降る。
ても	仮定の逆接など	いくら説得し<u>ても</u>、首を縦に振らない。
が	逆接、前置きなど	財布を落とした<u>が</u>、すぐに見つかった。
けれど（も）		暑さが続く<u>けれど</u>、元気にしてますか。
のに	逆接（反期待）	100 点を取った<u>のに</u>、ほめてくれない。
ので	原因・理由	風邪をひいた<u>ので</u>、会社を休みます。
から		のどが渇いた<u>から</u>、麦茶を飲みます。
し	並立	彼は背も高い<u>し</u>、ルックスもいい。
て	継起、対比など	朝起き<u>て</u>、顔を洗った。
ながら	同時進行など	スマホを見<u>ながら</u>、食事する。
たり	並立、反復など	掃除をし<u>たり</u>、洗濯をし<u>たり</u>した。

＊日本語文法では、「～ば／ながら／たり」（網掛け）は入らず、「～なら」が入る。「～ば」は動詞の条件形になる。「～ながら」は動詞に付く接辞として、「～たり」は「～たり～たりする」という並列構文として扱う。

（4）終助詞

語	用法・意味	用　　例
か	疑問、勧誘など	どこへ行きます<u>か</u>。／ご飯でも食べましょう<u>か</u>。
な	禁止、驚きなど	スマホをいじる<u>な</u>。／よく食べる<u>な</u>。
なあ	詠嘆、驚きなど	きれいだ<u>なあ</u>。／びっくりした<u>なあ</u>。
わ		それはすごい<u>わ</u>。／よくやる<u>わ</u>。
ぞ	強調など	そこにはヘビがいる<u>ぞ</u>。
さ		もちろんやる<u>さ</u>。
ぜ	確認など	おい、もう帰る<u>ぜ</u>。
の	疑問、軽い断定など	どうした<u>の</u>。／１人で遊んでいる<u>の</u>。
よ	詠嘆、確認など	それはすごい<u>よ</u>。
ね		すごい、やった<u>ね</u>。／一緒に行く<u>ね</u>。
かしら	疑問、不審など	明日は雨<u>かしら</u>。
とも	断定など	「君も行くかい。」「もちろん、行く<u>とも</u>。」

＊文中で使われる「～ね／さ／な／よ」は、終助詞の間投用法と呼ばれ、文の中の語に付いて、語調を整えたり、話者の気持ちを添えたりする。
＊日本語文法では、これらの終助詞に、「～かな（疑問）」「～よね（確認、詠嘆）」を加えている。

5．注意すべき活用

	述語例	活用の特徴
1	行く	連用形がイ音便でなく、促音便となる。
2	問う、乞う	連用形が促音便ではなく、ウ音便の「問うた」「乞うた」となる。
3	要る	過去形「要った」を不自然に思う人が多い。
4	愛する（愛す） 略する（略す） 適する（適す）	「〜をする」に言い換えられないタイプで、「愛す／略す／適す」の五段活用動詞と活用が混交する。その他にも、「〜をする」に言い換えられないが活用が混交しないタイプとしては、「対する／関する／面する／要する」などがある。
5	信ずる（信じる） 案ずる（案じる） 感ずる（感じる） 重んずる（重んじる）	「〜する」ではなく「〜ずる」という形式だが、活用はサ変動詞と同じになる。形式の似ている「信じる」「案じる」「感じる」「重んじる」は上一段活用動詞になる。
6	ある	否定の形が「あらない」ではなく、形容詞の「ない」になる。
7	いらっしゃる おっしゃる	連用形に「いらっしゃった」「おっしゃった」の促音便と「いらっしゃいます」「おっしゃいます」のイ音便をもつ。
8	好きだ、嫌いだ	形容動詞の活用をもつが、会話では「〜を好きだ」「〜を嫌いだ」が許容される場合があり、動詞に近い性格をもつ。
9	同じだ	形容動詞の活用をもつが、連体形は「同じな」ではなく、「同じ」となる。
10	良い	終止形と連体形に「よい」と「いい」の2つの形式がある。
11	大きい／大きな 小さい／小さな	形容詞（〜い）では客観的な大きさを、連体詞（〜な）では主観的な大きさを表すことが多い。
12	おかしい／おかしな	形容詞の連体形「おかしい」では、「笑いたくなるような」の意味で、連体詞「おかしな」では、「奇異な」や「変な」の意味で使われることが多い。形容詞の終止形「おかしい」では両方の意味で使われる。
13	遠い、近い	単独の連体形のみではあまり使われず（？近い店に行く）、「近くの」「遠くの」が現在地を基準にした距離感を表すことが多い。
14	形容詞＋ございます	形容詞の連用形に「ございます」が付くと、ウ音便となる。「美しゅうございます」「なつかしゅうございます」など。
15	つまらない とんでもない もったいない	語末が「ない」だが、否定の形ではない形容詞。他の例：「あじけない」「あぶない」「思いがけない」「さりげない」「しのびない」「すくない」「すまない」「せつない」「だらしない」「なさけない」「なにげない」「はかない」「みっともない」など。

６．学校文法の品詞分類（まとめ）

特　徴			品詞名	例
自立語（詞）	活用がある	述語になる（用言）	動詞	（五段活用）買う、死ぬ、書く、貸す （上一段活用）生きる、いる、見る、着る （下一段活用）食べる、消える、吠える、寝る （サ行変格活用）する、〜する（「恋する」など） （カ行変格活用）来る
			形容詞	（属性形容詞）高い、古い、小さい、長い （感情形容詞）なつかしい、眠い、悲しい
			形容動詞	（属性形容詞）きれいだ、にぎやかだ、静かだ （感情形容詞）愉快だ、心配だ、嫌だ、好きだ
	活用がない	主語になる（体言）	名詞	（普通名詞）家、学校、時計、幸福、義務、考え （固有名詞）富士山、天竜川、北海道、エジソン （形式名詞）こと、もの、ほう、はず、ため、うち （数詞）1つ、2匹、5冊、3番目、第5週 （人称代名詞）わたし、あなた、彼、彼女 （指示代名詞）これ、そこ、あの、こう、そう
		述語にかかる（連用修飾）	副詞	（状態副詞）ぐっすり、ガチャンと、ワンワン （程度副詞）もっと、たいへん、とても、少し （陳述副詞）けっして、たぶん、まさか、もし
		名詞にかかる（連体修飾）	連体詞	あらゆる、ある、とんだ、当の、小さな、大きな
		接続する	接続詞	（順接）だから、それで、そこで、すると、ゆえに （逆接）しかし、だが、ところが、けれども、でも （並立／累加）および、あるいは／それに、なお （対比／選択）一方、反対に／あるいは、それとも （転換）さて、ところで、ときに
		独立して使われる	感動詞	あら、もしもし、こらっ、こんにちは、いやはや
付属語（辞）	活用がある		助動詞	（受身・尊敬・可能・自発）れる／られる （使役）せる／させる　（願望）たい、たがる （否定）ない、ぬ　（否定の推量／意志）まい （過去・完了）た　（推量）らしい （比況）ようだ、みたいだ （様態・伝聞）そうだ　（断定）だ、です （丁寧）ます　（意志・勧誘）う／よう
	活用がない		助詞	（格助詞）が、の、を、に、へ、と、から、より、で、や （副助詞）は、も、こそ、さえ、でも、まで、しか、ばかり、だけ、ほど、くらい、など、きり、なり、やら、か （接続助詞）ば、と、ても、が、けれど（も）、のに、ので、から、し、て、ながら、たり （終助詞）か、な、なあ、わ、ぞ、さ、ぜ、の、よ、ね、かしら、とも

7．学校文法と日本語文法の用語

	学校文法	日本語文法	日本語教育の文法
1	自立語と付属語	―	―
2	文節	―	―
3	動詞	動詞	動詞
4	形容詞	イ形容詞	イ形容詞
5	形容動詞	ナ形容詞	ナ形容詞
6	名詞	名詞	名詞
7	副詞	副詞	副詞
8	連体詞	連体詞	使わない
9	接続詞	接続詞	接続詞
10	感動詞	感動詞	使わない
11	助動詞	助動詞	使わない
12	助詞（格助詞、副助詞、接続助詞、終助詞）	助詞（格助詞、とりたて助詞、接続助詞、終助詞、並列助詞、複合格助詞）	助詞
13	活用の種類　五段活用動詞	Ⅰ型動詞（子音動詞／u-verb／強変化動詞）	Ⅰグループ動詞
	下一段活用動詞　上一段活用動詞	Ⅱ型動詞（母音動詞／ru-verb／弱変化動詞／一段活用動詞）	Ⅱグループ動詞
	サ行変格活用動詞　カ行変格活用動詞	不規則動詞	Ⅲグループ動詞
14	述語の活用形　未然形　連用形　終止形　連体形　仮定形　命令形	断定形（非過去形／過去形）　命令形　意志形　中止形（連用形、テ形）　連体形（非過去形／過去形）　条件形　肯定形／否定形　普通形／丁寧形	辞書形／タ形　命令形　意志形　連用形、テ形　連体形　バ形、タラ形　肯定形／ナイ形　普通形／マス形

＊述語の活用形では命令形・意志形・マス形は動詞だけに使われる。

＜主な内容の違い（参考）＞

	内容	学校文法	日本語文法
1	日本語の基本構造	文は文節からなり、主語と述語が重要である	文は述語と複数の成分（主語も含む）からなる
2	述語の形	語幹―活用語尾（＋助動詞／助詞）	語幹―語尾
	五段活用／Ⅰ型動詞	会-う、勝-つ、切-る　死-ぬ、呼-ぶ、飲-む　聞-く、脱-ぐ、押-す	/aw-u/、/kat-u/、/kir-u/　/sin-u/、/yob-u/、/nom-u/　/kik-u/、/nug-u/、/os-u/
	上一段活用／Ⅱ型動詞	生-きる、いる（語幹と活用語尾との区別なし）	/iki-ru/、/i-ru/
	下一段活用／Ⅱ型動詞	消-える、寝る（語幹と活用語尾との区別なし）	/kie-ru/、/ne-ru/
	サ行変格活用／不規則動詞	する（語幹と活用語尾との区別なし）	/su-ru/
	カ行変格活用／不規則動詞	来る（語幹と活用語尾との区別なし）	/ku-ru/

8．日本語文法の助詞

（1）とりたて助詞[1]

語	用法・意味	用　例
も	累加 極限 ぼかし	来週も試験があります。 そんなこともできないのか。 父も年を取ったなあ。
は	対比[2]	サラさんは、日本酒は飲めませんが、ワインは飲めます。
なら	対比	A「何か料理を作れる？」 B「カレーライスなら作れるよ。」（他の料理は作れない）
だけ	限定	今度のパーティには飲み物だけ持ってきてください。
しか	限定 （否定と呼応）	その秘密は妻しか知らない。
ばかり	限定	毎日スパゲッティばかり食べている。
こそ	限定	今度こそ、絶対に100点を取る。
さえ	極限	体が衰弱しすぎて、水さえ飲めなかった。
まで	極限	戦時中の日本は家庭の鍋までが供出させられた。
でも	極限 ぼかし	幼稚園児でもスマホを使っている。 ちょっとお茶でも飲みませんか。
くらい（ぐらい）	評価	缶コーヒーの1本ぐらい、おごってやれよ。
など	評価 ぼかし	仕事もしていないのに、結婚などとんでもない。 今日は掃除や洗濯などで忙しい。
なんか なんて	評価 ぼかし	ゲームなんか／なんてやってないで、早く寝なさい。 今度の連休、ドライブなんか行かない？ ちょっと休憩するなんて、どう？

（参考：『現代日本語文法5』P.3-171）

[1]「とりたて助詞」によってある成分が特別な意味を加えられる時、ガ格成分以外は文頭に出ることはほとんどない。

[2]主題の「〜は」にはとりたて助詞の特徴である背後にある同類の要素の存在を暗示する働きがないため、「とりたて助詞」には含まれない。

（2）並列助詞

語	用法・意味	用　　例
と	全部を列挙する	机の上に教科書とノートと筆記用具がある。
や		サラダを作るので、レタスやトマトを買ってきてください。
とか	一部を列挙する	冷たいお茶とかジュースとか、何か飲み物をちょうだい。
だの		部活だのアルバイトだので息子はほとんど家にいない。
やら		昨年は結婚式やら引っ越しやらで忙しかった。
なり	選択するものを列挙する	電話なりメールなりでお申し込みください。
か		明日までに行くか行かないかを決めなければならない。
に	累加するものを列挙する	ダンスにテニスにサーフィンにと、遊びすぎだよ。

（参考：『現代日本語文法２』P.112-120）

（3）複合格助詞（主なもの）

語	用法・意味	用　　例
について	動きの対象	日本文学について講義する。
に関して		日本のエネルギー政策に関して話をする。
に対して		政府の対応に対して多くの批判が出た。
をめぐって		法案の成立をめぐって議論が白熱した。
にむけて	動きの目標	オリンピックにむけて選手は合宿に入った。
にとって	評価の主体	太郎にとって君はなくてはならない人だ。
において	動きの場所	札幌において雪まつりが行われた。
によって	動作者 手段・方法	子どもによってポスターが描かれた。 何度も書くことによって漢字を覚える。
と一緒に	動きの相手	父と一緒に料理を作る。
とともに		同僚とともにアメリカに出張する。
のために	動きの目的	家族のために働く。
として	役割・資格	責任者として謝罪する。
にかけて	範囲	今日から明日にかけて大雨の予報が出ている。
にわたって		国際会議は４日間にわたって開催された。
にしたがって	事態に付随する変化	寒くなるにしたがって、体調不良を訴える人が増えた。
にともなって		車の普及にともなって環境が悪化した。

９．述語の活用表（日本語教育の文法）[1]

（１）Ⅰグループ動詞（Ⅰ型動詞）

（例）	会う[2]	勝つ	切る	死ぬ	呼ぶ	飲む	聞く[3]	脱ぐ	押す
語幹	aw-	kat-	kir-	sin-	yob-	nom-	kik-	nug-	os-
辞書形	a-u	kat-u	kir-u	sin-u	yob-u	nom-u	kik-u	nug-u	os-u
ナイ形[4]	aw-anai	kat-anai	kir-anai	sin-anai	yob-anai	nom-anai	kik-anai	nug-anai	os-anai
連用形	a-i	kat-i	kir-i	sin-i	yob-i	nom-i	kik-i	nug-i	os-i
テ形	at-te	kat-te	kit-te	sin-de	yon-de	non-de	kii-te	nui-de	osi-te
タ形	at-ta	kat-ta	kit-ta	sin-da	yon-da	non-da	kii-ta	nui-da	osi-ta
タラ形	at-tara	kat-tara	kit-tara	sin-dara	yon-dara	non-dara	kii-tara	nui-dara	osi-tara
バ形	a-eba	kat-eba	kir-eba	sin-eba	yob-eba	nom-eba	kik-eba	nug-eba	os-eba
意志形	a-oo	kat-oo	kir-oo	sin-oo	yob-oo	nom-oo	kik-oo	nug-oo	os-oo
命令形	a-e	kat-e	kir-e	sin-e	yob-e	nom-e	kik-e	nug-e	os-e
その他の動詞例	笑う 習う 買う 思う	立つ 打つ 待つ 持つ	取る 走る 売る やる	なし	喜ぶ 遊ぶ 学ぶ 飛ぶ	積む 休む 住む 包む	歩く 引く 働く 書く	嗅ぐ 泳ぐ 急ぐ 騒ぐ	話す 消す 干す 出す
音便形	促音便			撥音便			イ音便		なし

(1)ローマ字表記は発音の正確さよりつづりの規則性を優先した訓令式を用いている。

(2)/aw-/ などの /w/ で終わる子音動詞の場合、わ /wa/ を除いて、それ以外の母音との組み合わせは、うぃ /wi/、うう /wu/、うぇ /we/、うぉ（を）/wo/ となり、日本語に存在しないため、/w/ が消去され、母音のみの発音（い /i/、う /u/、え /e/、お /o/）になる。ただし、/wo/ は意識すると発音できるが、日本語教育では助詞の「を」を含め、すべて /o/ で教えられる。

(3)語幹が /k/ で終わる動詞の中で、行く /ik-/ だけは例外で、イ音便ではなく促音便になる。

(4)ナイ形に /-(a)nai/ を含めない考え方／教科書もある。

（２）Ⅱグループ動詞とⅢグループ動詞（Ⅱ型動詞と不規則動詞）

動詞の種類	Ⅱグループ動詞		Ⅲグループ動詞[2]	
（例）	生きる	寝る	来る	する
語幹	iki-	ne-	ku-	su-
辞書形	iki-ru	ne-ru	ku-ru	su-ru
ナイ形	iki-nai	ne-nai	ko-nai	si-nai
連用形[1]	iki-ϕ	ne-ϕ	ki-ϕ	si-ϕ
テ形	iki-te	ne-te	ki-te	si-te
タ形	iki-ta	ne-ta	ki-ta	si-ta
タラ形	iki-tara	ne-tara	ki-tara	si-tara
バ形	iki-reba	ne-reba	ku-reba	su-reba
意志形	iki-yoo	ne-yoo	ko-yoo	si-yoo
命令形	iki-ro	ne-ro	ko-i	si-ro
その他の動詞例	いる、着る、煮る、しみる、見る	耐える、超える、見える、消える	なし	勉強する、確認する、雑談する、信ずる

(1)/ ϕ / は、ゼロの形式が付いていることを意味する。

(2)Ⅲグループ動詞（不規則動詞）の語幹については、/k-//s-/ とする考え方もある。

（3）イ形容詞とナ形容詞

形容詞の種類	イ形容詞	ナ形容詞
（例）	美しい	穏やかだ
語幹	utukusi-	odayaka-
辞書形	utukusi-i	odayaka-da
連体形	utukusi-i	odayaka-na
ナイ形[1]	utukusi-kunai	odayaka-denai
連用形	utukusi-ku	odayaka-ni
テ形	utukusi-kute	odayaka-de
タ形	utukusi-katta	odayaka-datta
タラ形	utukusi-kattara	odayaka-dattara
バ形	utukusi-kereba	odayaka-deareba
意志形／命令形	—	—
その他の述語例	素晴らしい、悲しい、小さい	賑やかだ、きれいだ、静かだ

[1]ナ形容詞のナイ形は、実際の会話では「静かではない」のように、「は」を入れて使うことが多い。

（4）名詞述語

述語の種類	名詞述語	ナ形容詞[1]
（例）	学生だ	穏やかだ
語幹	gakusei-	odayaka-
辞書形	gakusei-da	odayaka-da
連体形	gakusei-na(no)[2]	odayaka-na
ナイ形[3]	gakusei-denai	odayaka-denai
連用形	gakusei-(ni)[2]	odayaka-ni
テ形	gakusei-de	odayaka-de
タ形	gakusei-datta	odayaka-datta
タラ形	gakusei-dattara	odayaka-dattara
バ形	gakusei-deareba	odayaka-deareba
意志形／命令形	—	—

[1]ナ形容詞の活用は名詞述語の活用と類似しているため、参考として付けてある。
[2]括弧で示された「の」「に」は、活用ではなく助詞として扱われる。
[3]名詞述語のナイ形は、実際の会話では「学生ではない」のように、「は」を入れて使うことが多い。

10. テ形の教え方

（1）ひらがな表記

	マス形	辞書形	テ形		音便形
Ⅰグループ動詞	会います 勝ちます 切ります	会う 勝つ 切る	って	会って 勝って 切って	促音便
	死にます 呼びます 飲みます	死ぬ 呼ぶ 飲む	んで	死んで 呼んで 飲んで	撥音便
	聞きます 脱ぎます	聞く 脱ぐ	いて いで	聞いて 脱いで	イ音便
	押します	押す	して	押して	―
Ⅱグループ動詞	生きます	生きる	て	生きて	―
	消えます	消える		消えて	―
Ⅲグループ動詞	来ます	来る	て	来て	―
	します	する		して	―

（2）ローマ字表記

	マス形	辞書形	テ形		音便形
Ⅰグループ動詞	a(w)⁽¹⁾-imasu kat-imasu kir-imasu	a(w)⁽¹⁾-u kat-u kir-u	t-te	at-te kat-te kit-te	促音便
	sin-imasu yob-imasu nom-imasu	sin-u yob-u nom-u	n-de	sin-de yon-de non-de	撥音便
	kik-imasu nug-imasu	kik-u nug-u	i-te i-de	kii-te nui-de	イ音便
	os-imasu	os-u	si-te	osi-te	―
Ⅱグループ動詞	iki-masu	iki-ru	-te	iki-te	―
	kie-masu	kie-ru		kie-te	―
Ⅲグループ動詞	ki-masu	ku-ru	-te	ki-te	―
	si-masu	su-ru		si-te	―

⑴語幹末の子音 /w/ は /a/ との組み合わせ以外は /w/ が消えるため、/w/ を括弧に入れて示す。

＊日本語教育の現場では、「ロンドン橋」「雪山讃歌」「むすんでひらいて」などのメロディによる「テ形の歌」で教えることがある。

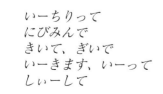

いーちりって
にびみんで
きいて, ぎいで
いーきます, いーって
しぃーして

い・ち・り → って
に・び・み → んで
き → いて, ぎ → いで
行きます → 行って
し → して

11. 格助詞（主な用法）

が	主体	述語の表す事態（動きや状態）の主体となるものを示す。主体は主語と呼ばれることがある。 ①鈴木さんが本を読む。（「読む」という動きの主体） ②町が賑やかだ。（「賑やかだ」という状態の主体）
	対象	述語の表す事態（ここでは状態）の対象となるものを示す。対象は目的語と呼ばれることがある。文の主体とその文の発話者が重なる場合、「私」は省略されることが多い。 ①（私は）バナナが食べたい。（「食べたい」という願望の対象） ②（私は）ピーマンが嫌いだ。（「嫌いだ」という感情の対象） 例文を英語にすると、上の下線部の対象が目的語として表される。 ③ I want to eat a banana. ④ I dislike green peppers.
を	対象	述語の表す事態（ここでは動き）の対象となるものを示す。対象は目的語と呼ばれることがある。 ①山田さんは手紙を書いた。（「書く」という動きの対象） ②両親は子どもを愛している。（「愛する」という心の動きの対象）
	起点	動きの起点となるところを示す。「〜から」で言い換えられることがある。 ①新幹線は東京駅を出発した。（「出発する」という動きの起点） ②若者が故郷を離れる。（「離れる」という動きの起点）
	通過点 （経路）	動きの主体が通過するところを示し、経路とも呼ばれる。 ①小学生が横断歩道を渡った。（「小学生」が通過する場所） ②祖母は毎日近所を散歩する。（「祖母」が散歩で通る場所）
に	場所	主体の存在する場所を示し、「いる／ある／住む／泊まる／勤める／滞在する」などの動詞とともに使われる。 ①バッグの中に財布がある。（「財布」が存在するところ） ②娘はオーストラリアに住んでいる。（「娘」が存在するところ）
	時	動きが行われる時を示す。 ①父は毎朝7時に出勤する。（「毎朝出勤する」時間） ②夕方に突然雨が降った。（「雨が降った」時）
	到達点 （着点）	主体や対象の到達点を示す。着点と呼ばれることがある。 ①運送会社が荷物を家に届けた。（「荷物」が届くところ） ②ケチャップがシャツに付いた。（「ケチャップ」が付着するところ）

	相手	動きが影響する相手を示す。 ①私は友達にお金を貸した。(「貸す」という動きが及ぶ人) ②私は母に電話をかけた。(「電話をかける」という動きが及ぶ人)
	目的	動きの目的を示す。動詞の連用形に接続することがある。 ①家族で旅行に行く。(「行く」という動きの目的) ②友達が家に遊びに来る。(「来る」という動きの目的―連用形に接続)
	方向	動きの方向を示す。「〜へ」で言い換えられることがある。 ①犬がボールに走っていく。(「走っていく」という動作の方向) ②救助隊が事故現場に向かった。(「向かった」という動作の方向)
で	場所	動きの場所を示す。 ①田中さんは保険会社で働いている。(「働いている」場所) ②東京でマラソン大会が開催された。(「開催された」場所)
	手段・方法	動きの手段・方法を示す。広義では道具や材料も含まれる。 ①急病人を救急車で運んだ。(「急病人を運んだ」手段) ②語呂合わせで歴史の年表を覚える。(「年表を覚える」方法)
	原因・理由	動きの原因・理由を示す。 ①地震で地域一帯が断水した。(「断水した」原因) ②インフルエンザで会社を休んだ。(「会社を休んだ」理由)
	主体	動きの主体を示す。「〜が」で言い換えることができる。 ① PTAでバザーを実施する。(「バザーを実施する」主体) ②子どもたちでカレーライスを作った。(「カレーライスを作った」主体)
と	一緒の相手	共同で動作をする相手を示す。「〜と一緒に」で言い換えられる。 ①友達と旅行する。(=「友達と一緒に旅行する」) ②弟と映画を見る。(=「弟と一緒に映画を見る」)
	対する相手	動作の向かう相手を示す。相手がいなければその動作は成立しない。 ①ささいなことで親友とけんかした。(「けんかした」相手) ②昨年恋人と別れた。(「別れた」相手) 「〜と一緒に」で言い換えると、同じ意味では成立しない。 ③?親友と一緒にけんかした。 ④?恋人と一緒に別れた。
	引用	述語の内容を具体的に示す。 ①彼女は英国に留学すると言った。(彼女が「言った」内容) ②太郎と花子は結婚すると思う。(自分が「思う」内容)

へ	方向	移動の方向を示す。「〜に」で言い換えられることがある。 ①父親が会社へ出かけた。（「出かける」という動きの方向） ②動物園のゴリラが外へ逃げた。（「逃げた」という動きの方向）
より	起点	動きの起点となる場所や時間を示す。「〜から」より文章的な表現になる。 ①この記念品は宮内庁よりいただいた。（動きの起点となる場所） ②受付は午前10時より開始される。（動きの起点となる時間）
	比較	比較の基準を示す。 ①私は春より秋のほうが好きだ。（「春」を比較の基準にしている） ②この計画はA案よりB案のほうがいい。（「A案」を比較の基準にしている）
から	起点	動きの起点となる時間や場所を示す。 ①デパートは朝10時から営業している。（動きの起点となる時間） ②新大阪から新幹線が発車した。（動きの起点となる場所）
	原料	品物や製品などの原材料を示す。 ①味噌は大豆から作られる。（味噌の原料） ②この箸は竹からできている。（箸の材料）
まで	到達点 （着点）	主体や対象の到達点を示す。着点と呼ばれることがある。②のような限界点を表すことがある。 ①東京から名古屋までリニア新幹線が開通する。（到達する場所） ②試験に合格するまで挑戦しつづけた。（「挑戦しつづける」限界点）

12. 日本語の文型

述語の種類		文型[1]		例
動詞	0項動詞		述語	しぐれる、断水する、秋めく、吹雪く
	1項動詞	〜が	述語	暴れる、泣く、起きる、生まれる 光る、温まる、壊れる、倒れる
	2項動詞	〜が 〜を	述語	食べる、割る、着る、見る、飲む 通る、歩く、走る、出る、離れる
		〜が 〜に	述語	かみつく、反対する、合格する 着く、入る、集まる、泊まる
		〜が 〜と	述語	けんかする、戦う、結婚する 交際する、議論する、別れる
		〜に 〜が[2]	述語	ある、いる、存在する、要る わかる、聞こえる、見える、できる
	3項動詞[3]	〜が 〜を 〜に	述語	教える、紹介する、与える、渡す 教わる、もらう、尋ねる、頼む
形容詞		〜が	述語	つまらない、正しい、おいしい 静かだ、おしゃれだ、強力だ
		〜が 〜が[4]	述語	うれしい、悲しい、楽しい、痛い 好きだ、嫌いだ、残念だ、苦手だ 上手い、上手だ、下手だ、得意だ
		〜が 〜に	述語	疎い、詳しい、厳しい、乏しい、多い 不満だ、夢中だ、不可欠だ、熱心だ
		〜が 〜と	述語	親しい、近い そっくりだ、無関係だ、同じだ
名詞		〜が	述語	独身だ、弁護士だ、学生だ、美人だ

(1)日本語の文型には格助詞が使われ、「〜は」は使われない。また、ここでは「〜から」を文型に入れていない。「〜から」を使って、「〜が〜から動詞」「〜が〜から〜を動詞」「〜が〜を〜から〜に動詞」「〜が〜から形容詞」などを含む考えもある。
(2)状態を表す動詞は、基本的に「〜に　〜が」の文型を取るが、「〜が　〜に」でも表すことができる。
(3)3項動詞の格の順番は「〜が〜に〜を」でもOK。
(4)形容詞の「〜が〜が」の文型について、「私が頭が痛い」「弟がスポーツが得意だ」など、最初の「〜が」は主体を、次の「〜が」は対象を表す。この文型は感情・感覚や技能を表す形容詞に限られる。

13. 主題の提示

	主題に提示される成分	主題が提示された文	命題
1	格成分[1] （ガ格） （ガ格） （ヲ格） （ニ格） （デ格） （ト格） （ヘ格） （ヨリ格） （カラ格） （マデ格）	太郎はコーヒーを飲んだ。 私は頭が痛い。 煎餅は父が食べた。 その池は魚が多い。 公園では子どもが遊んでいる。 田中さんとは母が同級生だ。 病院へは母親が付き添った。 弟よりは兄のほうがまじめだ。 その蛇口は水が出ない。 東京までは車で行く。	太郎が コーヒーを 飲んだ 私が 頭が 痛い 父が 煎餅を 食べた その池に 魚が 多い 公園で 子どもが 遊んでいる 母が 田中さんと 同級生だ 母親が 病院へ 付き添った 弟より 兄のほうが まじめだ 水が その蛇口から 出ない 車で 東京まで 行く
2	ガ格成分内の前半部分[2]	象は鼻が長い。	象の鼻が 長い
3	ガ格成分内の後半部分[3]	鼻は象が長い。 スマホは軽いのがいい。	象の鼻が 長い 軽いスマホが いい
4	述語名詞内の前半部分[4]	トマトは南米が原産地だ。	南米が トマトの原産地だ
5	格成分と述語[5]	時計を壊したのは子どもだ。 子どもが壊したのは時計だ。	子どもが 時計を 壊した 子どもが 時計を 壊した

(1)「格成分の主題」では、「〜が」と「〜を」は「〜は」になり、それ以外の格助詞は「〜は」または「格助詞＋は」となる。

(2)「象の鼻が」というガ格成分の前半の部分「象の」だけが主題に提示される。

(3)「象の鼻が」というガ格成分の後半の部分「鼻」だけが主題に提示される。この時、「象の」の「〜の」が残るが、省略される。また、「軽いスマホが」の後半の部分「スマホ」が主題に提示されると、「〜の」を挿入して、「軽いのが」とする。

(4)述語となる名詞「トマトの原産地」の前半の部分「トマトの」だけが主題に提示される。

(5)述語と格成分が一緒に主題に提示される。この時、「〜の」を挿入して、「時計を壊したのは」「子どもが壊したのは」とする。さらに、命題に残った格成分を述語にするため、「子どもが」「時計を」は「子どもだ／である」「時計だ／である」に変化させる。

14.「～は」と「～が」

は	主題	①太郎<u>は</u>英国に留学する。 ②冬の富士山<u>は</u>美しい。 ③リオのカーニバル<u>は</u>賑やかだ。 ④花子さん<u>は</u>大学生だ。
	対比	⑤沖縄<u>は</u>暑いが、北海道<u>は</u>寒い。 ⑥日本<u>は</u>島国だが、スイス<u>は</u>内陸国だ。 ⑦彼は韓国語<u>は</u>話すが、中国語<u>は</u>話さない。 ⑧私はトマト<u>は</u>嫌いだ。(が、他のものは好きだ。)
が	中立描写[(1)]	⑨風<u>が</u>吹いている。 ⑩速達<u>が</u>届いた。
	排他(総記)[(2)]	⑪今までに見た映画の中で「タイタニック」<u>が</u>一番感動的だった。 ⑫今日のテスト、問3<u>が</u>一番難しかった。

(1)「中立描写」の文を、「中立描写文」「中立叙述文」「現象文」などと呼ぶことがある。
(2)「排他」の用法は、「焦点となっている総ての事柄を記す」という意味で、「総記」と呼ぶことがある。

15. 談話における「～は」と「～が」の使い分け

新情報(が)	空<u>が</u>青い。(→今見ている「空」について述べる)
旧情報(は)	空<u>は</u>青い。(→一般的な「空」について述べる)
新情報(が)	昔々あるところにおじいさんとおばあさん<u>が</u>いました。(→最初の紹介)
旧情報(は)	おじいさん<u>は</u>山へ柴刈りに、おばあさん<u>は</u>川へ洗濯に行きました。 (→一度紹介されたので既知の情報になる)

16. 明示的主題と暗示的主題

明示的主題	暗示的主題
①<u>担当者</u>は山田さんだ。	山田さんが<u>担当者</u>だ。
②<u>今年の誕生日プレゼント</u>は腕時計だった。	腕時計が<u>今年の誕生日プレゼント</u>だった。
③<u>食べたくなかったの</u>はトマトだ。	トマトが<u>食べたくなかったの</u>だ。
④<u>うれしかったの</u>は試験に合格したことだ。	試験に合格したことが<u>うれしかったの</u>だ。

＊いずれの例も、下線部が話題となっている状況での表現である。

17．主題の表現

	主題の表現	例文
1	＜典型的な主題＞ 　は	ジムさんはアメリカ人です。 私はビールが好きです。
2	＜話し言葉の主題＞ 　無助詞（φ）(1)	私φ今度結婚します。 〔教室の中で〕あの人φ誰？
3	＜言葉の解説の主題＞ 　って、とは、というのは	花粉症の薬って、眠くなるんだよ。 国連とは／というのは国際連合の略である。
4	＜評価の主題(2)＞ 　なんか、なんて、など	お前なんかもう顔も見たくない。 本当は家事なんてやりたくない。
5	＜評価の主題＞ 　ったら、ときたら、ってば、 　といったら	あいつったら／ときたら、うそばかり言っている。 北海道といったら、海の幸だろう。
6	＜発話の受け取りの主題(3)＞ 　なら	A：「店が閉まってるなあ。」 B：「そのお店なら、もう閉店しましたよ。」 （「土曜日なら暇です。」→とりたて助詞） （「沖縄へ行くなら、飛行機で行く。」→接続助詞）
	＜発話の受け取りの主題＞ 　といえば、というと、 　といったら	A：（テレビを見ながら）「もうボーナスの時期か。」 B：「ボーナスといえば、今度のボーナスで洗濯機を 　　買い換える約束、忘れてないよね。」
7	＜限定された叙述の主題＞ 　については、に関しては	品物の返品については、電話にて承ります。 その薬に関しては、様々な評価がある。
8	＜立場を表す主題＞ 　としては、にすれば、にしたら、 　にしてみれば、にしてみると	私としては、娘が望むならそれでいい。 役立つと思ってやったが、彼にすれば迷惑だったかも しれない。
9	＜敬意を伴う主題＞ 　におかれては、には	お客様におかれては、規約をご了承の上、ご利用くだ さい。 皆様には、ますますご活躍のことと存じあげます。
10	＜段階に関連する主題＞ 　となると、になると、になって、 　くると、にいたっては	関係者に政治家がいるとなると、話がややこしくなる。 ソムリエレベルになると、香りだけでワインの産地を 当ててしまう。
11	＜新しく示す主題＞ 　だが、だけれども、だけど、 　であるが	例の件だが、どうなったか。 さて、今回の訴訟であるが、取り下げるべきだ。

（参考：『現代日本語文法5』P.175-256）

(1)無助詞はくだけた表現（会話など）に限られ、「〜は」が省略されたと考えることができる。
(2)「なんか、なんて、など」には、とりたて助詞の用法もある。
(3)「〜なら」には「接続助詞」や「とりたて助詞」の用法もある。

18. 自動詞と他動詞の対応

	パターン		対応のある動詞
A型	① -aru／-eru	上がる／上げる	暖まる／暖める、当たる／当てる、集まる／集める、当てはまる／当てはめる、改まる／改める、薄まる／薄める、埋まる／埋める、植わる／植える、終わる／終える、変わる／変える、かかる／かける、重なる／重ねる、固まる／固める、決まる／決める、下がる／下げる、定まる／定める、仕上がる／仕上げる、静まる／静める、閉まる／閉める、締まる／締める、染まる／染める、もうかる／もうける、弱まる／弱める、助かる／助ける、高まる／高める、たまる／ためる、伝わる／伝える、つながる／つなげる・つなぐ、詰まる／詰める、遠ざかる／遠ざける、止まる／止める、始まる／始める、はまる／はめる、早まる／早める、引っかかる／引っかける、広がる／広げる、深まる／深める、ぶつかる／ぶつける、ぶらさがる／ぶらさげる、曲がる／曲げる、混ざる・混じる／混ぜる、まとまる／まとめる、丸まる／丸める、見つかる／見つける
	② -aru／-u	刺さる／刺す	はさまる／はさむ、ふさがる／ふさぐ
B型	① -reru／-su	隠れる／隠す	崩れる／崩す、こぼれる／こぼす、壊れる／壊す、倒れる／倒す、つぶれる／つぶす、流れる／流す、外れる／外す、乱れる／乱す、汚れる／汚す
	② -reru／-ru	売れる／売る	折れる／折る、切れる／切る、釣れる／釣る、撮れる／撮る、ねじれる／ねじる、破れる／破る、割れる／割る
	③ -areru／-u	生まれる／生む	（他になし）
C型	① -ru／-su	写る／写す	返る／返す、裏返る／裏返す、帰る／帰す、転がる／転がす、散らかる／散らかす、覆る／覆す、直る／直す、治る／治す、残る／残す、ひっくり返る／ひっくり返す、回る／回す、戻る／戻す
	② -eru／-asu	荒れる／荒らす	遅れる／遅らす、枯れる／枯らす、焦げる／焦がす、冷める／冷ます、溶ける／溶かす・溶く、慣れる／慣らす、逃げる／逃がす、ぬれる／ぬらす、生える／生やす、はげる／はがす、冷える／冷やす、増える／増やす、燃える／燃やす、漏れる／漏らす、揺れる／揺らす、消える／消す（例外）
	③ -u／-asu	動く／動かす	乾く／乾かす、飛ぶ／飛ばす、泣く／泣かす、ふくらむ／ふくらます、沸く／沸かす、及ぶ／及ぼす（例外）
	④ -iru／-osu	起きる／起こす	落ちる／落とす、降りる／降ろす、下りる／下ろす、滅びる／滅ぼす
その他	① -u／-eru	開く／開ける	空く／空ける、浮かぶ／浮かべる、片づく／片づける、かなう／かなえる、傷つく／傷つける、くっつく／くっつける、沈む／沈める、進む／進める、育つ／育てる、そろう／そろえる、立つ／立てる、建つ／建てる、近づく／近づける、縮む／縮める、付く／付ける、続く／続ける、届く／届ける、整う／整える、向く／向ける、結びつく／結びつける、緩む／緩める
	② -eru／-u	裂ける／裂く	欠ける／欠く、砕ける／砕く、解ける／解く、抜ける／抜く、ほどける／ほどく、むける／むく、焼ける／焼く、煮える／煮る、見える／見る、聞こえる／聞く
	③その他		寝る／寝かせる（寝かす）、乗る／乗せる、載る／載せる、ふるえる／ふるわせる

（『初級を教える人のための日本語文法ハンドブック』P.97-101より）

＊B型②③の自動詞は受身形と、C型③とその他③の他動詞は使役形と混同するので、注意が必要である。また、B型②とその他②の自動詞は可能動詞を兼ねるものが多い。いずれも網掛けで示してある。下線のペアは片方が複数の形をもつことから、フォーク型と呼ばれることがある。

19. ヴォイス

（1）受身形

動詞の種類	受身形
Ⅰグループ動詞 （/-are-ru/）	書く/kak-u/ → 書かれる/kak-are-ru/ 読む/yom-u/ → 読まれる/yom-are-ru/ 話す/hanas-u/ → 話される/hanas-are-ru/
Ⅱグループ動詞 （/-rare-ru/）	見る/mi-ru/ → 見られる/mi-rare-ru/ 食べる/tabe-ru/ → 食べられる/tabe-rare-ru/
Ⅲグループ動詞	する/su-ru/ → される/sa-re-ru/ 来る/ku-ru/ → 来られる/ko-rare-ru/

＊Ⅲグループ動詞の語幹については、/k-/ と /s-/ という考えもある。

（2）使役形

動詞の種類	使役形	縮約形（/-as-u/）
Ⅰグループ動詞 （/-ase-ru/）	書く/kak-u/ 　→ 書かせる/kak-ase-ru/ 読む/yom-u/ 　→ 読ませる/yom-ase-ru/ 話す/hanas-u/ 　→ 話させる/hanas-ase-ru/	書く/kak-u/ 　→ 書かす/kak-as-u/ 読む/yom-u/ 　→ 読ます/yom-as-u/ （なし）
Ⅱグループ動詞 （/-sase-ru/）	見る/mi-ru/ 　→ 見させる /mi-sase-ru/ 食べる/tabe-ru/ 　→ 食べさせる /tabe-sasc-ru/	（基本的になし）
Ⅲグループ動詞	する/su-ru/ 　→ させる /sa-se-ru/ 来る/ku-ru/ 　→ 来させる /ko-sase-ru/	（基本的になし）

＊縮約形はⅠグループ動詞に使われるが、サ行の動詞を除く。また、Ⅱグループ動詞に使われることもある。

＊Ⅰグループ動詞の使役形「〜せる」を「〜させる」とする現象を「さ入れ言葉」と呼ぶ。「書かせる→書かさせる」「読ませる→読まさせる」など。サ行のⅠグループ動詞、Ⅱグループ動詞、Ⅲグループ動詞の使役形は「〜させる」であるため、「さ入れ言葉」にはならない。

（3）使役受身形

動詞の種類	使役受身形	縮約形（/-as-are-ru/）
Ⅰグループ動詞 （/-ase-rare-ru/）	書く/kak-u/ → 書かせられる/kak-ase-rare-ru/ 読む/yom-u/ → 読ませられる/yom-ase-rare-ru/ 話す/hanas-u/ → 話させられる/hanas-ase-rare-ru/	書く /kak-u/ → 書かされる/kak-as-are-ru/ 読む /yom-u/ → 読まされる/yom-as-are-ru/ （なし）
Ⅱグループ動詞 （/-sase-rare-ru/）	見る/mi-ru/ → 見させられる/mi-sase-rare-ru/ 食べる/tabe-ru/ → 食べさせられる/tabe-sase-rare-ru/	（なし）
Ⅲグループ動詞	する/su-ru/ → させられる/sa-se-rare-ru/ 来る/ku-ru/ → 来させられる /ko-sase-rare-ru/	（なし）

＊Ⅰグループ動詞の縮約形は「～される」となり、サ行の受身形と類似する。

（4）可能形

動詞の種類	可能形	ら抜き言葉
Ⅰグループ動詞 （/-e-ru/）	書く/kak-u/ → 書ける/kak-e-ru/ 読む/yom-u/ → 読める/yom-e-ru/ 話す/hanas-u/ → 話せる/hanas-e-ru/	（なし）
Ⅱグループ動詞 （/-rare-ru/）	見る/mi-ru/ → 見られる/mi-rare-ru/ 食べる/tabe-ru/ → 食べられる/tabe-rare-ru/	見れる/mi-re-ru/ 食べれる/tabe-re-ru/
Ⅲグループ動詞	する/su-ru/ → できる/deki-ru/ 来る/ku-ru/ → 来られる/ko-rare-ru/	（なし） 来れる/ko-re-ru/

＊可能形では、Ⅰグループ動詞とⅡグループ動詞で異なる接辞が付属する。Ⅱグループ動詞の可能形は
　受身形と同じ形になる。また、「する」は「できる」となる。
＊「ら抜き言葉」は、Ⅱグループ動詞と「来る」の可能形から「ら」が脱落する現象である。
＊可能形の中には自動詞と同じ形になるものがある。「割れる」「切れる」「解ける」「砕ける」など。

（5）自発を表す動詞の形

自発の意味をもつ動詞	・今日は東京タワーが<u>見える</u>。 ・園児の笑い声が<u>聞こえる</u>。
受身形	・まだしばらくは不況が続くと<u>思われる</u>。（←思う） ・都会にいると、故郷がなつかしく<u>思い出される</u>。（←思い出す）
可能形	・娘の花嫁衣装には<u>泣けて</u>、涙が止まらなかった。（←泣く） ・友達の免許証の写真を見ると、<u>笑えて</u>しょうがない。（←笑う）

＊自発の表現に使われる動詞は、「見える」「聞こえる」「わかる」（自発の意味をもつ動詞）、「悔やむ」「思い出す」「思う」「感じる」「想像する」（受身形）、「泣く」「笑う」（可能形）などに限定され、それほど多くない。

（6）授受動詞

物の授受	学生が先生に花を<u>あげる</u>	先生（私）が学生に花を<u>もらう</u>
	学生が**私**に花を**くれる**	
恩恵の授受	太郎が次郎に傘を<u>貸してあげる</u>	次郎（私）が太郎に傘を<u>貸してもらう</u>
	太郎が**私**に傘を<u>貸して</u>**くれる**	

＊「あげる／くれる」は"give"、「もらう」は"receive"になる。
＊「くれる／～てくれる」が使われる時、ガ格にソト（自分以外の人）、ニ格にはウチ（自分や自分の関係者）が来る。その場合、ニ格に視点がある。
＊ガ格とニ格の両方にウチが来る場合、ガ格に視点がある場合は「あげる／てあげる」が、ニ格に視点がある場合は「くれる／～てくれる」が使われる。「父が妹に時計をあげた／父が妹に時計を買ってあげた」「父が妹に時計をくれた／父が妹に時計を買ってくれた」など。

＜授受表現の敬語＞

授受動詞	尊敬語	謙譲語
あげる	―	さしあげる
くれる	くださる	―
もらう	―	いただく／ちょうだいする

＊「ちょうだいする」は補助動詞（「～てちょうだいする」）としては使えない。

（7）ヴォイスの対応

種類		立場の異なる対応の表現例	
受身	①直接受身	太郎が花子を<u>ほめる</u>。	花子が太郎に<u>ほめられる</u>。
	②間接受身	雨が<u>降る</u>。 子どもがうそを<u>つく</u>。	父が雨に<u>降られる</u>。 親が子どもにうそを<u>つかれる</u>。
	③持ち主の受身	太郎が（私の）ケーキを<u>食べる</u>。	私が太郎にケーキを<u>食べられる</u>。
使役	①強制	夫が<u>禁酒する</u>。	妻が夫に<u>禁酒させる</u>。
	②容認	子どもがスマホを<u>いじる</u>。	母親が子どもにスマホを<u>いじらせる</u>。
	③原因	景気が<u>悪化した</u>。	政府の対応の悪さが景気を<u>悪化させた</u>。
	④責任	レタスが<u>腐った</u>。	私がレタスを<u>腐らせた</u>。
使役受身		教授が学生に<u>勉強させる</u>。	学生が教授に<u>勉強させられる</u>。
可能		花子がフランス語を<u>話す</u>。	花子に（が）フランス語が<u>話せる</u>。
自発	①自発の意味をもつ動詞	私がウグイスの声を<u>聞く</u>。	ウグイスの声が（私に）<u>聞こえる</u>。
	②受身形	私が先生の優しさを<u>感じる</u>。	先生の優しさが（私に）<u>感じられる</u>。
	③可能形	私がそのメロドラマに<u>泣く</u>。	そのメロドラマが（私に）<u>泣ける</u>。
授受	物の授受	花子が太郎にマフラーを<u>あげる</u>。	太郎が花子にマフラーを<u>もらう</u>。
		花子が私にマフラーを<u>くれる</u>。	私が花子にマフラーを<u>もらう</u>。
	恩恵の授受	ジムが花子に英語を<u>教えてあげる</u>。	花子がジムに英語を<u>教えてもらう</u>。
		ジムが私に英語を<u>教えてくれる</u>。	私がジムに英語を<u>教えてもらう</u>。

＊授受動詞は動詞の変化ではなく、動詞の交替で立場の違いを表すため、ヴォイスとして扱われないことがある。

20. アスペクトの表現

種類・表現		おもな意味・用法	例　文
直前	～かける	動きの直前	文句を言いかけて、やめた。
開始	～はじめる	動きの開始	雪が降りはじめた。
	～だす		子どもが急に泣きだした。
	～てくる	変化の出現・進展・継続	だんだん寒くなってきた。
	～ていく		嫌なことは忘れていくよ。
継続	～つつある	動きの進展・進行・直前	当社の業績は少しずつ回復しつつある。
	～つづける	動きの持続	野党は与党の汚職問題を追及しつづけた。
	～つづく		誤作動で火災報知器が鳴りつづいた。
	～（ている）最中だ	動作の進行	父が息子に説教している最中だ。
終了	～おわる	動きの最終段階	もうすぐみんな食事を食べおわる。
完了	～てしまう	動きの完遂	今日の仕事は全部終わらせてしまった。
	～きる		長編小説を読みきった。
	～つくす		虫が新しい芽を食べつくした。
	～とおす	動きの遂行	最後まで秘密を隠しとおした。
	～たばかりだ	動きの完了	今ご飯を食べたばかりだ。
結果	～てある	動きの結果の状態	花が生けてある。（結果の残存） 寿司を注文してある。（効力の残存）
	～ておく	準備的動作	レストランの予約を取っておいた。
		放置・現状維持	食べたままにしておいてください。
複数の局面	～ている	①動きの進行 ②動きの結果の状態	小学生が公園で遊んでいる。 タバコの吸い殻が落ちている。
	～ところだ	①動きの直前 ②動きの継続 ③動きの直後	これから手紙を書くところだ。 今手紙を書いているところだ。 ちょうど手紙を書いたところだ。
関連する表現	～たことがある	経験	ブラジルで暮らしたことがある。
	～てみる	動作の試し	新車に乗ってみる。
	～ようになる	変化の実現	スマホで車の施錠ができるようになった。
	～ようにする	変化の実現（意志的）	スマホで車の施錠ができるようにした。
	～ことになる	動きの実現	今度引っ越すことになった。
	～ことにする	動きの実現（意志的）	今度引っ越すことにした。

21．日本語の動詞分類

（1）アスペクトの観点による動詞分類

動詞の種類			動詞例
動き動詞	動作動詞	継続動詞	遊ぶ、楽しむ、悲しむ、泣く、飲む、歩く、笑う
		瞬間動詞	発見する、発明する、設置する、打つ、点ける、変える
	変化動詞	継続動詞	暖まる、成長する、疲れる、晴れる、腐る、凍る
		瞬間動詞	座る、閉まる、死ぬ、覚える、行く、知る
状態動詞	ル形のみ		ある、いる、要る、相当する、値する
	ル形・テイル形		意味する、実在する、存在する、異なる、関わる
	テイル形のみ		ありふれる、すぐれる、そびえる、ばかげる

（2）その他の動詞分類

	動詞の種類	内　容	動詞例	用例
1	内的状態動詞 （本冊 P.136）	ル形：未来 タ形：過去	喜ぶ、悲しむ、楽しむ、後悔する、心配する	両親がきっと喜ぶ。 両親が喜んだ。
		ル形：現在 タ形：過去	思う、わかる、見える、臭う、どきどきする	富士山が見える。 富士山が見えた。
		ル形：未来 タ形：現在／過去	驚く、あきれる、ほっとする、困る、疲れる、安心する、まいる	母が驚くよ。 いやあ、驚いた。 昨日は驚いたよ。
2	自動詞	目的語のヲ格を取らない （出発点と通過点を除く）	泣く、眠る、暮れる	ドアが開く。
	他動詞	目的語のヲ格を取る	食べる、飲む、見る	私がドアを開ける。
3	意志動詞	意志的な動作を表す（命令・意志を表せる）	遊ぶ、書く、たたく	図書館で勉強する。 （しよう、しろ）
	無意志動詞	意志のない動作を表す（命令・意志を表しにくい）	流れる、光る、降る、むせる、飽きる、痛む	水が流れる。（×流れよう／×流れろ）
4	単純動詞	単独で用いられる動詞	降る、続く、読む、取る、切る、かける	雨が降る。
	複合動詞	〔動詞＋動詞〕型 〔名詞＋動詞〕型 〔形容詞／副詞＋動詞〕型	降り続く、読み取る 泡立つ、練習する 若返る、ゆっくりする	雨が降り続く。 水面が泡立つ。 気持ちが若返る。
5	本動詞	動詞本来の意味で用いられる動詞	見る、置く、いる あげる、もらう、やる	映画を見る。 お菓子をあげる。
	補助動詞	テ形に接続し、補助的な意味で用いられる動詞	あげる、もらう、みる、おく、いる、ある	やってみる。 遊んであげる。
6	移動動詞	主体の位置が変わるような動きを表す動詞	行く、来る、入る、下りる(方向性がある)	東京に向かう。
			泳ぐ、散歩する、走る（方向性がない）	公園を歩く。

22. モダリティ（主な表現）

用法		表現	例　文
対事的	断定	φ（ゼロ）	明日台風が来る<u>φ</u>。
	意志	φ（ゼロ）	私は留学する<u>φ</u>。
		よう	これから食事の支度を始め<u>よう</u>。
		つもりだ	私はもう君には会わない<u>つもりだ</u>。
	推量	だろう	明日台風が来る<u>だろう</u>。
		ようだ	このエアコンは壊れている<u>ようだ</u>。
		みたいだ	その家は空き家<u>みたいだ</u>。
		らしい	彼女の両親が結婚に反対した<u>らしい</u>。
		そうだ	風で木の枝が折れ<u>そうだ</u>。
	可能性	かもしれない	田中さんは病気<u>かもしれない</u>。
	確信	はずだ	太郎は僕より1つ下だから、35才の<u>はずだ</u>。
		にちがいない	きっとその男が犯人<u>にちがいない</u>。
	説明	のだ（んだ）	「元気ないね。」「ちょっと熱がある<u>んだ</u>。」
		わけだ	風が強い。台風が近づいている<u>わけだ</u>。
	態度の表明	と思う	この製品はきっと売れる<u>と思う</u>。
	願望	たい	定年までこの会社で働き<u>たい</u>。
		てほしい	彼にはこの部署で働い<u>てほしい</u>。
	感嘆	なんて〜だろう	<u>なんて</u>かわいい人形<u>だろう</u>。
対事的／対人的	当然・回想詠嘆・勧め	ものだ（もんだ）	人の嫌がることはやらない<u>ものだ</u>。（当然）
			昔ここで皆と遊んだ<u>ものだ</u>。（回想）
			君の息子もなかなかやる<u>もんだ</u>。（詠嘆）
		ことだ	金メダルを取るなんて、すごい<u>ことだ</u>。（詠嘆）
			職場では不平・不満を言わない<u>ことだ</u>。（勧め）
	必要	べきだ	君はもっと健康に気をつける<u>べきだ</u>。
		なければならないなければいけない	友達は大切にし<u>なければならない</u>。
			夫婦はお互いを信頼し<u>なければいけない</u>。
対人的	勧誘	ようか	今度一緒に食事でもし<u>ようか</u>。
		ないか	私たちと一緒に働いてみ<u>ないか</u>。
	依頼	てくれ／てください	寒いので、暖房をつけ<u>てください</u>。
		てくれないか	ちょっと醤油を取っ<u>てくれないか</u>。
		てもらえないか	私にその先生を紹介し<u>てもらえないか</u>。
	命令	動詞の命令形	自分の部屋ぐらい、自分で掃除<u>しろ</u>。
		なさい	何時だと思っているんだ。もう寝<u>なさい</u>。
	許可	てもいい	そこのコピー機を使っ<u>てもいい</u>ですよ。
	不許可	てはいけない	ここでタバコを吸っ<u>てはいけない</u>。
		てはだめだ	校舎内を走っ<u>てはだめだ</u>。
	禁止	な	壁に落書きをする<u>な</u>。
	疑問	か	同窓会に出席します<u>か</u>。
		かい	どうだい、魚は釣れる<u>かい</u>。
		の	これから出かける<u>の</u>。
	同意や確認、注意の終助詞	ね（え）	今日は本当に寒い<u>ね（え）</u>。
		よね	あの人、先生だ<u>よね</u>。
		よ	あっ、書類が落ちました<u>よ</u>。

23．順接条件節の比較

◎典型的な表現　　○自然な表現　　？不自然な表現　　×非文法的な表現

条件	～と	～ば	～たら
反復的	◎春になると、 　　　　桜が咲く	○春になれば、 　　　　桜が咲く	○春になったら、 　　　　桜が咲く
仮定 （一般）	？雨が降ると、 　　　　傘をさす	◎雨が降れば、 　　　　傘をさす	○雨が降ったら、 　　　　傘をさす
仮定 （個別）	×東京へ行くと、 　　　　買い物しよう	？東京へ行けば、 　　　　買い物しよう	◎東京へ行ったら、 　　　　買い物しよう
反事実	×知っていると、 　　　　買わなかった	○知っていれば、 　　　　買わなかった	○知っていたら、 　　　　買わなかった

（『考えて、解いて、学ぶ　日本語教育の文法』P.123より）

＊３つの表現の意味範囲は「～と」⊂「～ば」⊂「～たら」となる。

	～なら	～たら
態度表明	北海道へ行くなら、カニが食べたい。	北海道へ行くんだったら、カニを食べたい。

＊厳密には言い換えとはならないが、説明のモダリティ「～のだ」を加えて、「～の（ん）だったら」とすると、「～たら」でも表すことが可能になる。

24．複文における従属節の制約

従属節の種類			節の形	備考
名詞修飾節			普通形	「～は」が使えない （内容補充節を除く）
補足節	名詞節（～の／～こと／～ところ）		普通形	「～は」が使えない
	引用節（～と／～ように）	直接引用	制限なし	
		間接引用	普通形	「～は」が使える
	疑問節（～か／～かどうか）		普通形	
副詞節	通常（従属度が中程度）		普通形	「～は」が使えない
	従属度（高）	様態節「～ながら」 目的節「～ために」	普通形	「～は」／テンス／モダリティの表現が使えない
	従属度（低）	逆接条件節 「～が／～けれど」 原因・理由節「～から」	制限なし	

25. 談話

（1）談話の種類

種類	具体的な内容	
	話しことば	書きことば
対話（双方向的）	会話、討論、座談、雑談、会議、話し合い、など	手紙、メール、チャット、交換日記、など
モノローグ（一方向的）	講演、演説、読み聞かせ、講義、動画、ニュース放送、など	新聞記事、説明書、教科書、文学作品、伝言メモ、など
独話 （相手を想定していない）	ひとり言、つぶやき、など	日記、個人の予定表、メモ、下書き、など

（参考：『現代日本語文法7』P.8）

＊手話は「話しことば」、点字は「書きことば」に分類される。

（2）間投表現と応答表現

種類		内容
間投表現 （話し手）	相手に向けての表現	あいさつ、応援、声援、激励、呼びかけ
	相手を想定していない表現	感情の表現（驚き、うれしさ、悲しさなど）、つぶやき
応答表現 （聞き手）	相手に反応する表現	うなずき、あいづち
	相手に対応する表現	返事、返答、肯定／否定

（参考：『現代日本語文法7』P.144）

26. 肯定形と否定形の対応

述語の種類		肯定形	否定形
動詞	普通形	起きる	起きない
	丁寧形	起きます	起きないです 起きません
イ形容詞	普通形	美しい	美しくない
	丁寧形	美しいです	美しくないです 美しくありません
ナ形容詞	普通形	静かだ	静かで（は）ない
	丁寧形	静かです	静かで（は）ないです 静かで（は）ありません
名詞述語	普通形	子どもだ	子どもで（は）ない
	丁寧形	子どもです	子どもで（は）ないです 子どもで（は）ありません

＊丁寧形の否定では、会話で「～ないです」のほうが「～ません」よりよく使われる。
＊イ形容詞の否定を、ナ形容詞／名詞述語の否定で表す誤用が初級学習者によく見られる。

27．縮約形

種類	縮約形	例文
(1)撥音化	のだ → んだ	とても頭が痛いんです。
	ものだ → もんだ（モダリティ）	やればできるもんですね。
	もの → もん（物）	何かうまいもんが食べたい。
	ら → ん	授業がつまんない。
	る → ん	食べんの、早いなあ。
	に → ん	すぐに元気んなるよ。
(2)〜では	ではない → じゃない	私はアメリカ人じゃありません。
	それでは → それじゃ	それじゃ、トムさんがやってください。
(3)動詞のテ形	ている → てる	雨が降ってる。
	ているのだ → てんだ	何やってんだよ。
	てしまう → ちゃう（じゃう） ちまう（じまう）	チョコレートはもう食べちゃった。 エサをやらないから、死んじまったよ。
	ていく → てく	これからだんだん寒くなってくよ。
	ておく → とく	それ、やっといてね。
	てあげる → たげる	それ、私がやったげるよ。
	ていっている → てってる	水筒は持ってってるよ。
(4)〜ば	ければ → きゃ	もう帰らなきゃいけない。
	（動詞＋）ば → や、きゃ、しゃ、ちゃ、にゃ、みゃ、 りゃ、ぎゃ、びゃ	そこに書きゃいいよ。（書けば） ほめりゃ、喜ぶよ。（ほめれば） それを飲みゃ、死ぬよ。（飲めば）
(5)〜ては	くては → くちゃ	はやくやらなくちゃいけない。
	（動詞＋）ては → ちゃ	そんなことを言っちゃだめです。
	（動詞＋）では → じゃ	そこで遊んじゃいけません。
(6)主題	これは／あれは／それは → こりゃ／ありゃ／そりゃ	こりゃ、すごい掘り出しもんだ。 そりゃそうでしょう。
	というのは → って（のは）	政治家ってのは、野心的な人が多い。
(7)名詞を修飾	という → って（名前の説明）	「えびす屋」って店、知ってますか。
	という → って（内容補充節）	先生になりたいって夢、あきらめない。
(8)断定の助動詞	です → っす	まじっすか？　お疲れさまっす。

28．敬語の表現

＜一般形＞

敬意の種類	一般形	例
(1)尊敬語	お／ご～になる	お読みになる、ご心配になる（お＋和語、ご＋漢語）
	～れる／られる	読まれる、書かれる、食べられる、見られる
	お／ご～くださる	お教えくださる、ご指導くださる
	（ご）～なさる	利用なさる、ご利用なさる
	お／ご～だ	お読みだ、ご心配だ
	お／ご＋形容詞	お忙しい、ご立派だ
	お／ご／貴＋名詞	（立てる人物などの）お名前、ご住所、貴社、貴校
	形容詞／名詞＋て／でいらっしゃる	細くていらっしゃる、積極的でいらっしゃる、努力家でいらっしゃる
(2)謙譲語Ⅰ	お／ご～する	お仕えする、ご案内する
	お／ご～申し上げる	お仕え申し上げる、ご案内申し上げる
	お／ご～いただく ～ていただく	お教えいただく、ご配慮いただく、教えていただく（相手に自分のためにしてもらう行為）
	お／ご＋名詞	（立てる人物への）お手紙、御説明
(3)謙譲語Ⅱ（丁重語）	～いたす（「名詞＋する」）	利用いたす
	愚／小／拙／弊＋名詞	愚案、小生、拙著、弊社
(4)丁寧語	動詞＋～ます	読みます、食べます
	形容詞／名詞＋～です	おいしいです、静かです、学生です
	形容詞／名詞＋（で）ございます	おいしゅうございます、学生でございます
(5)美化語	お（ご）～	お酒・お料理（する）・御祝儀

＊「ご覧になる（見る）／お休みになる（寝る）／お召しになる（着る）／おいでになる（行く・来る・いる）」は、変則的な「お／ご～になる」に分類される。

＊「お／ご～いたす」は「謙譲語Ⅰ」兼「謙譲語Ⅱ」とされる。また、「～させていただく」は「謙譲語Ⅰ」としても「謙譲語Ⅱ」としても使われる。

＜特定形＞

尊敬語		謙譲語Ⅰ		謙譲語Ⅱ	
行く	いらっしゃる おいでになる	訪ねる	伺う	行く	参る
来る		尋ねる／聞く		来る	
いる		言う	申し上げる	いる	おる
言う	おっしゃる	知る	存じ上げる	言う	申す
する	なさる	もらう	いただく	する	いたす
食べる	召し上がる	（食べる／飲む）		知る	存じる
飲む		あげる	さしあげる	思う	
くれる	くださる	見る	拝見する		
来る	見える	借りる	拝借する		
		会う	お目にかかる		
		見せる	お目にかける		
			ご覧に入れる		

（文化審議会答申「敬語の指針」（2007年2月）P.13-54より）